KONRAD II.

Franz-Reiner Erkens

KONRAD II.

(um 990–1039)

Herrschaft und Reich des
ersten Salierkaisers

Verlag Friedrich Pustet
Regensburg

Umschlag-Vorderseite: Konrad II. (um 990–1039).
Gemälde von Lorenz Clasen (1812–1899), um 1840.
Frankfurt a. M., Römer, Kaisersaal. (Foto: AKG, Berlin)
Umschlag-Rückseite: Zweites Speyerer Stadtsiegel aus dem
ersten Drittel des 13. Jahrhunderts; vgl. auch S. 105
(Foto: Historisches Museum der Pfalz, Speyer)

Die Deutsche Bibliothek – CIP-Einheitsaufnahme

Erkens, Franz-Reiner:
Konrad II.: (um 990–1039) ; Herrschaft und Reich des ersten
Salierkaisers / Franz-Reiner Erkens. – Regensburg : Pustet, 1998
  ISBN 3-7917-1604-2

ISBN 3-7917-1604-2
© 1998 by Verlag Friedrich Pustet, Regensburg
Umschlaggestaltung: Richard Stölzl, München
Gesamtherstellung: Friedrich Pustet, Regensburg
Printed in Germany 1998

*Für
Isabella Barbara
und
Miriam Désirée*

INHALT

PACIS ARATOR ET VRBIS BENEFACTOR 9

ERSTER TEIL
DER AUFSTIEG

Kamba: Die Königswahl 13
Wahl oder Erbrecht 13 – Die salische Familie 16 – Die beiden Konrade 28 – Des älteren Konrads Ehe mit Gisela und die Konflikte mit Heinrich II. 31 – Die Wahl von Kamba 37

Mainz: Die Herrscherweihe 42
Sakralcharakter des Königtums 42 – Konrads Krönung in Mainz 44 – Die Reichskrone als Symbol 47 – Verzögerung der Krönung Giselas 50 – Giselas Krönung in Köln 54

Aachen – Minden – Augsburg – Regensburg – Konstanz – Aachen: Der Umritt 56
Auf Karls des Großen Thron 56 – Anerkennung durch die Sachsen 58 – Streit um Gandersheim und andere Konfliktstoffe 59 – Unsichere Lage in Italien 64 – Anspruch auf die burgundische Nachfolge 68 – Opposition im Reich 69 – Auf dem Weg nach Italien 72

Rom: Die Kaiserkrönung 74
Zug durch Oberitalien 74 – „Vom Teufel getrieben" 77 – Kaiserkrönung 82 – Papsttum und Tuskulaner 86 – Aquileja und Grado 88 – Tiefer Süden 92 – Die „Hoffnung des Kaiserreiches" 94 – Gesandtschaft nach Konstantinopel 113 – Gesicherte Herrschaft 116

ZWEITER TEIL
HERRSCHAFT UND REICH

Wesen und Praxis königlicher Herrschaft 119
Das Königtum als Zentrum des Reiches 119 – Der *vicarius Christi* 119 – Geistliche und Adlige 122 – Der Königshof 125 – Die Hofkapelle 127 – Grafen und Herzöge 131 – Adalbero von Kärnten 134 – Vorrang des Adels 139 – König und Kirche 141 – Stützen des Königtums 145 – Die Bauern von Wohlen 146 – Herrscherpräsenz und Reisekönigtum 147

Das Verhältnis zu den östlichen Randstaaten des Reiches . . 150
Defensivpolitik 150 – Polen 150 – Ungarn 154 – Böhmen 154 – Die Liutizen 155 – Konrad und der Osten 156

Der Erwerb Burgunds 158
Thronfolgeanspruch 158 – Odo von der Champagne 158 – Peterlingen 161 – Kampf gegen Odo 162 – Das burgundische Königtum 165 – Geringe Urkundenproduktion 167 – Solothurn 167 – Motive für den Erwerb Burgunds 169

Konflikte in Italien 172
Entwicklungen in Italien 172 – Heinrichs III. Hochzeit mit Gunhild 175 – Erzbischof Aribert von Mailand 176 – Aribert und Odo von der Champagne 182 – *Constitutio de feudis* 184 – Ostern in Spello 185 – Capua und Benevent 187 – Eine Seuche dezimiert nicht nur das Heer 188

DRITTER TEIL
POMPE FUNEBRE

Podagra 193 – Tod des Kaisers 194 – Trauer im ganzen Reich? 197 – Simonie? 199 – *rex idiota*? 201 – Abt und Reformer: Poppo von Stablo 203 – Synodaltätigkeit 204 – Heinrich II. und Konrad II. 205 – *milites* 207 – Tradition und Kontinuität: Karls des Großen Steigbügel 211 – Letzte Rheinfahrt: Der Trauerkonduct 214 – Speyer: Stätte der letzten Ruhe 216

STATT EINES VORWORTS 219

ANHANG

Quellen 222
Allgemeine Literatur 222
Spezialliteratur und Anmerkungen 223
Zeittafel 238
Personen- und Ortsregister 240
Bildnachweis 245

PACIS ARATOR ET VRBIS BENEFACTOR

> Tief ist der Brunnen der Vergangenheit.
> Sollte man ihn nicht unergründlich nennen?
>
> (Thomas Mann, Josef und seine Brüder)

Mit den Arbeiten hatte man am Morgen des 16. August 1900 begonnen, und schon am Abend öffnete sich der tiefe Brunnen der Vergangenheit um einen Spalt. Eine seltsame Erregung erfaßte die Anwesenden, als das erste Grab entdeckt wurde, die letzte Ruhestätte des 1208 ermordeten Philipp von Schwaben, eines Sohnes Friedrich Barbarossas. Die Ergriffenheit wuchs, nachdem weitere Gräber freigelegt waren und in den Sarkophagen die in Tücher und Gewänder aus Seide gehüllten Leichname der salischen Herrscher wie Mumien sichtbar wurden. An der Schwelle zu einem neuen, hoffnungsvollen Jahrhundert, dem zwanzigsten christlicher Zeitrechnung, standen die im Kaiserdom zu Speyer Versammelten pochenden Herzens den im Todesschlaf versunkenen Gestalten einer längst entschwundenen Zeit gegenüber: Ein stummer Dialog mit der Vergangenheit wurde möglich.

Konrad II., der Begründer eines neuen Herrscherhauses und Stifter des Domes, der nun seine Überreste birgt, ist in der Mitte des Königschores mit Blick auf den Altar beigesetzt worden. Seine Gemahlin Gisela fand ihre letzte Ruhe zu seiner Rechten, Heinrich III., beider Sohn, zu seiner Linken. Die mit in den Sarg gelegte Bleitafel verzeichnet knapp und bündig die Tage seines Sterbens und seiner Beisetzung; die kupferne, noch Spuren einer Vergoldung aufweisende Totenkrone nennt ihn *pacis arator et urbis benefactor*[1], des Friedens Förderer und der Stadt Wohltäter, und erinnert damit an die wesentlichen Aufgaben eines Königs: die Wahrung des Friedens und die Vermehrung des Wohlstandes. Der mumifizierte Körper des Herrschers und die morschen Gebeine zerfielen, einmal freigelegt, rasch. Der römische Kaiser und Herrscher über drei Königreiche zerging zu Staub. Nur sein Gehirn erhielt sich in eingeschrumpftem Zustand und wurde schließlich wieder beigesetzt.

Kann man sich dennoch ein Bild von Konrad II. machen? Zeitgenössische Darstellungen bieten kein Portrait. Siegel und Münzen des Herrschers wie auch Miniaturen aus Handschriften der salischen Epoche und ein Fresko im 1031 geweihten Dom von Aquileja legen jedoch den

Gedanken nahe, der Kaiser habe ein hageres Gesicht besessen, das von einem langen Bart umrahmt war; Haarreste, die sich in seinem Sarkophag fanden, sind dunkelbraun und mit rötlichem Schimmer. Die meisten seiner Zeitgenossen überragte der Salier um Hauptesläng[2], und wenn die aus den erhaltenen Skeletten seines Enkels Heinrich IV. und seines Urenkels Heinrich V. errechenbaren Körpermaße auch für ihn zugetroffen haben sollten, dann besaß er eine stattliche Größe von etwa 1,80 Meter, ungefähr zwanzig Zentimeter mehr, als der Durchschnitt der Männer aus nichtadeligen Bevölkerungsschichten[3].

Eine hochaufragende Gestalt mit länglichem Gesicht und dunklem Vollbart – das ist alles, was über die Erscheinung Kaiser Konrads II. gesagt werden kann. Das Bild rundet sich mithin nicht zum Portrait; von Kontur und Eindeutigkeit ist es weit entfernt, und Charakterdeutungen läßt es nicht zu. Das Aussehen des ersten Saliers bleibt der Nachwelt verborgen. Als seine Überreste zusammen mit den Gebeinen seiner Frau und seiner Nachfahren am 3. September 1900 erneut beigesetzt werden und das stumme Zwiegespräch mit der Vergangenheit wieder abbricht, ist der Schleier, der seine Person umgibt, kaum durchsichtiger geworden und der tiefe Brunnen der Vergangenheit wieder verschlossen.

Gibt es trotzdem einen Zugang zu der Persönlichkeit dieses Kaisers? Seine Taten, zu verstehen und zu deuten vor dem Hintergrund seiner Zeit, können der Schlüssel sein, sein Handeln als Herrscher, das der Hofkaplan Wipo bald nach dem Tode Konrads darstellte, das sich aber auch in urkundlichen Zeugnissen widerspiegelt und von den Chronisten und Annalisten des Jahrhunderts verzeichnet wurde. Eine Biographie, die die Fülle eines menschlichen Lebens zum Gegenstand hat, kann über den ersten Herrscher aus dem salischen Hause nicht geschrieben werden, sie zerfiele wie Konrads Körper zu Staub. Schon der ‚Biograph' des Kaisers, Wipo, verfaßte keine ‚Vita', keine Lebensbeschreibung im umfassenden Sinne, sondern stellte die Taten des Herrschers dar: die „Gesta Chuonradi II. imperatoris".

Der Not und den Quellen gehorchend kann auch der moderne Historiograph nur diesem mittelalterlichen Beispiel folgen und versuchen, ein Bild von Kaiser Konrads II. politischen Vorstellungen und Aktionen zu entwerfen, diese dabei in die historischen Entwicklungen der Zeit einzuordnen und gleichzeitig aus ihnen heraus zu erklären, am Ende aber auch aus dem Abstand der Jahrhunderte heraus aufzuzeigen, welche Bedeutung die Regierung Konrads II. für die Geschichte des Reiches besaß und wie sich eine mittelalterliche Königsherrschaft im Regierungsalltag bewährte.

ERSTER TEIL
Der Aufstieg

Kamba: Die Königswahl

Wahl oder Erbrecht

Kaiser Heinrich II., schon längere Zeit leidend und ohnedies von schwacher Gesundheit, stirbt am 13. Juli 1024 in der sächsischen Pfalz Grone. Während seiner Regierungszeit (1002–1024) vermochte er die Königsgewalt zu festigen und das durch manche Fehden erschütterte Reich zu befrieden. Aber sein Tod stellte diese Erfolge wieder in Frage, starb mit ihm doch das durch Heinrich I. (919–936) begründete sächsische Herrscherhaus, dessen bedeutendstes Mitglied Otto I., der Große (936–973), gewesen ist, im Mannesstamm aus. Zahlreiche Prätendenten konnten sich nun erheben und im Kampf um die Nachfolge das Reich in neue Wirrnisse stürzen. Die Kaiserinwitwe Kunigunde, beraten und unterstützt von ihren Brüdern, dem Bischof Dietrich von Metz und dem Herzog Heinrich V. von Bayern, suchte dieser Entwicklung zwar tatkräftig zu begegnen, aber gewiß war das Gelingen keinesfalls: Die notwendig gewordene Wahl eines neuen Königs drohte das Reich in ein Chaos zu stürzen, wenn auch Wipos Schilderung dieser Gefahr übertrieben sein dürfte.

Die Nachfolge im Königtum war im frühen Mittelalter durch eine eigentümliche Verschränkung von Erb- und Wahlprinzip bestimmt. Hatte der regierende König einen herrschaftsfähigen Sohn, dann wurde dieser nach dem Tode des Vaters, der ihn oftmals schon zum Nachfolger designiert oder noch zu Lebzeiten zum Mitkönig erhoben hatte, als neuer Herrscher anerkannt. Das Recht des zur Herrschaft berufenen Sprosses aus königlicher Familie wurde nicht ohne Not mißachtet. Zumindest ein rudimentärer Wahlakt, meist in Form einer Zustimmungshandlung vollzogen, fand zwar bei jeder Thronerhebung statt; aber ohne Zweifel dominierte der Erbgedanke, wenn das Königtum vom Vater auf den Sohn überging, und das Wahlrecht des Adels verblaßte zu einer bloßen Form. So konnte, reihten sich solche Sohnesfolgen nur oft genug aneinander, das Königtum tatsächlich zu einer Erbmonarchie werden. Das Beispiel Frankreichs führt dies deutlich vor Augen.

Starb aber das Königshaus aus, dann trat das Wahlprinzip in sein volles Recht ein, und die Stunde des Adels schlug. Im ostfränkisch-deutschen Reich ist dies immer wieder geschehen, so daß sich hier das Königtum schließlich zu einer reinen Wahlmonarchie wandelte. 1024 war dies noch keinesfalls entschieden, aber schon 1002 hatte Heinrich II., der einer Nebenlinie des sächsischen Herrschergeschlechtes angehörte, seinen erbrechtlich legitimierten Anspruch auf die Königswürde nur durch entschlossenes Handeln gegen die Ambitionen weiterer Thronbewerber durchsetzen können. Nach seinem Tode versammelten sich die Fürsten am 4. September in Kamba, einem heute abgegangenen Ort auf dem rechten Rheinufer gegenüber von Oppenheim, um einen Nachfolger zu wählen. Sie waren in ihrer Entscheidung völlig frei; Heinrich II. hatte keinen Thronfolger bestimmt. Späte Nachrichten von einer Designation Konrads II. oder seines Rivalen sind unglaubwürdig.

Trotzdem scheint die Wahl von 1024 nicht völlig ungebunden, nicht voraussetzungslos gewesen zu sein. Wenn auch vielleicht einige Fürsten mit dem Gedanken an einen Griff nach der Königskrone gespielt haben, so waren es in Kamba schließlich doch nur zwei Kandidaten, die reelle Aussichten hatten, die Nachfolge Heinrichs II. anzutreten. Sie waren Vettern, hießen beide Konrad und waren in gleichem Maße mit der erloschenen Liudolfinger-Dynastie verwandt: Ihr gemeinsamer Großvater, der Herzog Otto von Kärnten, war über seine Mutter Liudgard, die Gemahlin Herzog Konrads des Roten von Lothringen, ein Enkel Ottos des Großen. Offenbar gab also auch 1024 die Herkunft, die durch die Urgroßmutter begründete Zugehörigkeit zum ottonischen Haus, den Ausschlag.

Letztlich dominierte damit das Erbprinzip über das uneingeschränkte Wahlrecht, das 1024 anscheinend nur als ein Auswahlrecht wirksam wurde, als Auftrag der Fürsten, den neuen König allein in den Seitenlinien der königlichen Sippe zu suchen. Doch wird man aus dieser Tatsache keine zu weit reichenden Schlüsse hinsichtlich der Bedeutung der Abstammung ziehen und den Wahlgedanken völlig außer Acht lassen dürfen. Es gab 1024 immerhin noch mehr Verwandte des ottonischen Hauses, die trotzdem nicht als Kandidaten in Frage kamen. Zu ihnen gehörten der ungarische Prinz Emmerich (Heinrich) als Sohn von Heinrichs II. Schwester Gisela, der französische König Robert II. und seine Söhne als Nachkommen von Ottos des Großen Vater Heinrich I. und der polnische Prinz Kasimir als Urenkel Ottos II. († 983). Sie kamen vielleicht deshalb nicht als Nachfolger des letzten Liudolfingers in Frage, weil sie fremden Herrscherhäusern angehörten. Aber auch im Reich selbst gab es Nachfahren von Töchtern Heinrichs I. und Ottos II.: die Herzöge Dietrich und Friedrich II. von Lothringen sowie Liudolf und

Nachfahren der Ottonen

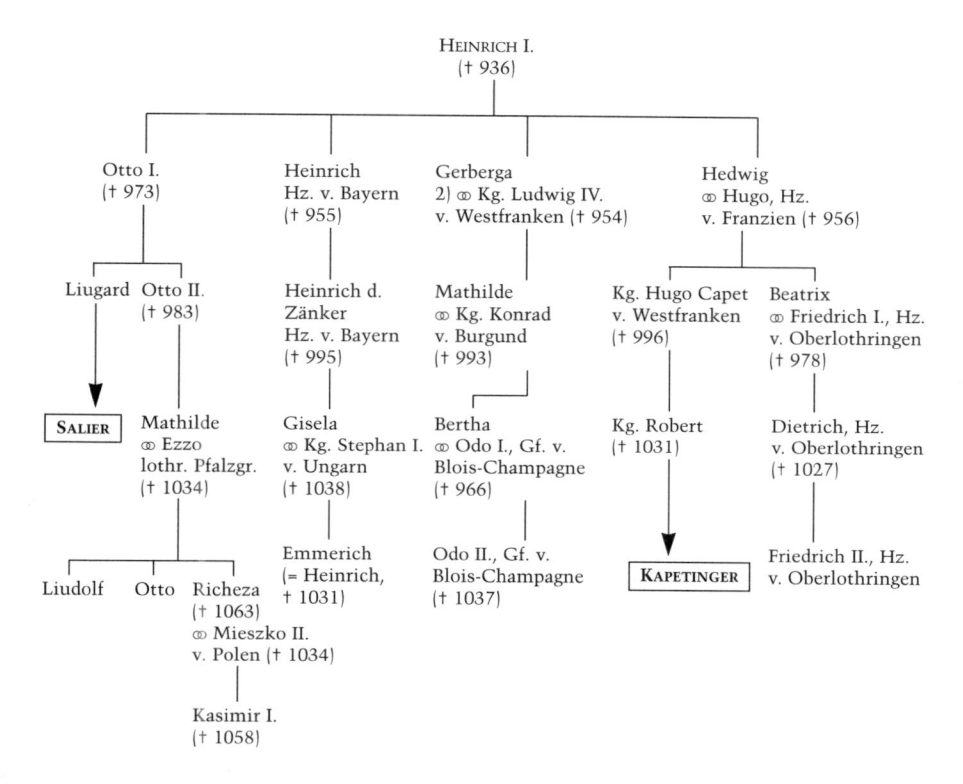

HEINRICH I.
(† 936)

- Otto I. († 973)
  - Liugard
    - SALIER
  - Otto II. († 983)
    - Mathilde ⚭ Ezzo lothr. Pfalzgr. († 1034)
      - Liudolf
      - Otto
      - Richeza († 1063) ⚭ Mieszko II. v. Polen († 1034)
        - Kasimir I. († 1058)
- Heinrich Hz. v. Bayern († 955)
  - Heinrich d. Zänker Hz. v. Bayern († 995)
    - Gisela ⚭ Kg. Stephan I. v. Ungarn († 1038)
      - Emmerich (= Heinrich, † 1031)
- Gerberga 2) ⚭ Kg. Ludwig IV. v. Westfranken († 954)
  - Mathilde ⚭ Kg. Konrad v. Burgund († 993)
    - Bertha ⚭ Odo I., Gf. v. Blois-Champagne († 966)
      - Odo II., Gf. v. Blois-Champagne († 1037)
- Hedwig ⚭ Hugo, Hz. v. Franzien († 956)
  - Kg. Hugo Capet v. Westfranken († 996)
    - Kg. Robert († 1031)
      - KAPETINGER
  - Beatrix ⚭ Friedrich I., Hz. v. Oberlothringen († 978)
    - Dietrich, Hz. v. Oberlothringen († 1027)
      - Friedrich II., Hz. v. Oberlothringen

Otto, die Söhne des lothringischen Pfalzgrafen Ezzo, deren Mutter Mathilde eine Schwester Ottos III. († 1002) gewesen ist und die somit als Enkel Ottos II. dem Mannesstamm des ottonischen Hauses näher standen als die beiden Konrade, die lediglich Ururenkel Ottos des Großen waren.

Wäre 1024 ausschließlich das Erbrecht zum Zuge gekommen, dann hätten Liudolf und Otto, die beiden Ezzonen, ohne Zweifel die besten Aussichten auf die Königswürde besessen. Daß sie offenbar noch nicht einmal für die Nachfolge im Gespräch waren, belegt dagegen die Wirksamkeit des Wahlprinzips. Wipo stilisiert die Vorgänge von Kamba zu einer freien Wahl und verleiht ihnen damit die Züge eines Ideals, das künftig als Vorbild dienen konnte. Indem er die ottonische Abstammung der beiden Prätendenten verschweigt, betont er andere Qualitäten, die die Kandidaten zum Herrscheramt befähigten: die hochadelige Abstammung, die Macht des jüngeren und vor allem die Tüchtigkeit und Rechtschaffenheit des älteren Konrad, der wegen dieser Charaktereigenschaften dann schließlich auch erwählt worden sein soll. Wenn der Kaplan Wipo die Ereignisse von 1024 auch keinesfalls wirklichkeitsgetreu schildert, so läßt sein Bemühen um die Darstellung einer idealen, einer freien Wahl doch zweifelsfrei erkennen, daß es ausgeprägte, wohl auch durch das kirchliche Amtsverständnis geformte Vorstellungen über die uneingeschränkte Anwendung des Wahlprinzips gab. Mögen daher auch erbrechtliche Kriterien für die Kandidatur der beiden Konrade mitbestimmend gewesen sein, das Wahlprinzip ist dadurch keinesfalls negiert worden; es trat vielmehr durch den Zwang, sich für einen von zwei Kandidaten entscheiden zu müssen, wieder in den Vordergrund. Die im frühen Mittelalter geltende Verschränkung von Erb- und Wahlrecht ist mithin in Kamba keinesfalls zugunsten eines ihrer beiden Elemente aufgelöst worden.

Die salische Familie

Die beiden Thronkandidaten von 1024 gehörten einem Geschlecht an, das im 12. Jahrhundert vereinzelt, seit dem 14. Jahrhundert aber immer häufiger als salisch bezeichnet wird. Ihnen selbst aber ist der Saliername als Bezeichnung ihrer Familie völlig unbekannt gewesen. Sie zählten zu einer Adelssippe, die bereits im 7. Jahrhundert zur politischen Führungsschicht des Frankenreiches gerechnet wurde, an der Mosel ihre Heimat hatte und schließlich als Mitglied der fränkischen Reichsaristokratie Besitz und Ämter im gesamten Großreich der Karolinger, von der Bretagne bis nach Italien, erwarb. Widonen-Lambertiner werden ihre Angehörigen nach den in dem weit verzweigten Familienverband häufig vorkommenden Namen genannt. Zwei Träger dieser ‚Leitnamen', der Herzog Wido von Spoleto und sein Sohn Lambert, sind am Ende des 9. Jahrhunderts sogar in Rivalität zu dem Karolinger Arnulf von Kärnten († 899) zum Kaisertum aufgestiegen.

Nicht jedoch von dieser italischen Linie stammen die Salier des 10. und 11. Jahrhunderts ab, sondern von einem Zweig des widonischen Verwandtschaftskreises, der enge Beziehungen zu den Klöstern Mettlach (an der Saar) und Hornbach (im Bliesgau) besaß und in dem der Leitname Werner (Wernar) vorherrschte. Die genealogischen Verhältnisse sind zwar nicht mehr klar erkennbar, ein lückenloser Stammbaum mit ununterbrochener Filiation kann daher nicht aufgestellt werden, aber der blutsmäßige Zusammenhang dieser Wernare mit den späteren Herr-

Die Vorfahren Konrads II.

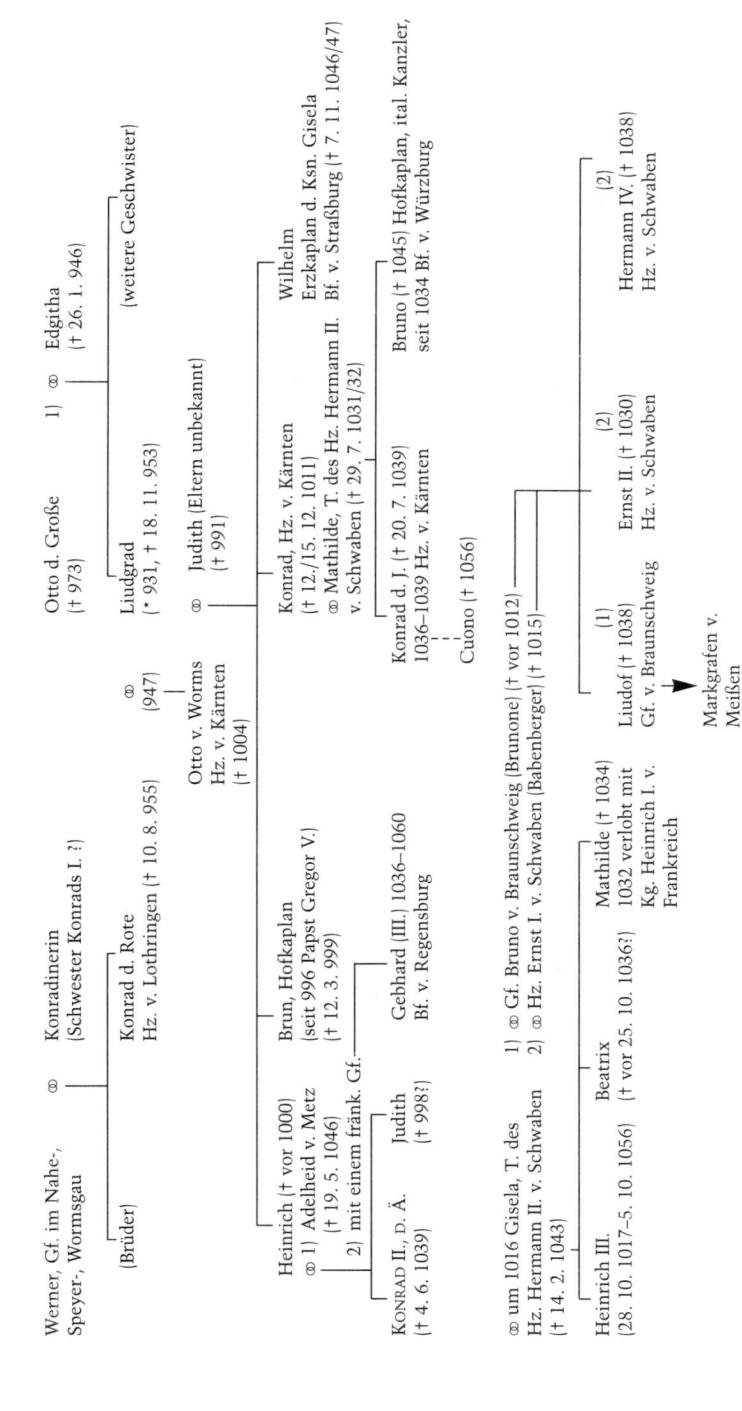

Werner, Gf. im Nahe-, Speyer, Wormsgau ⚭ Konradinerin (Schwester Konrads I. ?)

Otto d. Große († 973) 1) ⚭ Edgitha († 26. 1. 946)

(weitere Geschwister)

(Brüder)

Konrad d. Rote Hz. v. Lothringen († 10. 8. 955) ⚭ (947) Liudgrad (* 931, † 18. 11. 953)

Otto v. Worms Hz. v. Kärnten († 1004) ⚭ Judith (Eltern unbekannt) († 991)

Heinrich († vor 1000) ⚭ 1) Adelheid v. Metz († 19. 5. 1046) 2) mit einem fränk. Gf.

Brun, Hofkaplan (seit 996 Papst Gregor V.) († 12. 3. 999)

Konrad, Hz. v. Kärnten († 12./15. 12. 1011) ⚭ Mathilde, T. des Hz. Hermann II. v. Schwaben († 29. 7. 1031/32)

Wilhelm Erzkaplan d. Ksn. Gisela Bf. v. Straßburg († 7. 11. 1046/47)

KONRAD II., D. Ä. († 4. 6. 1039)

Judith († 998?)

Gebhard (III.) 1036–1060 Bf. v. Regensburg

Konrad d. J. († 20. 7. 1039) 1036–1039 Hz. v. Kärnten
Cuono († 1056)

Bruno († 1045) Hofkaplan, ital. Kanzler, seit 1034 Bf. v. Würzburg

⚭ um 1016 Gisela, T. des Hz. Hermann II. v. Schwaben († 14. 2. 1043)

1) ⚭ Gf. Bruno v. Braunschweig (Brunone) († vor 1012)
2) ⚭ Hz. Ernst I. v. Schwaben (Babenberger) († 1015)

Heinrich III. (28. 10. 1017–5. 10. 1056)

Beatrix († vor 25. 10. 1036?)

Mathilde († 1034) 1032 verlobt mit Kg. Heinrich I. v. Frankreich

(1) Liudof († 1038) Gf. v. Braunschweig

(2) Ernst II. († 1030) Hz. v. Schwaben

(2) Hermann IV. († 1038) Hz. v. Schwaben

→ Markgrafen v. Meißen

17

schern aus salischem Hause ist kaum zu bezweifeln. Das Besitzzentrum dieses Familienzweiges lag am Mittelrhein. Neben den schon erwähnten Klöstern Mettlach und Hornbach gehörten auch die Abtei Münsterdreisen bei Kirchheim-Bolanden, das Remigiusland um Kaiserslautern und die Städte Worms und Speyer dazu. Um das Jahr 900 war Werner, der wohl der Vater Konrads des Roten, des ersten näher bekannten Saliers, gewesen ist, Graf im Worms-, Nahe- und Speyergau. Verheiratet mit einer Konradinerin, vielleicht der Tochter oder Schwester König Konrads I. (911–918), könnte schon er die ersten engeren Beziehungen zum Königtum geknüpft haben. In großem Maße aber hat Konrad der Rote diese Politik der Königsnähe betrieben. Mit ihm setzte dann auch der eigentliche Aufstieg der Familie ein.

Als Erbe der väterlichen Machtposition baute er seinen Einfluß konsequent aus. 941 gehörte er schon zum engsten Gefolge Ottos des Großen und war maßgeblich an der Entlarvung jener Verschwörer beteiligt, die den Herrscher vom Throne stoßen wollten und an deren Spitze Heinrich, des Königs Bruder, stand. 944 wurde Konrad das Herzogtum Lothringen (Lotharingien) anvertraut. Die damit verbundene Aufgabe, den stets unruhigen Adel dieser Region zu zähmen und das Land, den ehemaligen Kernraum der karolingischen Herrschaft, gegen die Ansprüche der im westfränkisch-französischen Reich noch immer (bis 987) regierenden Karolinger zu sichern, hat er glänzend bewältigt. 947 erhielt er die Hand von Ottos Tochter Liudgard, wodurch sein Verhältnis zum König besonders eng wurde.

Voller Umsicht diente Konrad der Rote dem königlichen Schwiegervater auf diplomatischem wie militärischem Felde und darf als einer der hervorragenden Vertrauten Ottos des Großen bezeichnet werden. Selbstverständlich begleitete er den Liudolfinger 951/52 auf den ersten Italienzug, durch den der verwitwete Herrscher zwar noch nicht die Kaiserwürde, wohl aber das italische Königreich mitsamt der Königin Adelheid als neue Gemahlin gewann. Als Otto danach über die Alpen in die Heimat zurückkehrte, ließ er seinen Schwiegersohn mit dem Auftrag zurück, die neu errungene Herrschaft zu sichern, und das bedeutete vor allem, den noch nicht bezwungenen Rivalen um die südländische Königskrone, den Markgrafen Berengar von Ivrea, entweder völlig niederzukämpfen oder zu einem Ausgleich zu bewegen[4]. Auch diesmal war Konrad erfolgreich oder glaubte zumindest, es zu sein. In Vorverhandlungen hatte er dem zur Unterwerfung bereiten Berengar Zusicherungen gemacht, die die Quellen leider nicht näher erläutern, die aber für Otto den Großen offenbar nicht akzeptabel waren und daher bei dem endgültigen Friedensschluß in Magdeburg und auf dem anschließenden, die italischen Verhältnisse ordnenden Reichstag von Augsburg, der im August 952 stattfand, nicht eingelöst wurden.

Der selbstbewußte Herzog von Lothringen mußte sich durch das Verhalten des Königs brüskiert fühlen, zugleich aber führte es ihm deutlich das Schwinden seines Einflusses am Königshof vor Augen. Hier war ein neuer Stern im Steigen und begann, alle anderen zu überstrahlen: Heinrich, der Bruder des Königs, hatte seinen frühen Ambitionen auf das Herrscheramt entsagt und war von Otto 948 zum Herzog von Bayern bestellt worden. Damit wurde er in Ottos System der herrschaftssichernden Familienpolitik einbezogen und bewährte sich schließlich in seiner neuen Stellung als Sachwalter des Reiches und des Königs. Er war daher auch der eigentliche Gewinner des Italienzuges, denn sein Herzogtum wurde in Augsburg durch die Angliederung der Marken Verona und Istrien einschließlich Friauls beträchtlich vergrößert. Außerdem besaß er das Vertrauen der neuen Königin Adelheid, war er doch der Brautwerber des Bruders gewesen und konnte nun auf ihre Fürsprache am Hofe rechnen.

Der wachsende Einfluß Heinrichs von Bayern auf die Reichsregierung traf aber nicht nur Konrad den Roten; auch Liudolf, der Königssohn und Thronfolger aus Ottos erster Ehe mit der Angelsächsin Edgitha († 946), sah sich zurückgesetzt. Als Herzog von Schwaben hatte er eine eigene Italienpolitik betrieben, die sein bayerischer Oheim erfolgreich durchkreuzte. War seine Stellung am Hofe schon durch den Tod der Mutter geschwächt worden, so mußte er sich nun völlig aus dem Rat des Königs verdrängt und vom Zugang zum Vater abgeschnitten fühlen. Außerdem mochte er seine Stellung als Thronfolger durch die neue Heirat des Vaters für den Fall bedroht wähnen, daß ein weiterer Königssohn geboren würde. Sein Mißmut über die für ihn nachteilige Situation steigerte sich im Frühjahr 953 schließlich bis zur offenen Empörung.

Als Liudolf den letzten Schritt wagte und zur Waffe griff, da schloß sich ihm auch Konrad der Rote an. Die gemeinsame Gegnerschaft zu Heinrich von Bayern, das Gefühl, vom König zugunsten des bayerischen Herzogs zurückgesetzt zu werden, führte sie zusammen. Der aus persönlichen Mißhelligkeiten und Animositäten erwachsene Aufstand aber stürzte die Herrschaft Ottos des Großen noch einmal, zum letzten Mal, in eine schwere Krise, deren der König nur mit Mühen, letztlich aber doch erfolgreich Herr wurde.

Daß Konrad seines lothringischen Herzogsamtes enthoben wurde, versteht sich von selbst. An seine Stelle trat der Kölner Erzbischof Brun, des Königs jüngster Bruder, der nun eine geistliche und eine weltliche Funktion in seiner Hand vereinigte. Als sich der Salier im Juni 954 dem Herrscher unterwarf, mußte er ebenso wie Liudolf, der diesen Schritt freilich erst im Dezember 954 vollzog, den Verlust der Herzogswürde akzeptieren; aber beide Rebellen durften ihre Eigengüter behalten. Damit war Konrad dem Roten die Möglichkeit zum Wiederaufstieg in der Reichspolitik belassen worden, doch konnte er sie nicht mehr nutzen, denn er fiel am 10. August 955 in der Schlacht auf dem Lechfeld, wo er das fränkische Aufgebot in den Kampf gegen die Ungarn führte. Sein Tod sühnte gleichsam die Untreue gegenüber dem König, der den Leichnam nach Worms überführen und dort ehrenvoll bestatten ließ. Der glanzvolle Aufstieg des salischen Hauses aber hatte in eine Katastrophe geführt, eine hoffnungsvolle Entwicklung schien jäh unterbrochen. Doch konnte auch noch mit den Resten von Konrads des Roten Besitz und Macht ein neuer Anfang gewagt werden; und Konrads Sohn Otto, der über seine am 18. November 953 verstorbene Mutter Liudgard ja ein Enkel Ottos des Großen gewesen ist, hat ihn geschafft. Er vermochte den Familienbesitz im wesentlichen zu wahren und schließlich weiter auszubauen. Am Ende führte er sein Haus sogar wieder in den Kreis der herzoglichen Familien zurück.

Bereits 956 erschien er in einer Königsurkunde als Graf im Nahegau[5]. Schließlich vereinigte er aber neben der ererbten Position noch fünf oder sogar sechs weitere Grafschaften in seiner Hand: im Mayenfeld-, Kraich-, Elsenz-, Pfinz- und Enzgau und vielleicht auch im Uffgau. 978, fünfundzwanzig Jahre nach dem Sturz des Vaters, übertrug ihm sein kaiserlicher Oheim Otto II. das Herzogtum Kärnten. Damit kehrte der Salier wieder in den Kreis jener Adligen zurück, die die höchsten Reichswürden, die Herzogtümer, verwalteten; eine völlige Rehabilitierung seines für die Untreue Konrads des Roten bestraften Hauses war damit erreicht.

Das erst 976 durch Abtrennung von Bayern entstandene Herzogtum Kärnten[6] war nach dem fehlgeschlagenen Aufstand der drei Heinriche, der Herzöge von Kärnten und von Bayern sowie des Bischofs von Augsburg, freigeworden. Otto II. nutzte die Gelegenheit, um seine Verfügungsgewalt über die Herzogtümer zu betonen und setzte seinen salischen Neffen als Landfremden in der Südostecke des Reiches in den Kärntner Sprengel ein. Die Übertragung der Herzogsgewalt bedeutete Wiederaufstieg und Chance zur Bewährung zugleich. Da Otto über keinen oder nur sehr geringen Privatbesitz in Kärnten verfügte und mit seiner gesamten Macht am Mittelrhein verwurzelt blieb, übernahm er keine leichte Aufgabe, weswegen der Kaiser auch weiterhin auf eine enge Anlehnung des Rheinfranken an seine Gewalt hoffen durfte.

Den Aufstieg zur Herzogswürde mußte Otto darüber hinaus mit einer Machteinbuße am Mittelrhein bezahlen. Die Hoheitsrechte, die er in Worms besaß, wurden im August 979 vom Kaiser an den dortigen Bischof Hildebald übertragen[7], dem damit die ungeteilte Herrschaft über die Stadt zufiel. Mit dieser Entscheidung sah sich der Herzog aus seinem bisherigen Herrschaftsmittelpunkt verdrängt, wenn ihm natürlich auch die Salierburg im Rheinviertel der Stadt als Eigenbesitz blieb. Von hier aus konnte zwar der Kampf um die alten Positionen geführt werden, doch wird sich der Herzog wohl zunächst um eine Festigung seiner neuen Stellung im Südosten bemüht haben. Viel ist darüber freilich nicht bekannt; und richtig Fuß konnte er in dem fernen Land jenseits des Alpenhauptkammes nicht fassen. Als es im Jahre 985 zu einer Neuordnung der Verhältnisse in den süddeutschen Herzogtümern kam, fiel es Otto daher wohl auch nicht allzu schwer, auf seine Kärntner Würde zu verzichten. Seine Funktion übernahm zunächst wieder der 978 abgesetzte Liutpoldinger Heinrich und nach dessen Tode im Jahre 989 Heinrich der Zänker, der ehrgeizige Bayernherzog aus der liudolfingischen Nebenlinie.

Otto aber ließ sich seinen Verzicht reich entgelten. Am 6. Februar 985 übertrug ihm Otto III. den Wasgau-Forst und den Königshof Lautern[8]. In die rheinische Heimat zurückgekehrt, begann der Salier sogleich den Kampf mit Hildebald von Worms um den alten Einfluß in der Stadt und vermochte seine Macht durch die Einbeziehung der Abtei Weißenburg in die eigene Herrschaftssphäre schließlich sogar zu erweitern. Hatte er auch auf die vom König verliehene Herzogswürde im fernen Kärnten verzichtet, so hob ihn doch der umfassende Besitz von Gütern und hoheitlichen Funktionen in den mittleren Rheinlanden weit über die Schicht der übrigen Grafen und Adligen hinaus: Spätestens seit der Mitte der achtziger Jahre kann seine Stellung daher als herzogsgleich bezeichnet werden; und wie ein Herzog fühlte er sich auch, weshalb er nach 985 trotz des Verzichtes auf Kärnten den Herzogstitel weiterführte.

Indem die Reichsgewalt diese mittelrheinische Herzogswürde anerkannte[9], veränderte sich die Reichsstruktur und erweiterte sich um ein neues Element: um einen Herrschaftsraum autogener Prägung, der ursprünglich nicht als ein vom König verliehener Aufgabenbereich gelten konnte, sondern dessen Basis durch den ausgedehnten Besitz des Saliers und seine zahlreichen Vogtei- und Grafenrechte gebildet wurde und der allein dadurch als Dukat ausgewiesen wurde, daß Otto den Herzogstitel trotz des Verlustes der Kärntner Herzogsfunktion behielt und auf seine rheinische Machtsphäre bezog[10]. Die Übernahme des Herzogtums Kärnten hatte mithin auch dazu gedient, dem Salierhaus den alten Platz in der von den herzoglichen Familien gebildeten Spitzengruppe des Adels, aus der es durch den Sturz Konrads des Roten ausgeschieden war, wieder zu erwerben.

Indem Otto den Herzogstitel führte, ohne ein herkömmliches Herzogtum zu verwalten, dokumentierte er aber zugleich auch seinen Anspruch auf eine solche traditionelle Würde. Nachdem die Karolinger im 8. Jahrhundert die herzoglichen Zwischengewalten ausgeschaltet hatten, waren zu Beginn des 10. Jahrhunderts im Osten des fränkischen Großreiches neue Herzogtümer entstanden, als das Königtum bei der Bewältigung innerer und äußerer Probleme, besonders angesichts der Ungarneinfälle, versagte und durch Besitz, Ämter, Königsnähe und persönliche Tüchtigkeit ausgezeichnete Adelige zu einer übergräflichen, zu einer fürstlichen Stellung aufrückten und jene Aufgaben übernahmen, welche der König nicht mehr zu bewältigen vermochte. Von diesen Herzogtümern – Bayern, Sachsen, Franken, Schwaben und Lothringen –, deren Zahl sich in der zweiten Hälfte des 10. Jahrhunderts durch Teilungen erhöhte (Lothringen zerfiel seit 958/59 in Ober- und Niederlothringen, Kärnten wurde 976 von Bayern abgetrennt), von diesen ‚Partikular'- oder ‚Regionalgewalten' her baute sich das Reich der Ottonen auf. Die Herzöge hatten entscheidenden Einfluß auf die Königswahl, galten selber als wählbar und gestalteten als Mit- oder Gegenspieler des Herrschers die Geschicke des Reiches in starkem Maße mit. Ihre Stellung kann als vizeköniglich bezeichnet werden; ihre Gesamtheit bildete die Spitzengruppe der weltlichen Großen, deren Mitglieder die eigentlichen Träger des Reiches waren. Ihr anzugehören steigerte Ansehen und Einfluß; aus ihr ausgeschlossen zu werden, bedeutete einen Verlust an Prestige und Macht. Da der Herzogstitel das äußere Zeichen für diesen Spitzenrang war, ist es verständlich, warum ihn Otto nach seinem Verzicht auf Kärnten nicht ablegte.

Das salische Herrschaftsgebilde am Mittelrhein, das als „das erste Beispiel einer Frühform des Territorialstaates"[11] charakterisiert worden ist, stellte ein neues, in die Zukunft weisendes Element der Reichsstruktur dar: ein Herzogtum, das nicht vom König zur Sachwaltung verliehen wurde, sondern aus eigenen Wurzeln gewachsen war. Seine Anerkennung durch das Königtum stärkte die Reichsgewalt, solange ein gutes Verhältnis zwischen ihr und dem Herzog neuer Art bestand, führte dieser ihr doch seine Machtmittel zu. Andererseits konnte der König im Konfliktfall nicht leicht vom ‚Amtsrecht' her gegen eine solche autogene Herrschaftsgewalt operieren. Doch war dies auch gegenüber den sogenannten Amtsherzogtümern[12] nicht immer problemlos möglich. In diesen war die herzogliche Gewalt unterschiedlich fest verwurzelt; am stärksten war sie am Beginn des 10. Jahrhunderts ohne Zweifel in Bayern und nach herkömmlicher, mittlerweile allerdings bestrittener Ansicht auch in Sachsen. Ihre Träger aber verstanden sich zunächst keinesfalls immer nur als Sachwalter des Reiches und des Königs, sondern als eigenständige Gewalthaber. Es hat die liudolfingischen Herrscher, vor allem Otto den Großen, einige Mühe gekostet, die Vorstellung von den Herzogtümern als besonderen Aufgabenbereichen und von den Herzögen als königlichen Sachwaltern durchzusetzen; und trotzdem behielt die Herzogswürde auch weiterhin einen eigentümlich ambivalenten Charakter. Ihr Träger war Vertreter des Königs in einem bestimmten Sprengel, der sich bis in die Regierungszeit Ottos I. hinein noch weitgehend mit den Stammesgebieten deckte, gleichzeitig aber war er auch immer Fürsprecher und Interessenswahrer des ihm anvertrauten Personenverbandes; er stand daher immer in der Gefahr, die ihm anvertraute Aufgabe als selbständige Würde zu interpretieren.

Das Verhältnis von Reichs- und Herzogsgewalt stellte deshalb im frühen Mittelalter einen neuralgischen Punkt für die Herrschaft des Königs dar. Die Treue der Herzöge war keinesfalls garantiert und forderte die fortwährende Aufmerksamkeit des Herrschers. Ebensowenig war das Gefüge der Herzogtümer stabil. Von Teilungen der Sprengel war schon die Rede; doch verschwand auch ein Herzogtum wieder, da Otto der Große die fränkische Würde seit 939 unbesetzt ließ und Franken zusammen mit Sachsen zum eigentlichen Königsland machte. In diesen Gesamtzusammenhang ordnet sich auch die vom Königtum ausgesprochene Anerkennung des salischen Herzogtums im praktisch herzogsfreien Rheinfranken leicht ein. Für den Salier aber bedeutete die Führung des Herzogtitels nicht nur Wahrung seines herzoglichen Ranges und Steigerung seiner Macht, sondern durch sie meldete er gleichzeitig auch seinen Anspruch auf ein herkömmliches Herzogtum an. Dieselbe Linie verfolgte auch die salische Heiratspolitik. Ottos ältester Sohn Heinrich vermählte sich mit Adelheid, der Tochter des Grafen Richard von Metz. Adelheids Brüder waren die Grafen Adalbert vom Saargau und Gerhard von Metz. Durch diesen Eheschluß knüpften die Salier ihre Fäden stärker nach Lothringen hinein. Die Familie Adelheids zählte zu den vornehmsten des Herzogtums und stellte, später als Haus Châtenois bezeichnet[13], seit 1046 die oberlothringischen Herzöge. Über Adelheids Verwandtschaft gewannen die Salier aber auch engere Beziehungen zu weiteren lothringischen Dynastenfamilien, etwa zur Familie der Grafen von Dagsburg-Egisheim, deren berühmtesten Sproß Bruno König Konrad II. später zum Bischof von Toul, sein Sohn Heinrich III. aber 1049 schließlich als Leo IX. zum Haupt der römischen Kirche berief. Die eheliche Verbindung des Saliers mit einer Lothringerin diente also offenbar auch dazu, eine wichtige Voraussetzung für den Wiedererwerb der von Konrad dem Roten verlorenen lothringischen Herzogswürde zu schaffen.

Nicht jedoch in Lothringen, sondern erneut in Kärnten verwirklichte sich dann der salische Anspruch auf ein sogenanntes Amtsherzogtum. Nach dem Tode Heinrich des Zänkers wurde die Verbindung von Bayern und Kärnten wieder gelöst. Die bayerische Herzogswürde ging an den gleichnamigen Sohn des Zänkers, den späteren Kaiser Heinrich II., über; Kärnten jedoch kam 995 wieder an den Salier Otto, der sich nun aber offenbar weniger um die Verwaltung des Herzogtums als um die mit diesem verbundene Mark Verona kümmerte. Als Markgraf von Verona gewann Otto große Bedeutung für die Italienpolitik seines Vetters Otto III., der 996 zur Kaiserkrönung nach Rom zog und fortan aktiv in die italischen Verhältnisse eingriff. Der Salier ist häufig in der Umgebung des jungen Herrschers anzutreffen und übernahm für diesen wichtige Aufgaben[14]; als eine zuverlässige Stütze der ottonischen Regierung in Italien wuchs er schließlich in die Rolle eines wichtigen Ratgebers des Kaisers hinein.

Vielleicht ist die Konzentration des Saliers auf die Mark Verona und die daraus erwachsene Unterstützung der königlichen Italienpolitik von Anfang an von Otto III. gefordert oder zumindest doch erwartet worden. Die Königsnähe des salischen Hauses jedenfalls führte schon im Mai 996 zu einer weiteren Auszeichnung durch den Herrscher, zu einem Akt, der eine Rangerhöhung eigener Art bewirkte: Otto III. nominierte seinen Kaplan Brun, einen Sohn Ottos von Kärnten, zum Nachfolger des im März 996 verstorbenen Papstes Johannes XV. Als Gregor V. bestieg der Salier daraufhin die cathedra Petri[15] und setzte seinem liudolfingischen Verwandten am 21. Mai 996 als eine seiner ersten Amtshandlungen die Kaiserkrone aufs Haupt.

Blieb auch das Papsttum des Saliers nur Episode, da Gregor V. schon am 18. Februar 999 starb, so lag doch auch weiterhin der Glanz dieser Würde, die für eine kurze Frist von einem Familienmitglied verkörpert worden war, auf dem salischen Gesamthaus. Welche Adelsfamilie des Reiches konnte sonst noch darauf verweisen, in engster blutmäßiger Bindung zum Herrscherhaus zu stehen, über ein traditionelles und über ein autogenes Herzogtum zu verfügen, herausragender Mitträger der kaiserlichen Politik zu sein und außerdem auch noch einen Papst unter seinen Verwandten zu besitzen? Das hohe Ansehen, das die Salier genossen, bewies sich dann auch nach dem überraschenden Tode Ottos III., der am 24. Januar 1002 auf der Burg Paterno am Soracte im Alter von nur 21 Jahren der Malaria erlag: Zu den Thronanwärtern zählte, da der Ottone kinderlos verblieben war, jetzt nämlich auch der Herzog Otto von Kärnten.

Drei Prätendenten, nach keinesfalls gesicherten Erkenntnissen[16] alle, wenn auch zum Teil recht weitläufig mit den im Hauptstamm erloschenen Liudolfingern verwandt, bewarben sich um die Krone: der Markgraf Ekkehard I. von Meißen, der Herzog Hermann II. von Schwaben aus dem Hause der Konradiner und der Herzog Heinrich IV. von Bayern, der ein Urenkel des ersten Liudolfingerkönigs Heinrich I. war. Vom Erbrecht her gesehen hatte der Bayernherzog unter diesen dreien das beste Anrecht auf die Nachfolge, und er setzte sich durch entschlossenes Handeln am Ende auch durch; einen erbrechtlich noch besser begründeten Anspruch hätte aber Otto von Kärnten erheben können, der nach strenger Parentelordnung dem im Mannesstamm ausgestorbenen Herrscherhaus als Enkel Ottos des Großen näherstand als der bayerische Urenkel Heinrichs I. Das erkannte auch der Bayer an, der den Salier, wie der Bischof und Chronist Thietmar von Merseburg berichtet[17], sogar selbst als Nachfolger Ottos III. vorgeschlagen haben soll, woraufhin dieser jedoch die schwere Bürde bescheiden zurückwies und nun seinerseits Heinrich als König empfahl.

Hat der Bayernherzog seinen Kärntner Amtsbruder durch einen klugen Schachzug überspielt? Sicherlich handelte Heinrich nicht ohne Kalkül und gewann durch sein Vorgehen am Ende die Unterstützung des vom Erbrecht am besten ausgewiesenen Thronanwärters für die eigene Kandidatur. Doch bleibt es letztlich sehr die Frage, ob Otto überhaupt jemals gewillt war, seinen gut fundierten Anspruch auf den Thron auch wirklich geltend zu machen und den Aufstieg seines Hauses durch den Erwerb des Königdiadems zu krönen. Der Grund seines Verzichtes wird sicherlich nicht nur in seiner Bescheidenheit und der Einsicht in die bessere Eignung Heinrichs zu suchen sein, wie Thietmars Bericht es glauben machen will. Eher darf vermutet werden, daß der Salier seine Machtmittel nicht für ausreichend hielt, um den Kampf um die Königswürde erfolgreich zu führen, daß er also einsah, möglichen Konkurrenten nicht gewachsen zu sein. Vielleicht fühlte er aber auch schon die Last seiner Jahre, hatte er 1002 doch schon die Fünfzig überschritten und konnte nach den Begriffen der Zeit als alter Mann gelten. Er mag gefühlt haben, daß ihm für ein kraftvolles Königtum nicht mehr genügend Zeit verblieb; am 4. November 1004 ist er gestorben.

Sein Sohn Konrad, verheiratet mit Mathilde, der Tochter Hermanns II. von Schwaben, hat im übrigen eine andere Entscheidung getroffen und die Kandidatur seines Schwiegervaters unterstützt. Die Verschwägerung mit der Konradinersippe hat diesen Schritt sicherlich gefördert, doch reicht sie letztlich allein nicht als Erklärung dafür aus, daß Konrad sich in dieser politisch so hoch brisanten Frage gegen den Vater stellte. Allerdings lassen die Quellen auch kein anderes Motiv erkennen. Die Gründe für sein Handeln bleiben daher dunkel. Gleich seinem Schwiegervater unterwarf sich Konrad schließlich dem bayerischen Liudolfinger und erhielt, wie vielleicht schon in diesem Zusammenhang vereinbart, von Heinrich II. nach dem Tode des Vaters das Kärntner Herzogtum übertragen. Dies änderte freilich nichts daran, daß das Verhältnis zwischen den Saliern und dem Liudolfinger seit 1002 kühl blieb und oftmals gespannt war. Otto von Kärnten freilich, das Familienoberhaupt, verhielt sich persönlich auch gegenüber dem neuen König loyal, und fast hat es den Anschein, als ob er seine Pflichten gegenüber dem Reich mit besonderem Eifer erfüllte, um sich dadurch deutlich von dem rebellischen Verhalten des Vaters zu unterscheiden. Aber insgesamt markiert das Jahr 1002 doch einen weiteren Wendepunkt in der wechselvollen Geschichte der salischen Familie, nämlich von einer in den letzten Jahren des 10. Jahrhunderts steil ansteigenden Entwicklung hin zu einem erneuten Tiefpunkt.

Der Thronwechsel von 1002 brachte für die Salier nicht nur eine Einbuße an Geltung und Einfluß, sondern auch die endgültige Vertreibung aus Worms, wo sie nach dem Verlust ihrer Hoheitsrechte noch immer zäh mit dem Bischof um die Wiedererlangung der alten Stellung rangen. Seit dem Jahre 1000 aber war hier Burchard ihr Gegenspieler, der die Interessen seiner Kirche energisch vertrat und durch die Unterstützung von Heinrichs Königtum seine Position auszubauen verstand. Mit der ersten Urkunde, die der neue König ausstellen ließ, erhielt der Bischof am 10. Juni 1002 den Wildbann über den Königsforst *Forehahi* verliehen[18]. Diesem Gunstbeweis folgte am 18. August die Schenkung des Hofes Gerau[19] und am 3. Oktober die Übertragung der salischen Besitzungen in Worms[20]. Damit lag die Stadtherrschaft nun unangefochten in

Die Verwandtschaft von Mathilde und Herzog Konrad von Kärnten

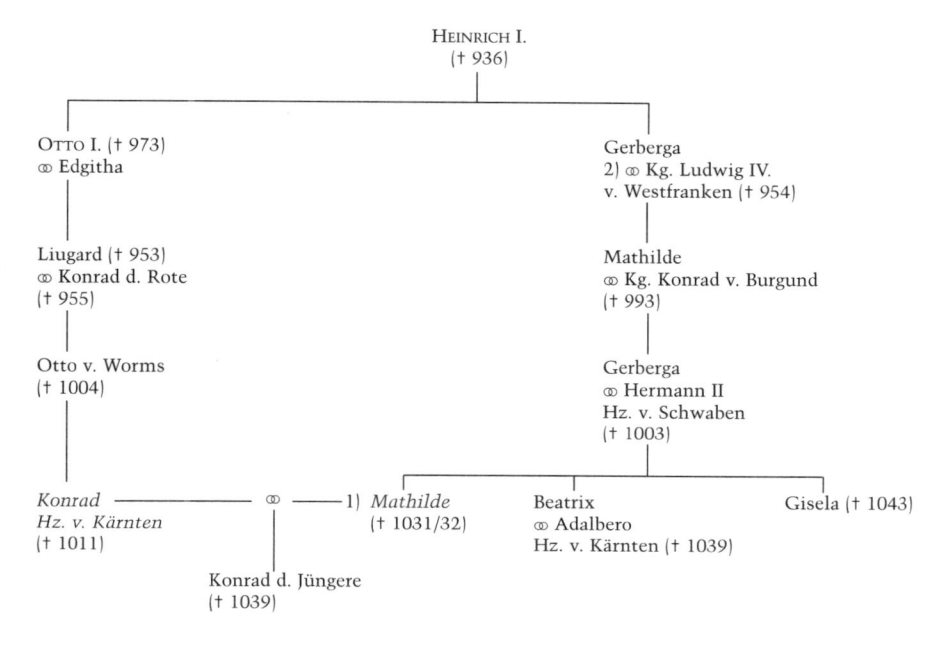

HEINRICH I.
(† 936)

- OTTO I. († 973)
  ∞ Edgitha
  - Liugard († 953)
    ∞ Konrad d. Rote
    († 955)
    - Otto v. Worms
      († 1004)
      - Konrad
        Hz. v. Kärnten
        († 1011)
        ∞ 1) Mathilde († 1031/32)
        - Konrad d. Jüngere († 1039)
- Gerberga
  2) ∞ Kg. Ludwig IV.
  v. Westfranken († 954)
  - Mathilde
    ∞ Kg. Konrad v. Burgund
    († 993)
    - Gerberga
      ∞ Hermann II
      Hz. v. Schwaben
      († 1003)
      - Mathilde († 1031/32)
      - Beatrix
        ∞ Adalbero
        Hz. v. Kärnten († 1039)
      - Gisela († 1043)

den Händen des Bischofs; Otto aber wurde durch den Königshof Bruchsal, zu dem der Forst *Luzhart* gehörte, entschädigt.

Heinrichs II. Haltung in dieser Angelegenheit, die Unterstützung von Burchards Forderungen, sollte mit Sicherheit kein Affront gegen die Salier sein, hatte Herzog Otto selbst sich doch schon längst für den neuen König entschieden und sein Sohn Konrad sich wohl spätestens am 1. Oktober zusammen mit Herzog Hermann II. von Schwaben in Bruchsal unterworfen[21]. Außerdem lag des Königs Entscheidung völlig auf der Linie seiner ottonischen Vorgänger, die ja schon früher die Wormser Bischöfe gefördert hatten. Das Arrangement vom 3. Oktober 1002 ist deshalb eher in Zusammenhang mit der Unterwerfung Konrads zu sehen, bei der dessen Familie die letzten Bastionen in Worms unwiderruflich räumen mußte – allerdings nicht, ohne dafür eine angemessene Entschädigung zu erhalten. Was im Oktober 1002 durchgeführt wurde, trägt mithin den Charakter des Kompromisses, eines Kompromisses freilich, der die Salier ihres alten Machtzentrums beraubte und sie schwächte.

Wie sehr das Verhältnis zwischen dem neuen Herrscher und dem Salier Konrad gespannt blieb, das belegt die Anklage, die Heinrich II. im

Jahre 1003 auf der Synode von Diedenhofen gegen ihn erhob: der Vorwurf, in einer nach dem Kirchenrecht wegen zu naher Verwandtschaft unzulässigen Ehe mit der Tochter des Schwabenherzogs verbunden zu sein[22]. Der König hat das kirchliche Eherecht mehr als ein Jahrzehnt später noch einmal gegen einen politischen Gegner ins Feld geführt, gegen den Grafen Otto von Hammerstein, einen Konradiner, mit dessen Fall sich schließlich noch Konrad II. beschäftigen mußte[23]. Wenn es aber die Absicht des Herrschers gewesen sein sollte, den Salier durch einen kirchlichen Eheprozeß politisch zu vernichten, so hat er diesen Plan 1003 nicht verwirklichen können, seine Stellung war dazu offenbar noch nicht genügend gefestigt.

Erst 1011 vermochte Heinrich II. den Einfluß der Salier weiter zurückzudrängen. Nachdem nämlich am 12. Dezember dieses Jahres Konrad, dem er nach dem Tode des Vaters im Jahre 1004 selbst das Herzogtum Kärnten übertragen hatte, aus dem Leben geschieden war, überging er nun die Salier und vertraute einem Einheimischen, dem Markgrafen Adalbero von Eppenstein[24], der allerdings mit Beatrix, der Schwester von Konrads Witwe wie auch von der späteren Kaiserin Gisela, vermählt war, die Verwaltung des Landes an der Südostgrenze des Reiches an. Für diese Entscheidung sprach ebenso die bedeutende Machtposition, über die die Eppensteiner in Kärnten verfügten und welche die Regierung des Landes zweifellos erleichterte, wie auch der Umstand, daß Konrads gleichnamiger Sohn beim Tode des Vaters noch im Knabenalter stand; sie machte aber auch deutlich, daß der König über das Herzogtum frei verfügte, und sie stutzte darüber hinaus die salische Macht weiter zurück.

Die beiden Konrade

Der Verlust der Herzogswürde gefährdete erneut die Zugehörigkeit der Salier zur Spitzengruppe des Adels. Der Familie drohte deshalb das Absinken in die Bedeutungslosigkeit; sie war damit auf einem weiteren Tiefpunkt ihrer Geschichte angelangt. Das salische Haus ruhte jetzt nur noch auf zwei Pfeilern, auf den beiden Thronkandidaten von 1024: Konrad dem Jüngeren, dem Sohn des Kärntner Herzogs, und Konrad dem Älteren, dem späteren König, der nun erstmals selbständig handelnd im Licht der Geschichte erscheint. Die übrigen männlichen Mitglieder des salischen Hauses – der Oheim Wilhelm, der 1029 Bischof von Straßburg wurde, und des jüngeren Konrad Bruder Bruno, seit 1034 Bischof von Würzburg – waren dagegen noch nicht hervorgetreten, konnten als Geistliche oder als zum geistlichen Beruf bestimmte Familienangehörige allerdings auch kaum das Geschlecht repräsentieren und in den bevorstehenden Existenzkampf führen.

Der größte Teil des salischen Hausbesitzes befand sich in den Händen Konrads des Jüngeren, während sein gleichnamiger älterer Vetter vom Erbe des Großvaters weitgehend ausgeschlossen worden war. Zwar ist wohl ursprünglich sein Vater Heinrich als ältester Sohn Ottos von Kärnten zu dessen Nachfolger ausersehen gewesen, da er aber noch vor dem Jahre 1000, also noch vor seinem herzoglichen Vater, starb, trat sein jüngerer Bruder Konrad und nicht sein Sohn Konrad (der Ältere) 1004 das salische Erbe an, das auf diese Weise schließlich an den jüngeren Konrad kam[25]. Der um 990 geborene[26] ältere Konrad mußte den Tod des Vaters daher nicht nur als einen schmerzlichen persönlichen Verlust, sondern auch als einen Verlust der Zukunftschancen empfinden, raubte ihm doch die Erbteilung des Großvaters fast jede Möglichkeit zum gesellschaftlichen Aufstieg, indem sie seine Subsistenzmittel stark beschnitt und ihn damit zum eher bescheidenen Leben eines zwar begüterten, aber doch nicht übermäßig reichen und keinesfalls mit besonderen Herrschaftsrechten ausgestatteten Edelmannes zwang. Den Grafen- oder Herzogstitel hat er daher auch niemals geführt.

Entriß der Tod dem kaum zehnjährigen Knaben den Vater, so verlor er die Mutter wohl bald darauf durch deren zweite Heirat mit einem fränkischen Adligen, von dem die Quellen noch nicht einmal den Namen überliefern. Der Stiefvater muß aber in Öhringen begütert gewesen sein, da Adelheid nach seinem Tode zusammen mit Gebhard, ihrem Sohn aus zweiter Ehe, hier 1037 ein Kloster gründete, in das sie sich zurückzog und wo sie nach ihrem zwischen 1037 und 1046 eingetretenen Tode auch bestattet worden ist[27]. Während Judith, ihre Tochter aus erster Ehe, von der nicht mehr als der Name bekannt ist, wohl früh verstorben sein dürfte, scheint sich Adelheid nach ihrer Wiederverheiratung kaum noch um Konrad gekümmert zu haben. Das Verhältnis zwischen beiden blieb daher zeitlebens kühl. Der Salier überließ der Mutter zwar für das Stift Öhringen Reliquien, die ihm der byzantinische Kaiser wohl 1029 geschenkt hatte, ansonsten aber lassen sich keine engeren Beziehungen nachweisen; niemals erscheint Adelheid in den Herrscherurkunden als Fürsprecherin, keine Quelle berichtet von ihrer Anwesenheit am Hofe. Konrad scheint seiner Mutter die Trostlosigkeit der eigenen Jugend trotzdem nicht nachgetragen zu haben – wozu auch paßt, daß er seinen Halbbruder Gebhard 1036 zum Bischof von Regensburg bestimmte –, aber innig kann das Verhältnis zu Adelheid kaum genannt werden[28]. Es war von Distanz bestimmt und von emotionsloser Höflichkeit – kurz: Es war korrekt, aber wohl auch kaum mehr.

Wer aber, wenn nicht die Mutter, zog den vaterlosen Knaben auf? Am ehesten wird man an den Großvater Otto und den Oheim Konrad denken dürfen. Diese aber übergaben den Jüngling schließlich dem Wormser Bischof Burchard zur Erziehung. Wie ein Adoptivkind habe der Mann Gottes den jungen Salier behütet und ihn Gottesfurcht gelehrt, berichtet die Vita des Bischofs[29]. Allzulange wird diese Unterweisung allerdings nicht gedauert haben. Der Knabe erreichte nach salfränkischem Recht das Mündigkeitsalter schon mit zwölf Jahren; Konrad ist daher um 1002 volljährig geworden, und zu dieser Zeit dürfte deshalb auch das erzieherische Wirken des Bischofs beendet gewesen sein, dem mithin, da er im Jahre 1000 auf den Bischofsstuhl erhoben worden ist, nur eine Zeitspanne von ungefähr zwei Jahren für seine pädagogischen Bemühungen vergönnt waren. Eine profunde geistliche Erziehung hat Konrad deshalb auch nicht genossen, eine ‚wissenschaftliche Bildung' ging ihm nach seinem Biographen Wipo völlig ab[30].

Daß Burchard von Worms den vaterlosen Konrad für eine befristete Zeit in seiner Obhut hatte, das ist der Kern der Aussage, den wir aus der Erzählung der Bischofsvita herausschälen können; die übrigen damit zusammenhängenden Nachrichten[31] verdienen dagegen wenig Vertrauen und sind wohl dem Bereich der hagiographischen Topik zuzuordnen. Der Biograph, der Burchards hartnäckigen Kampf um Worms ausführlich beschreibt und dabei die verwerflichen Handlungen der selbst vor Gewalt und Totschlag nicht zurückschreckenden Salier in den schwärzesten Farben schildert, wählt als Hintergrund für seinen Bericht über die Erziehung Konrads durch den Bischof ausgerechnet dieses düstere Szenarium. Allein der Jüngling Konrad, der freilich schon König ist, als der Biograph schreibt, wird aus der Schar seiner schlimmen Verwandten verklärend hervorgehoben und zu einem Objekt stilisiert, an dem der Bischof Selbstlosigkeit und besonderes Mitgefühl gegenüber einem Mitglied jener Familie beweisen konnte, die ihm ansonsten die größten Schwierigkeiten bereitete und selbst nicht davor zurückschreckte, dem eigenen Verwandten nachzustellen, den sie verstoßen haben soll, weil er friedfertig gewesen sei und ein untadeliges Leben führte.

Zumindest von Friedfertigkeit aber ist bei den wenigen bekannten Handlungen Konrads vor seiner Königszeit kaum etwas zu spüren, und ein Zerwürfnis mit seiner Familie ist durch keine weitere Quelle belegt. Wenn die Überlegungen über die Zeitspanne von Burchards Erziehungstätigkeit richtig sind und der Bischof in den Jahren zwischen 1000 und 1002 seine pädagogische Aufgabe erfüllte, dann ist auch nicht zu erkennen, worin der Grund für salische Familienquerelen gelegen haben könnte; die Erbteilung Ottos von Kärnten, an die in diesem Zusammenhang am ehesten zu denken wäre[32], trat ja erst 1004 in Kraft – und zwar ohne daß sie einen Gegensatz zwischen Konrad und dem Rest seiner Familie bewirkte. Im Gegenteil: Auch zukünftig setzte sich Konrad für die Interessen des salischen Gesamthauses ein. Sein Aufenthalt am Hofe des Bischofs von Worms kann daher kaum die Folge einer Verstoßung durch die Familie gewesen sein, wohl aber eine erzieherische Maßnahme seines großväterlichen Vormundes. Davon spricht zwar keine Quelle, doch war es in Adelskreisen kaum etwas Ungewöhnliches, den Nachwuchs der Erziehung von Bischöfen auch dann anzuvertrauen, wenn er nicht zum geistlichen Beruf ausersehen war.

Über das weitere Jugendschicksal des Saliers Vermutungen anzustellen, ist müßig. Viel ist es nicht, was über seine frühen Jahre bekannt ist, aber eines wird doch deutlich: Seine Lebensverhältnisse waren keineswegs glanzvoll, und in der Zukunft winkten keine großen Hoffnungen und grandiosen Aussichten. Wenn er etwas erreichen wollte, dann mußte dies aus eigener Kraft geschehen. Daß seine Vorfahren dazu fähig waren und ihren Aufstieg ohne Skrupel vorantrieben, haben sie wiederholt demonstriert. Und Konrad erwies sich seiner Ahnen würdig. Schon seine Hochzeit war ein bedeutsamer Schritt dabei.

Des älteren Konrads Ehe mit Gisela und die Konflikte mit Heinrich II.

Wohl im Jahre 1016 vermählte er sich der etwa gleichaltrigen, wahrscheinlich am 11. oder 13. November 990 geborenen Konradinerin Gisela[33], der Tochter Herzog Hermanns II. von Schwaben und über ihre Mutter Enkelin König Konrads von Burgund, die zu diesem Zeitpunkt schon zweifache Witwe war, deren hohen Adel und erlesene Schönheit Wipo aber mit Worten Ovids, des klassischen Dichters der Liebe, preist. Von mittelgroßer Gestalt, wohl um eine Haupteslänge kleiner als der neue Gemahl, schmückte sie seidig weiches, schön gewelltes Haar von goldblonder Farbe. Über die Reihenfolge ihrer ersten beiden Ehen besteht keine völlige Klarheit, aber am ehesten wird sie zunächst mit dem sächsischen Grafen Brun von Braunschweig vermählt gewesen sein, dem sie einen Sohn namens Liudolf gebar. Der zweite Gemahl ist der

Babenberger Ernst gewesen, der nach dem Tode von Giselas Bruder Hermann III. 1012 das Herzogtum Schwaben erhalten hatte. Aus dieser Ehe gingen die Söhne Ernst und Hermann hervor. Dem älteren von beiden, Ernst (II.), übertrug Heinrich II. nach dem Tode des Vaters im Jahre 1015 das schwäbische Herzogtum, das aber, da der Knabe noch minderjährig war, die Mutter an seiner Statt verwaltete[34]. Als Sachwalter ihres herzoglichen Sohnes (und das war Gisela, wenn es zutrifft, daß sie mit dem Babenberger Ernst die zweite Ehe eingegangen ist, bei der Hochzeit mit Konrad), als Regentin im Herzogtum Schwaben war die Konradinerin nicht nur wegen ihrer Schönheit eine begehrenswerte Partie, sondern auch aus politischer Berechnung. Ihr künftiger Gemahl durfte hoffen, die Verwaltung des schwäbischen Herzogtums für die Zeit der Minderjährigkeit des Stiefsohnes übernehmen zu können. Für den Salier hätte das nicht nur einen Machtzuwachs bedeutet, sondern zugleich auch die Möglichkeit, seinen herzoggleichen Rang zu betonen und damit einen Anspruch auf ein freiwerdendes Herzogtum zu erwerben. Auf diese Weise wäre der Verlust der Kärntner Herzogswürde wettgemacht worden und die Zugehörigkeit zur Spitzengruppe der herzoglichen Adelsgeschlechter, die ohne die Verwaltung einer Reichswürde in Frage gestellt war, wieder unbezweifelbar gewesen.

Aber diese Rechnung ging, wenn sie wirklich angestellt worden ist, nicht auf. Heinrich II. schaltete Gisela nämlich, nachdem sie Konrad geheiratet hatte, aus der Verwaltung des Herzogtums aus und übertrug diese zusammen mit der Vormundschaft über Ernst II. an den Bruder des verstorbenen Herzogs, an Poppo, der 1016 den Erzstuhl von Trier bestieg. Konrad hat dies wohl als einen erneuten Affront gegen seine Familie empfunden, und das ohnehin belastete Verhältnis zwischen dem Kaiser und den Saliern blieb daher, wie die Ereignisse der folgenden Jahre zeigen, auch weiterhin gespannt. Trotzdem hat Konrad seinen Ehrgeiz durch die Verbindung mit der schönen Herzogstochter befriedigen können, denn Gisela brachte reichen Eigenbesitz[35] mit in die Ehe und vor allem den Glanz ihrer Herkunft.

Als Konradinerin stammte sie aus einer der vornehmsten Familien des Reiches, über ihre Mutter Gerberga aber, die eine Tochter des burgundischen Königs Konrad († 993) und eine Enkelin des westfränkischen Herrschers Ludwig IV. († 954), eines Karolingers, war, ging ihre Ahnenreihe direkt auf Karl den Großen zurück, auf die alles überragende Herrschergestalt also, in deren Tradition sowohl die ostfränkisch-deutschen als auch die westfränkisch-französischen Könige standen. Daß der Kaplan Wipo diese verwandtschaftlichen Beziehungen ausdrücklich her-

Die Verwandtschaft zwischen Gisela und Konrad II. (d. Ä.)

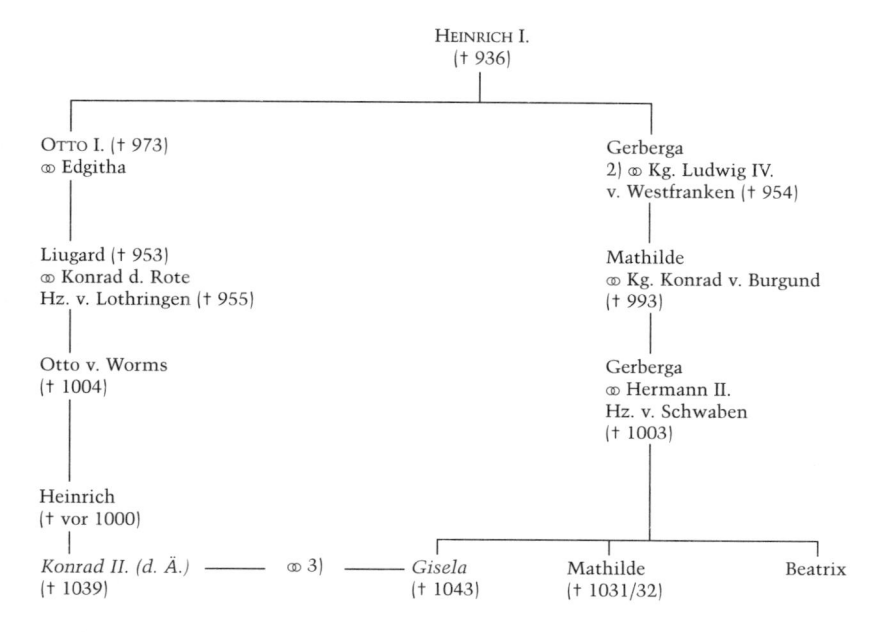

```
                        HEINRICH I.
                         († 936)
           ┌─────────────────┴─────────────────┐
    Otto I. († 973)                      Gerberga
    ⚭ Edgitha                            2) ⚭ Kg. Ludwig IV.
                                         v. Westfranken († 954)
         │                                     │
    Liugard († 953)                       Mathilde
    ⚭ Konrad d. Rote                      ⚭ Kg. Konrad v. Burgund
    Hz. v. Lothringen († 955)             († 993)
         │                                     │
    Otto v. Worms                         Gerberga
    († 1004)                              ⚭ Hermann II.
                                          Hz. v. Schwaben
                                          († 1003)
         │                     ┌──────────────┼──────────────┐
    Heinrich
    († vor 1000)
         │
    Konrad II. (d. Ä.) ──── ⚭ 3) ──── Gisela      Mathilde        Beatrix
    († 1039)                          († 1043)    († 1031/32)
```

vorhebt, während er die ottonische Abstammung Konrads unerwähnt läßt, zeigt, wie sehr das Ansehen eines Adelsgeschlechtes wuchs, wenn in den Adern seiner Mitglieder karolingisches Blut floß. Aber auch Konrad selbst gewann als Gemahl eines Nachfahren des großen Karl gewaltig an Prestige.

Andererseits ging er eine Ehe ein, die vom Kirchenrecht her wegen zu naher Verwandtschaft anfechtbar war. Beide Ehegatten besaßen nämlich in dem Liudolfinger Heinrich I. einen gemeinsamen Vorfahren: Konrad in fünfter, Gisela gar in vierter Generation. Nach besonders strenger Zählweise, wie sie 1023 auf der Synode von Seligenstadt als verbindlich erklärt worden ist[36] und bei der nicht die Kinder, sondern erst die Enkel des gemeinsamen Ahnen als erste Generation betrachtet werden (sogenannte Magenzählung), standen die beiden Ehegatten zu Heinrich I. sogar im vierten und dritten Verwandtschaftsgrad. Nach dem Kirchenrecht aber waren Ehen unter Verwandten des ersten bis siebten Grades nicht erlaubt. Da bei der Berechnung des Verwandtschaftsgrades, vom gemeinsamen Vorfahren der Gatten ausgehend, die einzelnen Stufen der genealogischen Abfolge einfach linear gezählt wurden (sogenannte kanonisch-germanische Komputation)[37], war eine Ehe noch zwischen Ur-

urururenkeln verboten, was die Heiratsmöglichkeiten bei Befolgung dieser Bestimmung stark einschränkte. Papst Innozenz III. hat die Vorschrift deshalb im Jahre 1215 gemildert und den einen Eheschluß verhindernden Grad der Verwandtschaft von sieben auf vier herabgesetzt.

Im frühen 11. Jahrhundert muß es freilich eine ganze Reihe unerlaubter Nahehen, vor allem natürlich in Kreisen des Adels, gegeben haben. Darin ist allerdings keine bewußte Ablehnung des Kirchenrechtes zu sehen, sondern lediglich die Übung eines herkömmlichen Brauches. Die strengen kanonischen Bestimmungen standen bestenfalls auf dem Pergament, in der Praxis aber wurden sie kaum beachtet. Auch die Geistlichen drangen nicht auf ihre Einhaltung, solange die Brautleute nicht allzu nah verwandt waren. Recht streng achtete man offenbar darauf, daß der dritte Grad nicht unterschritten wurde, und der vierte war noch problematisch; der fünfte bis siebte aber bildete keinesfalls ein wirkliches Ehehindernis. Allerdings änderte sich gerade im Laufe des 11. Jahrhunderts die eher laxe Einstellung bei der Befolgung kanonischer Vorschriften, und das Bewußtsein für kirchenrechtliche Problemfälle schärfte sich. Die Kanonessammlung, die der Wormser Bischof Burchard aus älteren Werken wohl um das Jahr 1010 zusammenstellte[38] und die im 11. Jahrhundert zu einer der bedeutenden und häufiger herangezogenen Kompilationen kirchlicher Rechtssätze wurde, ist eine Folge dieser Entwicklung, zugleich aber auch ein Antrieb für sie gewesen.

Es ist nicht ausgeschlossen, wenn auch nirgendwo ausdrücklich belegt, daß Heinrich II. Gisela deshalb die vormundschaftliche Verwaltung des Herzogtums Schwaben entzog, weil sie eine unerlaubte Nahehe mit Konrad schloß – allerdings reicht als Grund für diese Maßnahme auch die Absicht des Kaisers aus, eine salische Rangerhöhung und Machtsteigerung zu verhindern. Daß die Ehe auf Kritik gestoßen ist, das bezeugt jedoch der 1018 verstorbene Bischof Thietmar von Merseburg, der nur kurze Zeit nach der Hochzeit in seiner Chronik durch einen eigenhändigen Zusatz zum Jahre 1017 vermerkt[39]: Bei einem Scharmützel „wurde Konrad verwundet, dem sich unerlaubterweise – *inlicite* – seine Base, die Witwe des Herzog Ernst, in der Ehe verbunden hat".

Konrads Vermählung mit Gisela hat sich, auch was den Grad der Verwandtschaft zwischen den beiden Eheleuten betrifft, wohl kaum von der zeitüblichen Praxis[40] des Adels unterschieden, aber sie fiel doch schon in eine Phase, in der Bestimmungen des Kirchenrechtes, insbesondere des kirchlichen Eherechtes, stärker beachtet wurden. Es blieb daher nicht aus, daß diese Ehe, die vor allem auch wegen politischer Erwägungen das Mißfallen des für kanonische Probleme empfänglichen

Herrschers erregen mußte, auf Kritik stieß. Dies könnte allerdings auch noch durch einen anderen Umstand hervorgerufen oder zumindest verstärkt worden sein, durch die Art und Weise nämlich, wie Konrad die Ehe herbeigeführt hat.

Nicht in zeitgenössischen Quellen, wohl aber von Historiographen aus der Mitte und der zweiten Hälfte des 12. Jahrhunderts wird berichtet[41], der Salier habe Gisela entführt. Wieviel Wahrheit in diesen späten und daher nicht gerade Vertrauen erweckenden Behauptungen liegt, läßt sich nicht mehr mit letzter Sicherheit feststellen. Den Frauenraub zur Anbahnung einer Lebensgemeinschaft hat es in früheren Jahrhunderten offenbar häufiger gegeben, die einschlägigen Bestimmungen der germanischen Volksrechte führen hierüber eine deutliche Sprache; aber er war immer mit dem Odium des Gesetzeswidrigen behaftet. Christliche Vorstellungen verstärkten die ohnehin vorhandene Ablehnung dieser Form der Eheanbahnung, ohne sie jedoch völlig beseitigen zu können. Zwar bedrohte das Kirchenrecht den Entführer mit ewiger Ehelosigkeit, schränkte diese – von manchen vielleicht gar nicht als so hart empfundene – Strafe in bestimmten Fällen jedoch wieder ein[42]. Völlig aus der Luft gegriffen brauchen die späten Erzählungen über Konrads energische Brautwerbung mithin keineswegs zu sein, wenn sie auch ihres romantischen Beiwerkes entkleidet werden müssen und als eigentlichen Kern vielleicht nur eine zielstrebige Heiratspolitik besitzen, die ohne Rücksicht auf kirchenrechtliche Einwände betrieben worden ist. Immerhin wäre Konrad nicht der erste Salier gewesen, der seine Ambitionen voller Tatkraft und mit wenig Skrupel verfolgte.

Treffen diese Überlegungen zu, dann wird es noch mehr verständlich, warum Heinrich II. der zweifachen Witwe und dreimal vermählten Gisela die Vormundschaft über Ernst II. und die Verwaltung des Herzogtums Schwaben nach der Hochzeit mit dem Salier entzog und den jungen Ehemann dadurch in seinen Plänen störte. Es überrascht deshalb nicht, den Salier am 27. August 1017 als Verbündeten eines leidenschaftlichen Gegners des Kaisers zu finden[43]: des Grafen Gerhard. Dieser, der Bruder von Konrads Mutter, war in der langandauernden Moselfehde, die Heinrich II. mit seinen Schwägern aus dem Hause Luxemburg um die Besetzung des Trierer Erzstuhles seit 1008 führte, immer mehr zum eigentlichen Führer des Widerstandes geworden. Um ihn scharten sich 1017 die Reste der bröckelnden Opposition gegen den Herrscher, nachdem die Luxemburger selbst schon den Weg des Ausgleichs mit ihrem kaiserlichen Schwager beschritten hatten. Gerhards Gegner war im August 1017 aber nicht der Herrscher persönlich, sondern der im

35

Jahre 1012 von diesem eingesetzte Herzog Gottfried I. von Niederlothringen, der aus der Verduner Linie des Ardennergrafenhauses stammte. Zur entscheidenden Schlacht hatte Gerhard offenbar alle ihm zur Verfügung stehenden Kräfte aufgeboten; trotzdem verlor er seinen großen Kampf. Er selbst rettete zwar Freiheit und Leben, aber sein einziger Sohn Siegfried fiel schwer verwundet in die Hände der Gegner und starb in der Gefangenschaft. Auch sein Neffe Konrad trug Wunden davon, konnte jedoch entkommen.

Konrad, von dem in einem Wipo zugeschriebenen Gedicht berichtet wird[44], daß er die Angelegenheiten seiner Verwandten und Freunde mit allen Kräften förderte, unterstützte den Grafen Gerhard wohl vor allem auch deshalb, weil der Graf sein Oheim war und Familienbande für die politische Standortbestimmung des frühmittelalterlichen Adels immer eine wichtige Rolle spielten. Doch hat das gespannte Verhältnis, das zwischen dem Salier und dem Kaiser herrschte, diese Parteinahme ohne Zweifel vorbereitet oder bekräftigt. Noch zwei Jahre später, 1019, als Konrad seinem gleichnamigen Wormser Vetter bei Ulm Hilfe gegen den von Heinrich II. protegierten Kärntner Herzog Adalbero von Eppenstein leistete[45], dürften ihn dazu neben familiären Gründen ebenfalls die bekannten Ressentiments gegen den Kaiser bewogen haben. Der Eppensteiner hatte 1011 ja die Nachfolge der Salier im Herzogtum Kärnten durch Heinrichs II. Gunst angetreten; ein von den Saliern gegen ihn geführter Kampf mußte deswegen auch immer ein Affront gegen den Kaiser sein. Allerdings ist der 1019 bei Ulm blutig ausgetragene Konflikt wahrscheinlich nicht um die Kärntner Herzogswürde geführt worden, sondern um Besitz in Schwaben. Zumindest deutet der Ort des Treffens darauf hin. Außerdem konnten hier alle drei Kämpen Erbansprüche auf das Eigengut des 1012 kinderlos verstorbenen Hermann III. von Schwaben geltend machen: Konrad der Jüngere als Sohn von Hermanns Schwester Mathilde, Konrad der Ältere und Adalbero von Kärnten als Gatten der beiden anderen Schwestern Gisela und Beatrix. Diesmal waren die Salier erfolgreich und vertrieben ihren Widersacher, ohne ihn jedoch von dem schwäbischen Erbe völlig ausschließen zu können.

Allem Anschein nach traf Konrad den Älteren nach diesem Triumph über den kaiserlichen Gefolgsmann die Ungnade des Herrschers in vollem Maße und zwang ihn, für eine gewisse Zeit ins Exil zu gehen. Doch gewann er schließlich Heinrichs II. Huld zurück[46]. Wenn die Grafen *Cuno* und *Kunrat*, die im April oder Mai des Jahres 1020 zusammen mit einer ansehnlichen Schar geistlicher und weltlicher Großer eine für die römische Kirche ausgestellte Urkunde des Kaisers unterfertigten[47], mit den beiden Saliern identifiziert werden dürfen, dann hat der Huldentzug nicht allzu lange gedauert. Ob Heinrich II. aber durch die Aussöhnung mit den Saliern die Weichen für eine künftige Nachfolge hat stellen wollen, das läßt sich durch nichts belegen. Doch ist es nicht völlig undenkbar, daß der kränkelnde Kaiser, der um 1020 die Hoffnung auf eigene Kinder wohl endgültig aufgegeben haben dürfte, mit seinem Schritt zumindest die Chancen jener Adligen wahren wollte, die dem Thron durch Abstammung mit am nächsten standen, unter Umständen jedoch ihrer Aussichten durch einen das Ableben des Kaisers überschattenden Konflikt beraubt worden wären. Daß schließlich sein Tod der entscheidende Wendepunkt in der Geschichte der salischen Dynastie und im Leben des älteren Konrad werden würde, das freilich konnte Heinrich II. nicht voraussehen, als er sich mit seinen Kontrahenten ausglich.

Die Wahl von Kamba

Ob von dem letzten Liudolfinger beabsichtigt oder nicht: Den Fürsten galten 1024 in Kamba nur noch die beiden gleichnamigen Vettern aus dem salischen Hause als Kandidaten für das Königtum. Folgt man der Darstellung Wipos, dann hatte sich die Mehrheit der Großen insgeheim schon längst für den älteren Konrad entschieden, doch wagte sie ihre Meinung nicht offen zu verkünden, weil die Reaktion des mit reichen Machtmitteln ausgestatteten jüngeren Konrad nicht vorhersehbar war und sein enttäuschter Ehrgeiz das Reich in einen blutigen Thronstreit stürzen konnte. Wie sich die Parteien im einzelnen gruppierten, lassen die Quellen nicht erkennen, aber es steht fest, daß der Erzbischof Aribo von Mainz, in dessen Händen die Wahlleitung lag, Konrad den Älteren favorisierte und dabei die Unterstützung einer Reihe von Bischöfen fand. Die Sachsen, die nach dem Tode des Kaisers im Juli oder August auf einem Fürstentag in Werla über die Königswahl beraten und damit ihre Eigenständigkeit betont hatten[48], nahmen eine abwartende Haltung ein und waren in Kamba wohl gar nicht oder zumindest nicht durch ihre führenden Repräsentanten vertreten. Die Lothringer aber standen in Opposition und sprachen sich offenbar für den anderen, den jüngeren Konrad aus[49]: Friedrich II. von Oberlothringen, der schon zu Lebzeiten seines Vaters Dietrich († 1027) den Herzogtitel führte und 1024 wohl auch die Politik im Herzogtum mitbestimmte, hatte die verwitwete Mutter des jüngeren Konrad geheiratet und unterstützte die Kandidatur seines

Stiefsohnes. Gozelo I. von Niederlothringen, Bruder und Nachfolger Herzog Gottfrieds I. († 1023), gegen den Konrad der Ältere 1017 auf seiten seines Oheims Gerhard gefochten hatte, erklärte sich wohl wegen dieses alten Gegensatzes ebenfalls gegen den Mehrheitskandidaten. Und Erzbischof Pilgrim von Köln, ein Verwandter Aribos von Mainz, nahm auf das Votum der beiden lothringischen Herzöge Rücksicht und schloß sich ihrer Ablehnung an. Allerdings wird ihn dazu nicht nur ein gewisser Opportunismus bewogen haben; vielmehr wirkte bei seiner Entscheidung ein Gegensatz zu Aribo nach, denn die Oberhirten der beiden rheinischen Metropolen rivalisierten schon seit langem um die Spitzenstellung im Reichsepiskopat und ein Erfolg des von Aribo favorisierten Prätendenten mußte das ohnehin vorhandene Übergewicht des Mainzers weiter vergrößern.

Weniger klar als die Motive von Konrads des Älteren Gegnern sind die Gründe der Befürworter seines Königtums zu erkennen. Sicherlich, der Salier wird ihnen Versprechungen für den Fall seiner Wahl gemacht haben – Aribo als Erzbischof von Mainz zugleich auch Leiter der Hofkapelle erhielt kaum von ungefähr von dem neuen König zusätzlich noch das Amt des Erzkanzlers für Italien übertragen, das zuvor der Bischof Eberhard von Bamberg seit 1012 innegehabt hatte –, aber Zusicherungen dieser Art werden die Wähler wohl nur in ihrer schon gefaßten Meinung bestärkt, kaum aber erst wirklich gewonnen haben. Ob sie sich von Vorstellungen der Anciennität leiten ließen, kann nicht mit Bestimmtheit gesagt werden. Völlig auszuschließen ist dies aber nicht, da sie sich ja grundsätzlich an erbrechtlichen Kriterien orientierten. Vielleicht trifft Wipo, der als Mann des Hofes in seinen Wertungen ansonsten keinesfalls über alle Zweifel erhaben ist, letztlich doch das Richtige, wenn er in Charaktereigenschaften seines Helden, in der *virtus* oder *probitas*, in der Tüchtigkeit und Rechtschaffenheit, die der ältere Konrad vielfach bewiesen haben mag, den entscheidenden Grund für die breite Zustimmung sieht, die der einfache, durch keine vom Reich stammende Würde ausgezeichnete Edelmann aus hochadeligem Geschlecht bei den in Kamba versammelten Fürsten fand.

Die Art und Weise, wie sich der ältere Konrad schließlich mit seinem jüngeren Vetter über das Königtum einigte, zeigt jedenfalls eine zupackende Tüchtigkeit, die ihn in den Augen seiner Wähler für die Nachfolge Heinrichs II. besonders prädestiniert haben mag. Es kann keinen Zweifel an seinen Ambitionen auf die Königswürde geben. Wahrscheinlich wußte er um die für ihn günstige Stimmung in der Versammlung, aber die Lage war undurchsichtig, solange sein Vetter nicht erklärte, wie er im Falle einer Wahlniederlage reagieren würde. Ein unbedachtes Vorgehen konnte das Reich leicht in die Katastrophe stürzen, denn der jüngere Konrad verfügte über beträchtliche Machtmittel, hatte in den Lothringern einen starken Anhang und konnte eventuell auch die noch unentschiedenen Sachsen auf seine Seite ziehen: Der Norden und Westen des Reiches hätten dann gegen den Süden gestanden. In dieser kritischen Situation ergriff Konrad der Ältere die Initiative und suchte die Aussprache mit seinem Rivalen. Im Angesicht der versammelten Fürsten führte er mit dem jüngeren Konrad einen Dialog. Mit gespannter Aufmerksamkeit wird das Zwiegespräch verfolgt worden sein. Niemand hörte die Worte, die gewechselt wurden, auch Wipo nicht, der deshalb zwei Jahrzehnte später, als er die dramatischen Ereignisse schildert, seinem Protagonisten eine fingierte Rede in den Mund legen muß. Die Szene blieb stumm; aber voller Erwartung verfolgte man die Gestik, die Mimik der Akteure. Und wie eine Erlösung muß es gewesen sein, als sich – nach wie langer Zeit? – der ältere, hochaufragende Konrad etwas neigte und seinen jüngeren Vetter küßte. Das war ein Zeichen für alle. Nun wußte man, daß sich beide geeinigt hatten, und wohl auch, daß einer Wahl des von der stillen Mehrheit gewünschten Thronbewerbers nichts mehr im Wege stand. Was aber war vereinbart worden, und wie hatte sich Konrad der Ältere durchgesetzt?

Genaues ist darüber nicht bekannt; die Rede, die Wipo wiedergibt, ist ja seine Erfindung. Wenn sie aber trotzdem im Kern richtig sein sollte, dann appellierte Konrad an den Familiensinn seines Vetters und hob hervor, wie sehr das einmütige Votum aller Fürsten allein zu ihren Gunsten eine Ehre für ihr gesamtes Geschlecht darstelle und eine Steigerung seiner Würde bedeute, an der auch der bei der Wahl letztlich Unterlegene weiter teilhaben würde. Zugleich aber betonte er, daß diese Auszeichnung wieder zunichte werden könne, wenn die Wähler sich wegen ihrer Uneinigkeit einem anderen Kandidaten zuwenden sollten. Deshalb schlug er eine Übereinkunft vor, die sie beide verpflichtete, den Wahlausgang unabhängig von dem Erfolg der eigenen Kandidatur zu akzeptieren.

Konrads des Jüngeren Zustimmung zu diesem Vorschlag bedeutete gleichzeitig auch den Verzicht auf die eigene Bewerbung, denn ihm wird die für seinen Vetter günstige Stimmung unter den Wählern kaum verborgen geblieben sein. Er ist daher von dem älteren Vetter wohl nicht nur zu einer Absprache über die prinzipielle Anerkennung des Wahlergebnisses, sondern vor allem zur Aufgabe des eigenen Anspruches auf den Thron gedrängt worden. Ihm, der 1024 wohl noch nicht verheiratet war (1039 hinterließ er bei seinem Tode – wenn er überhaupt Nachkommen hatte – möglicherweise einen noch minderjährigen Sohn[50]), ist dabei von Konrad dem Älteren, dem Ehemann und Vater eines sieben Jahre alten Erben, vielleicht auch vor Augen geführt worden, daß durch seine Wahl zwar ein neues Königtum, zunächst aber noch kein neues Königshaus, keine neue Herrscherdynastie begründet werden konnte. Dies ist vielleicht auch von den meisten Wählern als ein Mangel empfunden worden. Darüber hinaus muß dem jüngeren Konrad aber auch eine Kompensation für seinen Verzicht in Aussicht gestellt worden sein.

Man hat daher vermutet, ihm sei ein freiwerdendes Herzogtum versprochen worden. Das ist keinesfalls abwegig, doch könnte Konrad der Ältere eine noch weiterreichende Gunst gewährt haben: eine gewisse Teilhabe an der Herrschaft. Dies legt schon die von Wipo fingierte Rede nahe, da Konrad erklärt haben soll, daß auch der in der Wahl Unterlegene nicht auf jeden Anteil an der Würde, die der andere gewinne, verzichten müsse[51]; dies äußert sich aber vielleicht auch in der symbolhaften Geste, die Konrad vollzog, nachdem sich sein jüngerer Vetter bei der Stimmabgabe für ihn erklärt hatte: Er ergriff ihn bei der Hand und wies ihm den Platz an seiner Seite an[52].

Im entscheidenden Augenblick hat Konrad der Ältere die Initiative ergriffen und sich die Königswürde gesichert. Glänzender konnte er seine Befähigung für das hohe, aber auch schwere Amt, das ihm nun übertragen wurde, nicht unter Beweis stellen. Wenn die Mehrheit der Wähler sich offenbar auch schon von Anfang an für ihn entschieden hatte, so garantierte doch erst seine Entschlußkraft die Umsetzung ihres Willens. Nachdem die Einigung mit dem jüngeren Vetter getroffen war, konnte die Wahl rasch zu Ende geführt werden. Der Auswahl im engeren Sinne folgte das Abfragen der einzelnen Stimmen: die Kur, bei der in deklamatorischer und rechtsbegründender Form der neue König benannt wurde. Als erster erklärte sich Aribo für den älteren Konrad und erwählte ihn zu seinem Herrn und König, zum Lenker und Schirmer des Reiches. Ihm schlossen sich die übrigen Geistlichen nach ihrem Rang an. Dann folgten – nach Stämmen gegliedert – die weltlichen Großen, an ihrer Spitze Konrad der Jüngere, der offenbar bis zum Schluß versucht hatte, seine lothringischen Anhänger zum Anschluß an den Vetter zu bewegen. Doch war sein Bemühen vergeblich, denn Pilgrim von Köln und die Lothringer konnten nicht gewonnen werden und verließen den Ort des Geschehens. Damit trat eine unwägbare Situation ein. Einerseits gewann die Wahl durch den Abzug der Opposition den Charakter der Einmütigkeit, andererseits aber drohte die Gefahr, daß die Abweichler ihre politische Niederlage nicht hinnehmen und einen Gegenkönig aufstellen, letztlich also die Entscheidung gegen Konrad mit den Waffen suchen würden. Dazu aber, und das war schon ein Erfolg für den neuen König, stand der jüngere Konrad nicht mehr zur Verfügung; er hatte eine andere Wahl getroffen. Für den weiteren Wahlverlauf jedoch blieb der Weggang der Lothringer ohne Folgen. Die einzelnen Kurrufe gingen schließlich im *clamor populi*, in einer allgemeinen Akklamation durch das anwesende Volk auf.

Die Berufung ins Königsamt stellte Konrad vor eine ganze Reihe schwieriger Probleme. Um seine Herrschaft zu sichern, mußte er zunächst die Unentschiedenen im Reich und besonders die Opposition für sich gewinnen. Aber auch Italien und die östlichen Nachbarstaaten forderten seine Aufmerksamkeit. Als erstes war es vonnöten, das neue, aus der Wahl hervorgegangene Königtum zusätzlich zu legitimieren. Die Kaiserinwitwe Kunigunde übergab dem Salier deshalb die Reichsinsignien – Krone, Szepter, Reichsapfel und weitere Pretiosen, die die königliche Herrschaft symbolisierten und die sie seit dem Tode ihres Gemahls in ihrer Obhut verwahrte – und stellte den neuen Herrscher damit in die Tradition seiner Vorgänger. Von besonderer Bedeutung war es aber, die Herrscherweihe zu empfangen, die dem neuen König den Glanz sakraler Legitimation verlieh. Man beeilte sich daher, den Wahlort zu verlassen und nach Mainz, der nahegelegenen, altehrwürdigen Bischofsstadt, zu ziehen, wo die hochheilige Salbung, die *sacratissima unctio*, an Konrad vorgenommen werden sollte.

Mainz: Die Herrscherweihe

Sakralcharakter des Königtums

Im frühen Mittelalter war das Königtum zugleich Zentrum und Angelpunkt der politischen Ordnung. Die Bedeutung, die ihm zukam, und die Vorstellungen, durch die es geprägt wurde, setzten sich aus verschiedenen Elementen zusammen, die zum Teil recht alt waren und weit in die Antike, den Alten Orient sowie die germanische Frühzeit zurückreichen und über die Jahrhunderte hinweg vielfältige Entwicklungen durchlaufen hatten. Von besonderer Bedeutung waren dabei der sakrale Charakter königlicher Herrschaft und die Heerführerschaft.

Der Sakralcharakter des germanischen Königtums der Frühzeit läßt sich zwar nur noch erschließen, aber, obwohl seine Existenz gelegentlich in Frage gestellt worden ist, wird man ihn – anders als manche aus übertriebener Germanophilie an ihn anküpfende Hypothese – doch kaum völlig verneinen dürfen. Immerhin gab es in zahlreichen Kulturräumen, in Afrika und Asien ebenso wie in Amerika, Sakralkönigtümer, die sich mithin als ein weltweites ethnologisches Phänomen erweisen – als eine in archaischen Gesellschaften verbreitete Vorstellung göttlich legitimierter Herrschaft, die auch den Germanen nicht fremd gewesen sein wird. Der Sakralcharakter einer Herrschaft gründete wohl vor allem in dem Glauben an eine übernatürliche oder göttliche Abstammung des Königsgeschlechtes, die diesem ein besonderes Erbcharisma, eine dem Volk Glück und Wohlstand garantierende Geblütsheiligkeit, verlieh und darüber hinaus eine wichtige Voraussetzung für die Erblichkeit der Königswürde bildete. Aber auch aus priesterlichen Funktionen, die dem König als Verwalter des Kultes zustanden, kann diese Sakralität heidnisch-magischen Ursprungs gespeist worden sein. Das Heerkönigtum hingegen beruhte auf den Fähigkeiten des Heerführers, der für befristete Zeit bestimmt wurde und seine kriegerischen Unternehmungen immer wieder an die Zustimmung des Heeres binden mußte. Dauernde Heerfahrt, wie zu Zeiten der Völkerwanderung, konnte die ursprünglich nur auf Zeit übertragene Führungskompetenz des Kriegsfürsten jedoch verfestigen und ihr sogar sakralen Glanz verleihen. Dieses bis zum Ende der Völkerwanderung Gestalt annehmende, aus sakral- und heerköniglichen Elementen bestehende Königtum erfuhr (und dies muß gegen ältere, vorwiegend auf heidnische Traditionen verweisende Ansichten entschieden betont werden) durch das Christentum und in dessen Gedankengut bewahrte altorientalisch-jüdische wie hellenistisch-spätantike Anschauungen eine nicht unwesentliche Steigerung seiner sakralen Dimension.

In dieses von den Merowingern im Frankenreich repräsentierte Königtum sind die Karolinger eingetreten und entwickelten dabei den sakralen Gedanken entscheidend fort. Das ihnen fehlende Heil der alten Königssippe, das merowingische Erbcharisma ersetzten sie mit Hilfe der Autorität des Papstes durch ein liturgisch begründetes Charisma, durch die kirchliche Salbung, die an einem fränkischen Herrscher erstmals 751 vollzogen wurde: an Pippin, dem Vater Karls des Großen. Die Verchristlichung des Königsgedankens, die schon unter den Merowingern eingesetzt hatte, erfuhr auf diese Weise eine gewaltige Steigerung und nahm in den folgenden Jahrhunderten noch weiter zu. Als *christus domini*, als Gesalbter des Herrn, wurde der Herrscher weit aus der Masse der Laien herausgehoben, und die ottonischen wie die salischen Könige beriefen sich, stärker noch als die karolingischen[53], auf diesen sakralen Vorrang. Der Glaube an die segenspendende Kraft des von Gott auserwählten Herrschers konnte dabei sehr handfeste Formen annehmen. So suchten etwa am Beginn des 12. Jahrhunderts die Einwohner Lüttichs durch die Berührung des 1106 im Kirchenbann gestorbenen Heinrich IV. eine besondere ‚Heiligkeit' zu gewinnen; Bauern nahmen Erde vom Grab des Saliers und verstreuten sie auf ihren Äckern oder legten Getreidekörner auf den Sarkophag und mischten diese anschließend unter die Aussaat – und dies alles in der Hoffnung, den Ernteertrag zu steigern[54]. Die durch christliches, mit Aberglauben vermischtes Gedankengut geprägten Menschen zweifelten an der Kraft der alten Königsmagie also selbst dann nicht, als sie von einem aus der kirchlichen Gemeinschaft ausgestoßenen Herrscher erhofft werden mußte – und es waren zweifellos nicht nur die Ungebildeten, die an besondere Wirkungen und Fähigkeiten des Sakramentalen und Sakralen und damit auch des gesalbten Herrschers glaubten.

Der König erschien als Stellvertreter Christi (*vicarius Christi*) auf Erden, als *rex et propheta* (König und Prophet), *rex et sacerdos* (König und Priester) und als *mediator cleri et plebis*: als Mittler zwischen den Geistlichen und den Laien. Er nahm eine eigentümliche Stellung ein, denn er war – gerade auch durch die in ihren Formen der Bischofsweihe vergleichbaren Herrschersalbung – derjenigen des Priesters sehr nahegerückt. Ohne Priester in sakramentalem Vollsinne zu sein, ist der Herrscher als Gesalbter des Herrn doch mehr als ein einfacher Laie gewesen: Er war *rex non laicus*. Andererseits war er kein Geistlicher. Vom Priestertum blieb er immer streng geschieden, da er niemals sakramentale Funktionen wahrnehmen und daher etwa auch keine Weihe spenden konnte. Sein Anteil am Priesteramt beschränkte sich auf prophetische Verkündungen und die Unterweisung des Volkes, die sich vor allem in einer Vorbildfunktion erfüllte, aber auch in Predigten wahrgenommen werden konnte. Der mächtige König, *rex in potestate*, war, wie es einmal Alkuin, der Freund und Ratgeber Karls des Großen formulierte, der *pontifex in praedicatione*, ein predigender Priester, und noch im späten Mittelalter besaß der deutsche Herrscher das Vorrecht, in der Christmette das Evangelium zu singen.

Diese starke Verkirchlichung des Königsgedankens gründete natürlich in der Vorstellung vom Königtum als einem von Gott verliehenen Amt, als einem *ministerium a deo commissum*. Bei der Wahl eines Königs wurde daher das Wirken Gottes sichtbar, weswegen auch Wipo ausdrücklich betont, daß Konrad auf den Wink Gottes hin erwählt worden sei[55]. Dem besonderen Verhältnis aber, in dem der König zu Gott stand, verlieh die Herrscherweihe den höchsten Ausdruck und entfaltete dabei zugleich die durch Gottes Erwählung ohnehin gewonnene Sakralität des neuen Königs in vollem Umfang.

Konrads Krönung in Mainz

Einen ausführlichen Bericht über die Salbung und Krönung Konrads II. gibt es nicht; aber die Krönungsordines, die im frühen Mittelalter angelegt worden sind und Anweisungen für den Vollzug der Herrscherweihe enthalten, sowie die von Wipo überlieferten Nachrichten erlauben es, den Ablauf der Feierlichkeiten im wesentlichen zu rekonstruieren.

Am Tag der Weihe, es war der 8. September 1024, das Geburtsfest der Gottesmutter Maria, wird der König in seinem Gemach abgeholt und von Geistlichen in feierlicher Prozession zum Martinsdom geleitet. Schon auf diesem Wege geschah Ungewöhnliches: Drei Menschen drängen sich an Konrad heran[56] und fordern Recht von ihm: ein höriger Bauer der Mainzer Kirche, eine Waise und eine Witwe, also Vertreter jener Bevölkerungsgruppen, denen der König einen besonderen Schutz angedeihen lassen soll. Einige Fürsten mahnen Konrad zwar, die Weihe nicht zu verzögern, aber er selbst erklärt, der vornehmsten Pflicht seines königslichen Amtes, der Rechtsprechung, auf der Stelle nachkommen zu wollen. Kaum war das geschehen und der König einige Schritte weitergegangen, ereignete sich ein weiterer Zwischenfall: Ein Verbannter stellt sich ihm in den Weg, behauptet, ohne eigene Schuld aus der Heimat vertrieben worden zu sein, und erfleht Hilfe. Auch diesmal waltet der König seines Amtes und übt nun, nachdem er zuvor einen Akt der Gerechtigkeit vollzogen hatte, Barmherzigkeit. Er ergreift die Hand des Elenden, führt ihn bis vor seinen Thron und betraut dort einen Fürsten mit der Regelung der Angelegenheit.

Ohne Zweifel sind diese Ereignisse von kluger Hand inszeniert worden. Sie boten dem Salier die Möglichkeit zu dokumentieren, daß er schon vor der Weihe im vollen Besitz der Herrschergewalt war und daher Recht sprechen konnte; vor allem aber schufen sie eine Gelegenheit zu zeigen, daß der neue König die alten Königstugenden Gerechtigkeit und Barmherzigkeit besaß und sich durch nichts, auch nicht durch die bevorstehenden Weihehandlungen, von ihrer Übung abbringen ließ. Die Einholung des Königs zu seiner Krönung gestaltete sich damit zu einem Vorgang von eindrucksvoller Symbolkraft, zu einer Vorführung der Prinzipien, die die neue Regierung leiten sollten, und zu einer Demonstration der Idoneität des erst vor wenigen Tagen gewählten Herrschers.

Nach diesen Intermezzi, die der politischen Propaganda dienten, betritt Konrad die Kirche, legt seine Waffen und den Mantel ab und wird so zum Altar geleitet. Vor diesem wirft er sich zusammen mit seiner geistlichen Begleitung zu Boden, der wie bei der Bischofsweihe mit Teppichen bedeckt ist. Hier verharrt er, voller Demut in Kreuzesform ausgestreckt, die Bischöfe und Priester an seiner Seite, und vertritt dabei gleichsam die Stelle des gekreuzigten Christus, während die übrigen Anwesenden im Chor die Litanei anstimmen und dabei die zwölf Aposteln, die Märtyrer und die Bekenner des christlichen Glaubens anrufen. Nach dem Ausklang der Litanei erheben sich alle, und der König erklärt auf die entsprechende Frage des Metropoliten, daß er die Kirchen, ihre Vorsteher und das gesamte Volk nach dem Vorbild seiner Vorgänger gerecht und fromm schützen und regieren wolle, worauf das anwesende Volk, Kleriker wie Laien, gefragt wird, ob es sich einem solchen Fürsten und Führer unterstellen wolle, und dies (natürlich!) einmütig bejaht.

Danach beginnt die eigentliche Weihehandlung, die Salbung, die mit Gebeten eingeleitet wird. Dabei werden dem König das Haupt, die Brust, die Schulterblätter und die Armgelenke mit geweihtem Öl – mit Katechumenenöl allerdings nur und nicht mit dem vornehmeren Chrisma – bestrichen und auf diese Weise Gaben des heiligen Geistes vermittelt, denn der äußeren Salbung entspricht eine innere, eine geistige, die den Gesalbten befähigt, Verbotenes zu meiden und Gutes zu wirken, und ihn in einen anderen, einen neuen, einen am göttlichen Walten beteiligten Menschen verwandelt.

Der Mainzer Metropolit als Ortsbischof erinnerte den König in seiner Predigt, die er während der Salbungsfeierlichkeit hielt[57], ausdrücklich an diese Wirkung der vollzogenen Handlungen und ermahnte Konrad zugleich, sein königliches Amt würdig zu verwalten, Recht und Frieden zu wahren, Gerechtigkeit zu üben und die Kirchen und Priester, Witwen und Waisen zu schützen. Zugleich führte Aribo dem Salier und den übrigen Anwesenden den sakralen Charakter der Königswürde vor Augen, die Gott verleihe und die den Auserwählten zu seinem Stellvertreter, zum *vicarius Christi* auf Erden und gleichsam zum irdischen Abbild der göttlichen Herrlichkeit macht. Der Erzbischof scheute sich dabei nicht, dem unruhigen Leben, das Konrad vor seiner Erhebung auf den Thron führte, dem Konflikt mit Kaiser Heinrich II. und der sich daraus ergebenden Verbannung, einen heilsgeschichtlichen Sinn zu unterlegen und den Lebensweg des Saliers unter dem Leitgedanken von Prüfung, Demütigung und Erhöhung als Nachfolge Christi zu deuten.

Der König wird dadurch in eine äußerst enge Beziehung zu Christus gerückt, dessen Platz auf Erden er einnimmt. Die christozentrische Vorstellung vom Königtum aber, die Aribo so eindrucksvoll darlegt, war keinesfalls etwas Neues; sie ist vielmehr ottonisches Erbe gewesen, dem sich der Salier verpflichtet fühlte und in das er eintrat. Auch die Krone, die ihm im Anschluß an die Salbung auf das Haupt gesetzt wird, nachdem ihm zunächst die übrigen Insignien seines Amtes übergeben worden waren, ist ein Symbol dieses christusbezogenen Königtums gewesen, galt der König doch als von Gott gekrönt; schließlich stellte sie gar einen bildgewordenen Ausdruck der ottonisch-salischen Herrschaftsideologie dar.

Zuerst wird dem König das Schwert, das er zum Schutz der Kirche und gegen Heiden und schlechte Christen führen soll, überreicht und er selbst damit in die Herrschaft eingewiesen; dann empfing er den Ring als Unterpfand des Glaubens sowie Mantel und Spangen, Szepter und Stab, vielleicht auch schon den Reichsapfel, da dieser seit dem 11. Jahrhundert an die Stelle des Stabes trat, der ebenso wie das Szepter Zeichen und Instrument des Schutzes, der Strafe und der Hilfe gewesen ist. Zuletzt wurde dann die Krone, das eigentliche Herrschaftssymbol des

Königs, auf das gesalbte Haupt des neuen Herrschers gesetzt und der Investiturakt seinem Höhepunkt zugeführt. Welche Krone 1024 dazu benutzt worden ist, bleibt jedoch unbekannt.

Die Reichskrone als Symbol

Die sogenannte Reichskrone, über deren Verwendung freilich kaum etwas gesagt werden kann und deren Entstehungzeit nach wie vor umstritten ist, die nach bislang geltender Ansicht jedoch frühestens um 960 für Otto den Großen und spätestens für Konrad II. angefertigt wurde, nach neueren Überlegungen vielleicht aber sogar erst in der Mitte des 12. Jahrhunderts für den ersten Stauferkönig Konrad III. entstand, dieses kunstvolle und kostbare Herrschaftszeichen verleiht dem sakralen Königsgedanken zweifellos einen eigenen Ausdruck. Sie besitzt eine achteckige Grundform, besteht aus zweimal vier Platten und weist als Oktogon auf den Jüngsten Tag, den achten Welttag, hin. Vier Platten sind mit bildlichen Darstellungen in Goldzellenschmelzarbeit versehen, die übrigen durch Edelsteine verziert. Bild- und Edelsteinplatten wechseln sich ab und bieten eine theologische Ausdeutung des sakral überhöhten Königtums. Von der Stirn- zur Nackenplatte wölbt sich ein achtlappiger Bügel mit der aus kleinen Perlen gebildeten Inschrift CHVONRADVS DEI GRACIA ROMANORV(m) IMPERATOR AVG(ustus) und weist sich damit, wenn die Krone nicht erst im 12. Jahrhundert entstand und schon von Konrads Vorgängern getragen worden sein sollte, als eine nach der Kaiserkrönung vorgenommene Hinzufügung des Saliers aus, die einen älteren beschädigten oder dem Geschmack der Zeit nicht mehr genügenden Bügel ersetzte. Die Seitenplatten, von denen Pendilien, je drei edelsteingeschmückte Kettchen, herabhingen, waren ebenso wie die Nackenplatte durch aufgesetzte, nach oben auseinandergespreizte Golddrähte, die mit Edelsteinen und Perlen verziert waren und die Form von Lilien annehmen konnten, geschmückt.

Das Kreuz, das über der Stirnplatte steht und dessen Rückseite nachträglich mit einer Darstellung des gekreuzigten Christus in Niellotechnik versehen wurde, hatte ursprünglich wohl als Brustkreuz gedient und ist erst später umgearbeitet und zusammen mit dem Bügel an der Krone befestigt worden. Unübersehbar verdeutlicht es das enge Verhältnis zwischen Christus und König: Wann immer der Herrscher, der Stellvertreter Christi auf Erden, das Zeichen seiner königlichen Würde trug und sein Königtum repräsentierte, war er unter das Kreuz gestellt und wurde an das Kreuzesopfer erinnert, an den Tod Christi, der zugleich Christi Triumph war.

Vielfältig und für den modernen Betrachter in allen ihren Einzelheiten kaum noch aufschlüsselbar sind die in zahlreichen Symbolen zum Ausdruck gebrachten herrschaftsideologischen und -theologischen Aussagen der Reichskrone. Die Perlen und Edelsteine, ihre Art und Zahl, sind Träger verschlüsselter Botschaften. Hundertvierundvierzig Perlen verzieren, wenn der Schmuck des vielleicht erst nachträglich aufgesteckten Kreuzes nicht mitgerechnet wird, die Krone, zwölf mal zwölf Perlen also, die nach den theologischen Vorstellungen der Zeit an die zwölf in der Apokalypse des Johannes erwähnten Tore des himmlischen Jerusalem erinnern. Auch der die Stirnplatte dominierende, nachmals verlorengegangene ‚Waise', ein großer Opal-Jaspis, verweist auf das himmlische Jerusalem, denn unter den Edelsteinen, die die Grundsteine der Himmelsstadt schmücken, steht an erster Stelle der helle Jaspis, der mit der Herrlichkeit Gottes in Beziehung gesetzt wird.

Die Reichskrone ist daher, und für diese Deutung lassen sich eine ganze Reihe in ihrer Gestaltung eingeflossene Symbole anführen, ein Abbild des himmlischen Jerusalem. Sie ist ein Zeichen der Heiligkeit, das darüber hinaus auch auf Rom und das Neue und Alte Testament hindeutet sowie die Verbindung von König- und Prophetentum, von weltlicher und geistlicher Gewalt und von irdischer und himmlischer Herrschaft zur Darstellung bringt.

In dem Programm der vier Bildplatten kommt daher die Königsideologie, ja, man darf wohl sagen: die Königstheologie, auf besondere Weise zum Ausdruck. Dargestellt sind König David mit dem Spruch: *Honor regis iudicium diligit* (Die Ehre des Königs liebt den Rechtsspruch), König Salomo mit dem Wort: *Time dominum et recede a malo* (Fürchte Gott und meide Unrecht), Christus als Pantokrator mit dem Zitat aus dem achten Buch der Sprüche Salomonis: *Per me reges regnant* (Durch mich regieren die Könige) und der Prophet Isajas (Jesaja), der dem König Ezechias (Hiskia) verkündet: *Ecce adiciam super dies tuos XV annos* (Wohlan, ich will zu Deinen Lebenstagen noch fünfzehn Jahre hinzufügen). Schärfer konnte die Vorstellung vom gotterwählten und -geleiteten König kaum mehr im Bild zum Ausdruck gebracht werden.

Die Grundaussage der vielschichtigen Symbolik, die die Gestalt der Reichskrone formte, verweist dabei auf das Königtum Christi ebenso wie auf sein Priestertum und betont damit zugleich, daß auch der irdische Repräsentant des Gottessohnes, der gekrönte Herrscher, König und Priester, *rex et sacerdos*, in einem ist.

Der priesterliche Rang des gesalbten Königs wird auch bei dem Krönungsakt eigens hervorgehoben, denn der Koronator erinnert den Herrscher, während er diesem die Krone aufsetzt, daran, daß der König durch sie zum Teilhaber des Bischofsamtes wird. Daß der Herrscher sein ihm von Gott verliehenes Amt in der Stellvertretung Christi ausübt, wird dabei ebenfalls betont und zugleich die Mahnung ausgesprochen, er solle ein wahrer Diener des Herrn sein und Kirche wie Reich schützen.

Sicherlich, die vielfältige Symbolbedeutung der Krone kann nur wenigen bewußt gewesen sein, aber die Erhöhung des Königs, der die Reichskrone oder ein anderes Diadem trug, mußte jeder empfinden, der bei dem eindrucksvollen Akt des ‚Unter-der-Krone-Gehens' anwesend war. Das erste Mal präsentierte jeder neue Herrscher sein Königtum auf diese Weise sofort nach dem Empfang der Krone, wenn er vom Altar zu seinem Thron geleitet wurde, sich auf Geheiß des die Zeremonie leitenden Metropoliten auf dem Herrschersitz niederließ und dadurch von seiner Herrschaft Besitz ergriff. Die Worte, die dabei an ihn gerichtet wurden, sind von grundsätzlicher Bedeutung und fassen das Wesentliche der Thronerhebung noch einmal zusammen. *Sta et retine amodo locum*, fordert ihn der Erzbischof auf: „Stehe fest und bewahre fortan den Platz, den du bislang aus väterlicher Erbfolge innegehabt hast und der dir kraft Erbrecht zugefallen ist, nun durch die Autorität des allmächtigen Gottes und durch diese unsere Übergabe, durch die aller Bischöfe und anderen Diener Gottes; und je näher den heiligen Altären Du die Priesterschaft siehst, desto größere Ehre an angemessenen Stätten ihr zuzuwenden sei eingedenk, auf das der Mittler zwischen Gott und den Menschen dich als Mittler zwischen Priesterschaft und Volk – *mediatorem cleri et plebis* – auf diesem Thron des Reiches festigt und dich mit sich im ewigen Reich herrschen läßt, Jesus Christus, unser Herr, der König der Könige und Herr der Herren, der mit Gott, dem Vater, und mit dem Heiligen Geiste lebt und herrscht von Ewigkeit zu Ewigkeit. Amen".

So lautet zumindest die Formel im Mainzer Krönungsordo, der 1024 vielleicht zur Anwendung gekommen ist. Freilich müßte in diesem Falle der Hinweis auf die väterliche Erbfolge weggefallen sein. Auf die Betonung des Erbrechtes hingegen brauchte keinesfalls verzichtet zu werden, da es bei der Wahl von Kamba ja eine besondere Bedeutung besessen hatte. Nach Erbrecht und dem Willen Gottes, der sich in der Wahl kundtut, besteigt der neue Herrscher demnach den Thron, der ihm von den Bischöfen, den Dienern Gottes und berufenen Interpreten seines Willens, übergeben wird. Am Schluß des Weiheaktes wurde damit noch einmal die sakrale Überhöhung des Königs und seine sich daraus ergebende Verantwortung in eindringliche Worte gekleidet.

Der gekrönte König aber teilt nun in all seiner Majestät den Friedenskuß aus und wird vom Klerus beglückwünscht, der das ‚Te deum' anstimmt. Von seinem Thronsitz aus verfolgt der Herrscher dann die Messe, die der Metropolit, nachdem die Herrscherweihe beendet und die Feier sich ins rein Liturgische zurückgewendet hat, zelebriert. Mit dem Krönungsmahl klingt der ereignisreiche Tag festlich und voller Pracht aus.

Verzögerung der Krönung Giselas

Ein glanzvoller, ein denkwürdiger Tag war der 8. September 1024 im Leben Konrads II. und in der Geschichte des Reiches ohne Zweifel, ein Tag aber auch, über den ein dunkler Schatten fiel, denn der König mußte die heiligen Handlungen allein an sich vollziehen lassen: Aribo von Mainz verweigerte, wie zwar nicht ausdrücklich berichtet wird, nach Lage der Dinge aber angenommen werden darf, die Krönung der Königin Gisela. Wipo, der als Höfling Rücksichten zu nehmen hatte, berichtet über diesen Vorfall nur ganz allgemein, mehr in Andeutungen als mit der Klarheit, um die sich ein Historiograph eigentlich bemühen sollte. Vor allem nennt er keinen genauen Grund für das brüskierende Verhalten des Mainzer Metropoliten. Seine Worte – „Mißgunst gewisser Leute, die ja oft wie Rauch von den Unteren zu den Oberen aufsteigt, verzögerte ihre [der Königin] Weihe um einige Tage"[58] – lassen vielmehr erahnen, in welch mißlicher Situation sich der wahrscheinlich gut informierte Hofberichterstatter sah, als er den für das salische Herrscherhaus peinlichen Vorgang zu erwähnen nötig fand, ohne doch den konkreten Vorwurf wiederholen zu wollen. Der Spekulation über die Hintergründe sind damit Tür und Tor geöffnet.

Man hat vor allem in der Nahehe, durch die Gisela mit Konrad verbunden war, den Grund für Aribos Weigerung gesehen. In der Tat hatte sich der Metropolit in einem anderen, während der letzten Jahre Heinrichs II. wegen zu naher Verwandschaft angestrengten, aber noch nicht endgültig entschiedenen Prozeß als rigoroser Verfechter der kirchenrechtlichen Ehevorschriften und unbeugsamer Gegner der Ehe Ottos und Irmingards von Hammerstein erwiesen[59]. Schon unter Aribos Vorgänger Erkanbald war im März 1018 auf einer Synode in Nimwegen über die Ehegatten wegen der Nichtachtung wiederholter Ladungen die Exkommunikation verhängt worden. Zu diesem Zeitpunkt zog sich der Hammersteiner Fall also schon längere Zeit hin. Kirchenrechtlich ging es dabei um die unerlaubte Nahehe, politisch aber, und deshalb stellte sich der kirchlich gesinnte Heinrich II. hinter das Synodalverfahren, ging es um die Ausschaltung eines Konradiners, eines Mitgliedes jener Familie, zu der der Herrscher schon wiederholt in offenem Gegensatz gestanden hatte. In dieser Situation unterwarf sich der Hammersteiner im Jahre 1018 auf einem Fürstentag in Bürgel am Main und mußte sich von seiner Frau trennen. Doch schon bald war er wieder mit ihr vereint und befehdete den Mainzer Erzbischof, den Störenfried seiner Ehe. Heinrich II. aber warf den Grafen 1020 militärisch nieder und ließ den Hammerstein (auf der rechten Rheinseite nördlich von Andernach) schleifen; um das Ehepaar kümmerte er sich danach nicht mehr und ließ es in seiner kanonisch anfechtbaren Ehe unbehelligt. Mit dem politisch-militärischen Erfolg über den Konradiner Otto war der kirchliche Eifer des Kaisers offenbar geschwunden. Aribo aber, der nach dem Tode Erkanbalds 1021 die Mainzer cathedra bestiegen hatte, empfand dieses Zusammenleben als Provokation und ließ die Ehe 1023 in Mainz auf einer Provinzialsynode erneut für nichtig erklären. Otto unterwarf sich auch diesmal, aber Irmingard beugte sich nicht. Sie war vielleicht schon 1018 die treibende Kraft bei der Wiederaufnahme der ehelichen Gemeinschaft gewesen, nun appellierte sie an den Papst und erwies sich aus härterem Holz geschnitzt als ihr Gemahl.

Mit Irmingards Vorgehen war zugleich das Problem der reichskirchlichen Unabhängigkeit berührt, die Frage, ob Rom in Sachen der Seelsorge und der Amtsverwaltung als Appellationsinstanz für interne Bistumsangelegenheiten gelten konnte oder nicht, ob die Kirche episkopalistisch oder papalistisch geordnet und geleitet sein sollte. Aribo, als Metropolit und (Quasi-)Primas der deutschen Kirche herausgefordert, verfocht einen streng episkopalistischen Standpunkt und verbot im August 1023 auf der Synode von Seligenstadt solche Appellationen. Benedikt VIII. untersagte dem Mainzer daraufhin den Gebrauch des Palliums, des erzbischöflichen Amts- und Ehrenzeichens, wogegen im Frühjahr 1024 eine in Höchst tagende Synode scharfen Protest einlegte. Damit war ein Konflikt um das Verhältnis von Papst und Episkopat ausgebrochen, ein Grundsatzkonflikt, der fünfzig Jahre später auch die Anfänge des sogenannten Investiturstreites mitbestimmen sollte. Unter Heinrich II. und Konrad II. wurde er dagegen noch nicht ausgetragen, denn Benedikt VIII. starb am 9. April 1024. Auch die Hammersteiner Frage war zu diesem Zeitpunkt nicht gelöst und noch immer offen, als Konrad II. zum König gewählt und gekrönt wurde. Aribo aber hatte sich in diesem Fall so exponiert, daß es konsequent erscheint, wenn er auch dem König gegenüber eine harte Haltung einnahm, und Gisela, die dem Salier ebenfalls in einer kanonisch anfechtbaren Ehe verbunden war, die heilige Weihe versagte.

Eine gewisse Stütze scheint diese Deutung auf den ersten Blick in einem sehr verworrenen und in vielen Einzelheiten nachweislich falschen Bericht des cluniazensischen Mönches Rodulf Glaber zu finden. Dieser behauptet nämlich um 1040, Konrad habe den Bischöfen während der Verhandlungen um die Nachfolge Heinrichs II. versprochen, sich im Falle seiner Wahl von Gisela scheiden zu lassen[60]. Doch ist diese Nachricht völlig unglaubwürdig. Sie wird schon allein dadurch als falsch entlarvt, daß Rodulf behauptet, die Bischöfe hätten den Papst in dieses Abkommen einbezogen. Ein solches Vorgehen des selbstbewußten und auf seine Unabhängigkeit bedachten Reichsepiskopats ist im frühen 11. Jahrhundert undenkbar, im konkreten Fall der Wahl von Kamba – abgesehen von anderen Gründen – aber auch deshalb unmöglich, weil sich Aribo von Mainz und mit ihm ein Teil der Bischöfe gerade erst im Hammersteiner Eheprozeß gegen den päpstlichen Zentralismus zur Wehr gesetzt hatten.

Muß aber der Bericht des Rodulf Glaber verworfen werden, dann gibt es für die These, Aribo habe die Krönung der Gisela im Zuge seines Kampfes gegen die Verwandtenehe verweigert, keine unmittelbare Stütze aus den Quellen mehr. Im Gegenteil! Die gewundenen Formulierungen, mit denen Wipo die ganze Angelegenheit mehr verhüllt als schildert, sprechen eher gegen diese Deutung: Denn, wenn er zu den Vorwürfen, die die Königin trafen, sagt, es stehe immer noch nicht fest, ob sie berechtigt seien oder nicht, dann kann diese Feststellung nicht für die Nahehe gelten. Die Verwandtschaft, die zwischen den Eheleuten bestand, war ja allgemein bekannt, und eine aus ihr abgeleitete Kritik an der Ehe war nach dem damals geübten Kirchenrecht zweifellos berechtigt.

Aribo muß um diese Problematik außerdem schon vor der Wahl Konrads gewußt haben, hatte sie doch schon 1017 die Gemüter bewegt[61]. Sie kann den Eklat um Giselas Krönung daher eigentlich nicht provoziert haben, es sei denn, man hält es für möglich, daß der Mainzer Erzbischof den Salier, der zweifellos und bekanntermaßen in einer kirchenrechtlich anfechtbaren Ehe lebte, einerseits bei der Königswahl mit allen Mitteln förderte und der Gemahlin andererseits trotzdem wenige Tage später die Krönung verweigerte, weil sie ebendiese Ehe eingegangen war. Hält man dies wirklich für möglich, müßte freilich auch noch erklärt werden, warum der Mainzer den Salier vorbehaltlos weihte, obwohl an diesem doch auch der Makel einer die Kanones verletzenden Ehe haftete.

Der Grund für Aribos schroffes Vorgehen ist deshalb wohl eher in anderen Anschuldigungen zu suchen, in Vorwürfen, die nicht allgemein bekannt waren und dem Erzbischof erst in der kurzen Zeitspanne zwischen Konrads Wahl und Weihe zu Ohren gebracht worden sein dürften, die, wie Wipo es ausdrückt, erst während der Vorbereitung der Krönungsfeierlichkeiten „wie Rauch von den Unteren zu den Oberen aufgestiegen sind" und die sich offenbar allein gegen Gisela und nicht auch gegen ihren Gemahl richteten. Zweifellos waren sie schwerwiegend und besaßen darüber hinaus einen gewissen Grad an Wahrscheinlichkeit, sonst hätte sich der Metropolit nicht so kompromißlos verhalten. Nicht unwichtig erscheint in diesem Zusammenhang die Art und Weise, wie Thietmar von Merseburg schon Jahre früher in seiner Chronik den Vorwurf formulierte, daß Konrad und Gisela eine unerlaubte Ehe eingegangen seien[62]. Er richtet die Kritik nämlich nicht im gleichen Maße gegen beide Ehepartner, sondern vorwiegend gegen Gisela, von der er sagt, sie habe sich dem Salier unerlaubterweise verbunden, und weist ihr damit offenkundig eine größere Verantwortung zu als ihrem Gemahl. Warum er dies tut und inwieweit seine Beweggründe mit den Anschuldigungen zusammenhängen, die Aribo 1024 zugetragen worden sind, das läßt sich jedoch nicht mehr feststellen. Daß der 1024 erhobene Vorwurf sich aber ebenfalls nur gegen die Königin richtete und nicht auch gegen Konrad, belegt eine weitere Formulierung Wipos, und zwar eine höchst interessante Aussage über Giselas Charakter, die deutlich macht, daß es die Herrscherin selbst war, die die Anschuldigungen entkräftete: Sie – und niemand anderer – habe nämlich, so ihres Mannes Biograph, der gleichzeitig ihr Bewunderer war[63], über die Anfeindungen ihrer Gegner mit männlicher Tüchtigkeit gesiegt: *tamen virilis probitas in femina vicit.*

Natürlich ist viel darüber spekuliert worden, was man der Königin zur Last gelegt haben könnte[64]. Keine der erwogenen Vermutungen ist jedoch beweisbar, keine besitzt darüber hinaus einen höheren Grad an Wahrscheinlichkeit! Da die Quellen eine bündige Antwort nicht gestatten, wäre es wenig sinnvoll, die Spekulationen hier auszubreiten und um eine weitere unbefriedigende Hypothese zu vermehren. Letztlich hat sich der Historiker dem Diktat seiner Quellen zu beugen und mit der Feststellung des Faktums zu begnügen, wenn ihm die Möglichkeiten zur Aufhellung der Hintergründe fehlen.

Giselas Krönung in Köln

Die für den neuen König höchst unangenehme und für seine Gemahlin äußerst peinliche Situation konnte innerhalb von zwei Wochen bereinigt werden. An die Stelle des sich verweigernden Mainzer Erzbischofs trat dessen Verwandter, der Kölner Metropolit Pilgrim, und krönte Gisela am 21. September 1024 in seiner Kathedrale zur Königin[65]. Wipo berichtet, Pilgrim habe um diese Gunst gebeten, um das Verlassen des Wahlortes Kamba und den Anschluß an die Opposition gegen den neuen König zu sühnen. In der Tat löste sich der Kölner Erzbischof mit seinem Krönungsangebot von den lothringischen Widersachern Konrads II., denen er sich noch kurz zuvor durch einen Eid verbunden hatte, als er zusammen mit anderen Bischöfen Ober- und Niederlothringens dem Herzog Gozelo I. versprach, ohne dessen Einverständnis dem neuen Herrscher nicht huldigen zu wollen[66]. Für Konrad war Pilgrims politische Neuorientierung keine unwichtige Entscheidung, schwächte sie doch seine Gegner.

Die Krönung Giselas freilich bedeutete für Pilgrim nicht nur einen Sühneakt. Daß der Kölner im Gegensatz zu seinem Mainzer Amtsbruder keine Skrupel zeigte, die von schweren Vorwürfen getroffene Königin zu weihen, erklärt sich vielmehr hauptsächlich aus politischen Erwägungen, aus der Erkenntnis, daß der Mainzer Metropolit im Begriff war, das Ringen um die Spitzenstellung im Reichsepiskopat[67] zu seinen Gunsten zu entscheiden. Aribo hatte in Kamba nicht nur seinen Kandidaten durchgesetzt, sondern durch die Leitung der Wahl, durch die Übung des Erststimmrechtes und schließlich durch die Krönungsfeier in Mainz den Gipfel seiner Geltung erklommen. Wohl schon bald nach seinem Regierungsantritt übertrug ihm Konrad auch noch das italische Erzkanzleramt[68], das seit 1012 von dem Bischof Eberhard von Bamberg bekleidet worden war, so daß Aribo fortan Erzkaplan und damit nomineller Leiter der deutschen Kanzlei und zugleich oberster Vorsteher der italischen Urkundsbehörde war.

Damit drohte der Kölner Metropolit völlig ins Hintertreffen zu geraten und mochte dies gerade hinsichtlich des Krönungsrechtes[69] besonders schmerzlich empfinden. Denn schon 936, bei der Weihe Ottos des Großen in Aachen, hatte er dem Mainzer diese Befugnis zusammen mit seinem Trierer Amtsbruder streitig gemacht. Während der Trierer seine Position aber nicht zu behaupten vermochte, konnte der Kölner seinen Anspruch auf das Krönungsrecht aufrechterhalten und bediente sich dabei eines gewichtigen kirchenrechtlichen Argumentes, der Tatsache nämlich, daß der traditionelle Krönungsort Aachen in seiner Kirchenprovinz und damit in seinem Zuständigkeitsbereich lag. Als Gegner der Wahl Konrads des Älteren besaß Pilgrim 1024 natürlich keine Möglichkeit, das Weiherecht für sich zu reklamieren, und so konnte Aribo wie schon vor ihm Willigis (1002) die Salbung des neuen Herrschers in Mainz vornehmen. Damit begann sich eine Mainzer Krönungstradition zu formen, die die Aachener Weihe und die aus ihr zugunsten des Kölner Erzbischofs ableitbaren Ansprüche zu beseitigen drohte. Die Krönung Giselas aber rief die alten Rechte des Kölners wieder in Erinnerung und bildete hinsichtlich seiner Krönungsbefugnis schließlich wirklich den Wendepunkt, denn auch den Sohn Giselas und Konrads II. durfte er 1028 in Aachen krönen; damit setzte er das Kölner Krönungsrecht endgültig durch. Seine Nachfolger haben es während des gesamten Mittelalters behauptet und erst in der frühen Neuzeit infolge besonderer Entwicklungen wieder an den Mainzer Erzbischof verloren. Seine geschmeidige Haltung erwarb Pilgrim also nicht nur das Vertrauen des zuerst von ihm abgelehnten Königs, sondern sicherte dem niederrheinischen Metropoliten langfristig auch den Rang neben oder dicht hinter seinem Mainzer Kollegen.

Aachen – Minden – Augsburg – Regensburg – Konstanz – Aachen: Der Umritt

Auf Karls des Großen Thron

Das mittelalterliche Reich war natürlich kein Staatswesen moderner Prägung. Man hat sich daher angewöhnt, seine politische Organisation als ‚vormodern' und ‚unstaatlich' zu charakterisieren, und dies meint insbesondere: Es gab keinen Verwaltungsapparat und kaum Verwaltungsinstitutionen, auf die sich der Herrscher stützen konnte, sondern seine Herrschaft ruhte ganz wesentlich auf persönlichen Bindungen. Dies zwang ihn auch dazu, durch das Reich zu ziehen und sein Königtum in gewissen Abständen durch persönliche Anwesenheit in den einzelnen Teilen des Reiches immer wieder zu präsentieren, Recht zu sprechen sowie Schutz zu gewähren und dem Adel dabei Gelegenheit zur Kontaktaufnahme zu geben. Wie stark diese persönliche Seite der Herrschaftsausübung und der herrschaftlichen Bindung ausgeprägt war, zeigen vor allem auch die Königswahlen, die zunächst nur eine Willensäußerung der am Wahlort Versammelten darstellten und für die nicht Anwesenden allenfalls eine bedingte Gültigkeit besaßen. Die Ereignisse von Kamba machen dies sehr deutlich: Obwohl Konrad hier einmütig gewählt worden war, bedeutete dies noch keine allgemeine Anerkennung; die Sachsen hatten ja abseits gestanden und die oppositionellen Lothringer den Wahlort verlassen. Um seine Herrschaft reichsweit durchzusetzen, mußte der Salier auch noch die Anerkennung der Opposition und der Abseitsstehenden gewinnen; er mußte darüber hinaus vom Reich Besitz ergreifen, sein Reich kennenlernen, sein Königtum in den einzelnen Herrschaftsräumen vorstellen, Gerichtsbarkeit üben, Recht und Frieden schützen, Privilegien gewähren oder erneuern und die Bindungen der lokalen und regionalen Gewalthaber an seine Person und sein Amt bekräftigen oder gar erst knüpfen – kurz: Er mußte die endlose, sich in Variationen wiederholende Reise durch das *regnum* beginnen, deren erste Runde, der Königsumritt, von besonderer Bedeutung war für die tatsächliche und sinnenfällige Aufnahme und endgültige Etablierung der neuen Herrschaft.

Schon der Zug von Mainz nach Köln ist Teil dieses *iter regis per regna*, wie Wipo den Königsumritt nennt, gewesen und brachte Konrad die ersten Erfolge, wenn man an den Parteiwechsel Erzbischof Pilgrims und an die Probleme um die Krönung der Königin denkt, die nun gelöst wurden. Die nächste Etappe führte nach Aachen, einen für das Königtum äußerst symbolträchtigen Ort. Hier stand der Thron Karls des Großen, der *publicus thronus regalis*, das *totius regni archisolium*, der „Erzstuhl des ganzen Reiches", dessen Besteigung und Inbesitznahme im wörtlichen wie übertragenen Sinne seit Otto dem Großen zu einem unverzichtbaren Bestandteil der Herrschaftsübernahme im Reich geworden war. Wer auf ihm im Glanz seiner Majestät saß, betonte karolingische Traditionen und knüpfte an ottonische Vorbilder an; der berief sich aber auch auf das Idealbild der mittelalterlichen Herrscher schlechthin, auf Karl, den ersten Kaiser des Abendlandes, dessen Beispiel die späteren Könige nacheiferten.

Es kommt daher nicht von ungefähr, wenn Wipo im Zusammenhang mit Konrads Aachener Thronbesteigung die Regierungserfolge des Saliers erwähnt, ohne daß klar würde, ob hierbei allein auf erste Regierungshandlungen Bezug genommen oder ob nicht eher ein Resümee der gesamten Regierungszeit gezogen wird. Jedenfalls hielt der König in der Pfalz einen Hoftag ab und „ordnete" dabei – um mit Wipo zu sprechen – „das Reich aufs trefflichste", wobei er „göttliches und menschliches Recht zweckmäßig zur Anwendung brachte (*distribuebat*)". Sein Ansehen wuchs rasch, gleichsam von Tag zu Tag, und bald soll niemand mehr daran gezweifelt haben, daß seit der Zeit des großen Karl keiner tüchtiger und des Thrones würdiger gewesen sei als Konrad, auf den daher jenes Sprichwort gemünzt worden sein soll, durch das die ungebrochene Kontinuität zwischen den beiden Herrschern bildlich ausgedrückt wurde und das salische Königtum eine besondere Legitimation empfing: „An Konrads Sattel hängen Karls Steigbügel".

Zweifellos bedeuteten der Aachener Aufenthalt und die symbolhafte Selbstdarstellung der Monarchie durch Betonung der karolingischen Tradition einen Erfolg für den neuen König, aber Wipo schildert die Geschehnisse trotzdem etwas zu vollmundig. Denn Konrad ist es auch an dieser traditionsreichen Stätte nicht gelungen, die lothringische Opposition, die der niederlothringische Herzog Gozelo auf seinen Willen eingeschworen hatte, für sich zu gewinnen. Auch wenn sein Anhang grundsätzlich größer geworden sein dürfte, Konrad mußte Niederlothringen verlassen, ohne seines Hauptproblems, der restlosen Beseitigung der lothringischen Widerstände, Herr geworden zu sein. Sein Weg führte ihn über Lüttich und Nimwegen nach Vreden, wo ihn im November 1024 die Äbtissinnen Adelheid von Quedlinburg, deren Leitung auch das Kloster Vreden anvertraut war, und Sophie von Gandersheim, die zusätzlich auch noch dem Kloster Essen vorstand, herzlich empfingen. Dies überrascht eigentlich nicht, denn es war ein Besuch bei Verwandten, und besaß doch besondere Bedeutung. Die beiden Schwestern, Töchter Ottos II., waren zugleich ja auch Repräsentantinnen der alten Herrscherdynastie, die nun ihre Anerkennung des neuen Königs zum Ausdruck brachten. Das dürfte nicht ohne Signalwirkung für die weitere Haltung des sächsischen Adels geblieben sein, zumal damit nach der Betonung der karolingischen Tradition auch ein Hinweis auf die ottonische Abstammung des Saliers erfolgte. An seinem Hofe in Dortmund erschienen jedenfalls in der ersten Dezemberhälfte westfälische Bischöfe und Große, die ihm bei dieser Gelegenheit auch gehuldigt haben dürften. Seit dem Betreten Sachsens entwickelten sich Konrads Pläne daher sehr hoffnungsvoll. Allerdings stand die endgültige Entscheidung über seine Anerkennung noch aus; sie sollte Weihnachten 1024 in Minden fallen.

Anerkennung durch die Sachsen

In Sachsen ist der Übergang des Königtums an eine nichtsächsische Familie offenbar als Verlust der Königsnähe und Einbuße an Prestige empfunden worden; und dies war ein schwerer Schlag für das Selbstverständnis einer Adelsgesellschaft, die, rechnet man die bayerische Nebenlinie, der Heinrich II. angehörte, hinzu, ein Jahrhundert lang gewohnt gewesen war, daß der König aus ihren Reihen stammte. Die Führungsrolle im Reich, das Bewußtsein, bevorzugtes Königsland zu sein, war dahin; nun galt es, die eigenen Traditionen zu wahren und sächsische Eigenständigkeit zu sichern. Das ausgeprägte Selbstbewußtsein der Sachsen hatte zwar eine Teilnahme an der Königswahl verhindert, nun aber wurde es Zeit, sich für oder gegen den in Kamba Gewählten zu entscheiden.

So kam es zu einer Zeremonie eigener Art. Die kirchlichen Hochfeste, besonders Weihnachten, Ostern und Pfingsten, boten gern genutzte Gelegenheiten, die sakrale Monarchie zur Darstellung zu bringen. Die Teilnahme des gesalbten Herrschers an den kirchlichen Feierlichkeiten führte, besonders wenn dieser dabei unter der Krone ging, allen Anwesenden die Majestät des aus dem Stande der Laien herausgehobenen

Stellvertreters Christi auf Erden deutlich vor Augen, ließ ihn in christomimetischem Glanz erscheinen und gestaltete sich damit zu einem Herrschaftsakt. Das erste Fest dieser Art, Weihnachten 1024, feierte Konrad in Minden; er bot damit dem sächsischen Adel eine glanzvolle Möglichkeit, sich der Wahlentscheidung von Kamba anzuschließen – und die Sachsen haben diese Gelegenheit genutzt.

Zahlreich sind sie erschienen mit dem Herzog Bernhard an der Spitze und huldigten dem Salier, der ihnen das sächsische Recht, die *lex crudelissima*, wie Wipo es nennt, bestätigte. Dieser Autoritätsakt war offenkundig die Voraussetzung für die Anerkennung der salischen Königsherrschaft. Schon Heinrich II. hatte 1002 das Sachsenrecht feierlich bestätigen müssen, als er in Merseburg weilte und in einer „Nachwahl" die Anerkennung seines Königtums durch die sächsischen Großen erhielt. Diese wie auch Konrad II. standen daher 1024 mit ihren Handlungen in einer Tradition, die die sächsische Eigenständigkeit betonte; die Huldigung von Minden besaß deshalb auch zweifellos einen anderen Charakter als eine einfache Anschlußwahl, als die ansonsten wohl übliche einfache Zustimmung zur Entscheidung von Kamba. Sie ist eher der Nachwahl von 1002 vergleichbar und stellte wohl einen eigenen rechtsbegründenden Akt dar, der die salische Herrschaft in Sachsen legitimierte und an das im Lande geltende Recht band.

Streit um Gandersheim und andere Konfliktstoffe

Die Ereignisse von Minden waren für Konrad von großer Wichtigkeit, führten sie seiner Herrschaft doch die bislang abseitsstehenden Sachsen zu; die Inbesitznahme des Reiches war damit ein gutes Stück vorangekommen, denn in den übrigen Regionen war – abgesehen von Lothringen – nicht mit größeren Widerständen zu rechnen. Dermaßen gestärkt, mußte sich Konrad bald einem schwierigen Konflikt widmen, der aus der Reichskirche an ihn herangetragen wurde, schon annähernd vierzig Jahre lang schwelte und seiner von Wipo oft beschworenen Tüchtigkeit als königlichem Richter eine erste Bewährungsprobe abverlangte: dem Gandersheimer Streit.

Das Kanonissenstift Gandersheim, eine der frühesten Klostergründungen des sächsischen Adels überhaupt, vornehm durch sein Alter und seine engen Beziehungen zum Königtum, dem es – wenn auch nicht immer unangefochten – seit 877 direkt unterstand, ist in der Mitte des 9. Jahrhunderts von Liudolf und Oda, den Vorfahren der ottonischen

Herrscher, gestiftet und reich ausgestattet worden. Den Ort, wo das Kloster errichtet wurde, hatte ihr Verwandter, der Bischof Altfrid von Hildesheim (851–874), ausgesucht; und da er über die seit 852 dort lebende Gemeinschaft die geistliche Jurisdiktion ausübte, hatte er mit der Ortswahl zugleich die Grenzen seiner Diözese nach Süden erweitert. Genau dagegen gingen seit 987 die Mainzer Erzbischöfe vor und erklärten, Gandersheim gehöre zu ihrem Amtssprengel. In dem dadurch ausbrechenden Streit mit den Hildesheimer Bischöfen fanden sie zeitweise Unterstützung bei der Äbtissin. Sophie, die Kaisertochter, fand es offenbar angemessener, der geistlichen Gewalt eines Metropoliten zu unterstehen, der zudem der vornehmste Geistliche des Reiches war, als der Aufsicht eines einfachen Bischofs unterworfen zu sein. In Gandersheim fürchtete man darüber hinaus wohl auch weitreichende Besitzansprüche der Hildesheimer Kirche. Aber die Mainzer, so mächtig und einflußreich sie auch waren, haben sich in der über Jahrzehnte hinziehenden Auseinandersetzung nicht behaupten können. Unter Heinrich II. war Ende 1006, Anfang 1007 gegen Mainz entschieden worden, und dieses Synodalurteil blieb, solange der Kaiser lebte, unangefochten. Als Königsmacher von Kamba jedoch mochte Aribo die Chancen seiner Kirche 1024 günstiger einschätzen, zumal Sophie von Gandersheim, die den neuen König gerade erst in Vreden herzlich aufgenommen hatte, auf seiner Seite stand.

Ähnlich mag der Hildesheimer Bischof Godehard, der ehemalige Abt des bayerischen Donauklosters Niederaltaich, die Lage eingeschätzt haben, als er Konrad im Januar 1025 in seiner Kathedralstadt empfing. Und in der Tat erneuerte Aribo hier den Anspruch seiner Kirche. Der König geriet dadurch in eine schwierige Situation. Zweifellos fühlte er sich dem Mainzer Metropoliten wie auch der Äbtissin von Gandersheim verpflichtet. Andererseits gab es aus der Regierungszeit seines Vorgängers einen fast zwanzig Jahre lang befolgten Beschluß zu Gunsten von Hildesheim, den er nicht ohne weiteres übergehen konnte. Außerdem mochte dem Salier die Mainzer Machtstellung auch schon problematisch geworden sein angesichts von Aribos Weigerung, die Königin zu weihen. Konrad, der über den Grenzkonflikt zudem wohl auch noch keine näheren Kenntnisse besaß, verhielt sich daher pragmatisch und verschob die Entscheidung auf einen Gerichtstag, der Ende Januar in Goslar stattfinden sollte.

Aber auch hier wurde kein Urteil gefällt. Vielmehr ist beiden Kontrahenten die Übung der Gerichtsbarkeit in dem umstrittenen Gebiet untersagt worden. Sie sollte interimistisch von dem Halberstädter Bischof wahrgenommen werden, bis die Angelegenheit von einer weiteren und erweiterten Gerichtsversammlung der Großen entschieden würde. Schon wenige Tage später, in Gandersheim, also an dem umstrittenen Ort selbst, wurde jedoch deutlich, daß dieser Schwebezustand nicht lange aufrecht zu halten war: Aribo hinderte hier nämlich, indem er einen offenen Eklat provozierte, Godehard daran, die Messe am Hochaltar des Klosters zu feiern, wurde daraufhin aber seinerseits von den aufgebrachten Gandersheimer Geistlichen und Kanonissen vom Gottesdienst abgehalten. Als der Hildesheimer Bischof dem König schließlich das ihm widerfahrene Unrecht vor Augen stellte, sich dem Salier bei einer Privataudienz in vollem Ornat zu Füßen warf und unter Tränen um Gerechtigkeit bat, befahl Konrad, den Fall in Grone auf einer Synode zu behandeln.

Doch auch hier kam es immer noch nicht zu einem definitiven Abschluß. Der Salier ist über Merseburg, wo er die Tributzahlungen der den Sachsen benachbarten Slawen in Empfang nahm, nach Grone gezogen, wo Ende Februar, Anfang März 1025 die anberaumte Kirchenversammlung tagte. Auf Rat der Bischöfe gestand der Salier Godehard von Hildesheim weiterhin die Jurisdiktion über Gandersheim zu – allerdings nur so lange, bis eine Reichssynode über den Streit befunden habe. Trotz dieser Einschränkung kann das Urteil als Erfolg für die Hildesheimer Kirche gewertet werden. An den bestehenden Verhältnissen änderte sich ja nichts – und dabei sollte es bleiben trotz Aribos anhaltender Versuche, doch noch eine Wende zu seinen Gunsten herbeizuführen.

Erst als Aribo 1030 gegenüber Godehard den eingetretenen Rechtszustand anerkannte, fand der Gandersheimer Streit sein Ende. Die Bischöfe von Hildesheim hatten die ihnen ursprünglich wohl wirklich nicht zustehende Gerichtsbarkeit über einen Teil der Mainzer Diözese behauptet. Zugute gekommen ist ihnen dabei der merkwürdige, nicht weiter zu klärende Umstand, daß die Mainzer Metropoliten dem Hildesheimer Wirken in ihrem Sprengel einhundertfünfunddreißig Jahre lang (von 852 bis 987) ohne Widerspruch zugeschaut haben und die Hildesheimer Bischöfe dadurch ihr Recht regelrecht ‚ersitzen' konnten.

Schon unter Heinrich II. war deshalb im Sinne von Hildesheim entschieden worden. Wenn Konrad II. sich nicht sofort unter Verweis auf dieses Urteil gegen Mainz erklärte, lag dies wohl vor allem an seiner Rücksichtnahme auf Aribo; als sich das Verhältnis des Königs zum Förderer seiner Wahl jedoch abgekühlt hatte, konnte eine entsprechende Regelung eigentlich nicht ausbleiben. Der König brauchte dabei am Ende noch nicht einmal persönlich aktiv zu werden, sondern konnte auf die Einsicht der Bischöfe vertrauen, die in Solidarität zu ihrem Hildesheimer Amtsbruder Front gegen die Ansprüche des gelegentlich recht schroff auftretenden Metropoliten machten. Konrad mußte letztlich nur daran gelegen sein, dem Konflikt eine übermäßige Schärfe zu nehmen und dadurch einen unheilbaren Bruch innerhalb des Reichsepiskopats zu vermeiden – und dies ist ihm gelungen. Ohne dies offen zu zeigen und trotz eines Ende September 1028 auf der Pöhlder Synode vorgetragenen, aber von den Hildesheimern schließlich doch abgelehnten Kompromißvorschlages, der vorsah, das Kanonissenstift unter Hildesheimer Zuständigkeit zu belassen, das übrige umstrittene Gebiet jedoch aufzuteilen, trotz allen Bemühens um einen Ausgleich, konnte und wollte der König Aribos Ansinnen nicht vorbehaltlos unterstützen. Es blieb ihm daher 1025 zunächst nur übrig, eine definitive Entscheidung gegen den Hauptförderer seiner Wahl zu verzögern – vielleicht sogar in der Hoffnung, daß die Angelegenheit im Sande verlaufen werde. Dies verhinderte jedoch Aribos Insistieren auf dem eigenen Standpunkt. Im Grunde ist es daher die Hartnäckigkeit des Mainzer Erzbischofs gewesen, die das endgültige und für alle offenkundige Scheitern seiner Ansprüche herbeiführte.

Ähnliches geschah im übrigen auch noch in einem weiteren Fall, der Aribo sehr am Herzen lag. Schon auf der Synode, die am 23. und 24. September 1027 in Frankfurt unter seinem und des Kaisers Vorsitz tagte und die sich ebenfalls mit dem Gandersheimer Streit beschäftigte, ohne ihn beenden zu können, schon auf dieser illustren Versammlung mußte der Mainzer ein weiteres Anliegen zu Grabe tragen. Wohl auf sein Betreiben war die kanonisch anfechtbare Ehe des Hammersteiner Grafen noch einmal zum Gegenstand der Beratung geworden. Da Aribo sich einst scharf gegen diese Verbindung ausgesprochen hatte[70], dürfte ihm auch 1027 an einer Trennung der Verwandtenehe gelegen gewesen sein. Doch Konrad, wohl nicht zuletzt eingedenk der eigenen Ehe und ihrer kirchenrechtlichen Problematik und voller Verständnis für die Situation der konradinischen Verwandten, ließ es dazu nicht kommen und beendete das Verfahren, das auf seinen Wunsch hin abgebrochen wurde. Die schwer geprüften Gatten konnten fortan, bis zu Ottos Tode im Jahre 1036, ungehindert in ehelicher Gemeinschaft leben; der in Ehefragen rigorose Aribo jedoch mußte sich düpiert vorkommen.

1025 freilich mochte sich Konrad noch nicht so eindeutig gegen seinen Förderer stellen. Das Offenhalten des Gandersheimer Problems, die immer nur temporären Lösungen, die vorgeschlagen wurden, halfen ihm dabei, unbeschadet aus der schwierigen Situation herauszukommen und sich als Pragmatiker der Macht zu profilieren. Doch bald schon sollte er sich vor einem weiteren schwierigen Problem sehen. Von Grone aus ist der König nämlich über Fulda nach Schwaben gezogen, wo er am 18. April in Augsburg das Osterfest feierte – und hier brach ein Konflikt mit seinem Vetter, dem jüngeren Konrad, aus. Über die Hintergründe sind wir zwar nicht informiert, aber offenbar forderte der jüngere Salier den Lohn für seinen Verzicht auf die Thronkandidatur, verlangte er die in Kamba in Aussicht gestellte Teilhabe an der Herrschaft, die ihm bisher nicht gewährt worden war – und auch künftig nicht über das übliche Maß hinaus gewährt werden sollte. Das sich hier abzeichnende Problem allerdings – und darüber dürfte sich der König völlig im klaren gewesen sein – bedurfte einer beide Seiten zufriedenstellenden Lösung, wenn zukünftig nicht schwere Auseinandersetzungen ausbrechen sollten.

Zunächst jedoch setzte Konrad seinen Ritt durch das Reich fort. Anfang Mai hielt er in Regensburg einen Hoftag ab und präsentierte sein Königtum an diesem alten bayerischen Zentralort. Offenbar faßte er von hier aus auch die Südostecke des Reiches, das Kärntner Herzogtum, in den Blick. Diese Region ist ja mit der Geschichte seines Hauses eng verbunden gewesen, und gegen Adalbero, den Herzog aus dem Eppensteiner Hause, der 1011 die salische Herrschaft in Kärnten ablöste, hatte er ein halbes Jahrzehnt zuvor um Erbansprüche in Schwaben gekämpft[71]. Adalbero mag daher das salische Königtum mit einiger Sorge betrachtet haben, während Konrad der Jüngere vielleicht hoffnungsvolle Blicke auf Kärnten, das Herzogtum seines Vaters, warf. Doch der Eppensteiner, verheiratet mit Beatrix, der Schwester der Königin Gisela, brauchte sich keine Sorgen zu machen; Konrad wollte die bestehenden Verhältnisse nicht ändern. Zwar scheint er durch umfangreiche Landschenkungen andere Adlige aus dem Südosten begünstigt und damit ein Gegengewicht gegen den Eppensteiner geschaffen zu haben, doch dienten seine Maßnahmen offenkundig auch dem Landesausbau und der Grenzsicherung. Sie dürfen daher nicht – wie in der Forschung gelegentlich behauptet – ausschließlich als Spitze gegen Adalbero überbewertet werden – zumal wenn jene nicht näher bezeichnete Beatrix, die am 12. Mai 1025 vom König eine umfangreiche Landschenkung in der Gegend von Aflenz erhielt[72], die Gemahlin des Herzogs gewesen sein sollte (wie nicht zu Unrecht vermutet wird). Wie wenig gerechtfertigt die Annahme eines ununterbrochenen Gegensatzes zwischen dem salischen König und dem Eppensteiner Herzog ist, zeigt im übrigen auch die Frankfurter Synode von 1027, auf der Adalbero als des Königs Schwertträger fungierte[73].

Von Regensburg zog Konrad über Bamberg, vielleicht auch Würzburg, weiter nach Ulm und Tribur (bei Frankfurt) und kehrte schließlich nach Schwaben zurück, wo er am 6. Juni 1025 in Konstanz Pfingsten feierte. Hier kam er dann erstmals unmittelbar mit einem weiteren Herrschaftsraum in Berührung, der unter Anknüpfung an spätkarolingische Traditionen seit Otto dem Großen zur Herrschaftssphäre des nordalpinen Königtums gehörte: Der Erzbischof Aribert von Mailand suchte ihn mit anderen italischen Großen auf, huldigte ihm und lud ihn zur Übernahme der Herrschaft im Königreich Italien ein.

Unsichere Lage in Italien

Italien, seit der Übernahme der langobardischen Königswürde durch Karl den Großen im Jahre 774 Teil des karolingischen Herrschaftsraumes, war aus dem Auflösungsprozeß des Karolingerreiches als eigenes Staatswesen hervorgegangen; doch vermochte sich an seiner Spitze keine Herrscherfamilie auf Dauer zu behaupten, und das Königtum blieb letztlich schwach. Erst mit der Übernahme der Herrschaft durch Otto den Großen trat hier seit der Mitte des 10. Jahrhunderts eine Änderung ein, die zu einer dauerhaften Verbindung (nicht Verschmelzung!) des italischen mit dem ostfränkisch-ottonisch-salischen Reich, dem späteren *regnum Theutonicum*, führte. Allerdings blieb dieser Zusammenschluß nicht ungefährdet; und eine nicht unerhebliche Oppositionsgruppe italischer Großer wählte nach dem Tode Ottos III., der Rom und Italien zu einer Kernzone seiner Kaiserherrschaft gemacht hatte, den Markgrafen Arduin von Ivrea zum König, gegen den sich Heinrich II., gestützt auf den italischen Episkopat, nur allmählich durchzusetzen vermochte.

Auch nach dem Tode des letzten Liudolfingerherrschers blieb die Lage in Italien nicht stabil, da die weltlichen Großen unabhängig von der Entscheidung in Kamba nach einem eigenen König suchten. Wenn der Kaplan Wipo in seinem Bemühen, das Geschehen von Kamba als eine idealtypische Wahl zu schildern, etwa zwei Jahrzehnte nach den Ereignissen behauptet[74], die italischen Fürsten hätten allein wegen der Kürze der Zeit nicht an den Wahlverhandlungen teilgenommen, dann trifft er sicherlich nicht das Richtige. Ein zeitgenössischer Brief des Abtes Bern von der Reichenau an einen italischen Bischof (wohl Alberich von Como)[75] zeigt vielmehr deutlich, daß 1024 überhaupt keine Absicht bestand, italische Magnaten an der Königswahl teilnehmen zu lassen; vielmehr sollten diese ganz auf das Urteil ihrer nordalpinen Standesgenossen vertrauen, sich ruhig verhalten und schließlich den neuen König anerkennen. Was Bern forderte, entsprach völlig dem Brauch, denn Angehörige eines anderen Reiches nahmen in der Regel nicht an der Königswahl der ostfränkisch-deutschen Fürsten teil und konnten sich ihr daher später lediglich für ihren eigenen Herrschaftsraum anschließen. Wipo hingegen ging offenbar von einer Integration sämtlicher Teile des Imperiums aus[76], von einem Zusammenschluß schon auf der Ebene des Königtums, der die Grenzen zwischen den Reichen verwischt hätte, allerdings weder in der politischen Realität vollzogen war noch jemals vollzogen werden sollte und letztlich allein einer politischen Wunschvorstellung des Historiographen (und vielleicht auch einem verfassungspolitischen Programm am Hofe Heinrichs III.) entsprach.

Wie weit Wipos Ansichten von der politischen Wirklichkeit entfernt waren, zeigen die Aktivitäten, die die italischen Großen bald nach Heinrichs II. Tode entfalteten und die, wie Bern von der Reichenau nicht zu Unrecht befürchtete, zu einer Trennung der beiden Königreiche hätten führen können. Der Gegensatz zwischen weltlichen und geistlichen Magnaten verhinderte 1024 auf der Apenninenhalbinsel zwar ein einheitliches Vorgehen, nicht jedoch die Suche nach einem eigenen König. Dabei spielten ‚nationale' Momente überhaupt keine Rolle, wie schon allein die Tatsache lehrt, daß die italischen Adligen diesmal anders als 1002 den Königskandidaten nicht in ihren eigenen Reihen suchten, sondern sich zunächst an den kapetingischen König Robert II. und seinen ältesten Sohn Hugo wandten und, als diese ablehnten, den frommen und klugen, aber schon betagten Herzog Wilhelm V. von Aquitanien aufsuchten, der sich zwar nicht mehr persönlich auf ein italisches Abenteuer einlassen wollte, wohl aber – wenn auch nicht ohne Zögern und Bedenken – bereit war, die Kandidatur seines gleichnamigen Sohnes gutzuheißen.

Der Wunsch großer Teile des ober- und mittelitalischen Adels nach einem König, der nicht in der Tradition der Ottonen stand, erklärt sich hauptsächlich aus dem Rückhalt, den der italische Episkopat in seinen Auseinandersetzungen mit diesen Adelsgewalten am ottonischen Königtum fand. Dieses stützte sich – besonders seit Heinrich II., der in steigendem Maße Geistliche aus seinem transalpinen Reich auf die italischen Bischofssitze befördert hat – in erheblichem Umfang auf die Kirchen, die entsprechend ausgestattet wurden und deren Vorsteher daher ein lebhaftes Interesse an der Fortführung des bisherigen Regierungssystems besaßen. Es waren mithin politische Gegensätze und

Machtfragen, die Reichsitaliens Führungsschicht 1024 spalteten und eine Fürstengruppe zur Königssuche nach Frankreich trieben. Von den ober- und mittelitalischen Markgrafen fand sich nur Bonifaz von Canossa, die Tradition seines Hauses fortsetzend, zur Unterstützung des Saliers bereit, während Rainer von Tuszien (Toskana), die Markgrafen von Turin, die Aledramiden (in Ligurien und dem südlichen Piemont) und die Otbertiner (mit ihren weitreichenden Verbindungen in ganz Ober- und Mittelitalien) in Opposition gingen.

Über diese Verhältnisse, die ihm kaum verborgen geblieben sein konnten, und über die unsichere Lage in Italien erhielt der Salier in Konstanz zweifellos genauere Kunde durch Aribert von Mailand und dessen Gefolge. Ohne Zweifel wird Konrad dabei auch schon seine Absicht bekundet haben, die lombardische Krone in Fortführung der ottonischen Tradition zu erwerben und dann weiter nach Rom zu ziehen, um dort, wie es seit der Mitte des 9. Jahrhunderts Brauch geworden war, das Kaiserdiadem aus den Händen des Papstes zu empfangen. Nur mußte er die Ausführung dieses Vorhabens so lange hinausschieben, bis seine Herrschaft nördlich der Alpen genügend gefestigt war. Während dieser Zeit jedoch war er gezwungen, allein auf den italischen Episkopat als Sachwalter seiner Interessen im *regnum Italiae* zu vertrauen, auch wenn seine persönliche Anwesenheit dringend geboten schien, wie ihm ein anderer Vorfall deutlich vor Augen führte.

Nach Konstanz war nämlich auch eine Abordnung aus Pavia, dem alten Hauptort des langobardischen Königreiches, gekommen. Hier hatten die Bürger auf die Kunde von Heinrichs II. Tod die Pfalz, die über Jahrhunderte hinweg als Verwaltungszentrum gedient hatte und, obwohl die Zentralverwaltung schon längst in Verfall geraten war, immer noch einen gewissen Symbolwert besaß, bis auf die Grundmauern zerstört und mit diesem Akt der Auflehnung weit über die Grenzen Italiens hinaus Aufsehen erregt. Von Konrad über ihr rebellisches Verhalten zur Rede gestellt, sollen sie das Werk der Vernichtung mit dem Hinweis entschuldigt haben, daß das Gebäude zu einem Zeitpunkt niedergelegt worden sei, als es keinen König gab, und mithin sei auch niemand geschädigt worden. Sie beriefen sich also auf die zeitübliche Vorstellung vom personalen Charakter der Herrschaft, die, da sie an Personen gebunden war, nicht von Dauer sein konnte und deren materielles Substrat gleichsam herrenlos wurde, wenn der Träger der Herrschaft ausfiel. Deswegen, so erklärte die Paveser Gesandtschaft, könne auch nicht rechtlich gegen die Bürger vorgegangen werden.

Dieser (nach modernem Staatsverständnis zweifellos äußerst sophistisch klingenden) Argumentation hielt Konrad – zumindest wenn wir Wipos Bericht Glauben schenken – ein völlig anderes, ein transpersonales Verständnis von der Königsgewalt entgegen, das er (oder sein späterer Biograph) in die berühmt gewordenen Worte kleidete: „Ich weiß, daß ihr nicht eures Königs Haus (*domum regis*) zerstört habt, denn damals hattet ihr ja keinen [König]. Aber ihr könnt nicht leugnen, daß ihr einen Königspalast (*domum regalem*) zerstört habt. Ist der König tot, so bleibt doch das Reich bestehen, ebenso wie ein Schiff bleibt, dessen Steuermann gefallen ist". Daher habe es sich um öffentliche und nicht um private Gebäude gehandelt, die, obwohl fremdem Recht unterworfen, abgerissen worden seien. Wer sich aber an fremdem Gut vergreife, verfalle des Königs Gerichtsbarkeit – weswegen sich auch die Pavesen strafbar gemacht hätten.

Unvereinbar wie diese Rechtsauffassungen waren, konnte der Konflikt nicht beigelegt werden. Pavia verharrte daher weiter in Opposition zur salischen Herrschaft und behauptete sich auch nach der späteren Unterwerfung: Die zerstörte Pfalz wurde niemals mehr aufgebaut. Unbeeinflußt davon haben die Worte Konrads (oder Wipos) in der historischen Forschung eine sehr starke Beachtung gefunden, zeugen sie doch von einer zukunftsweisenden Auffassung vom Staatswesen, das als eine von der Person des Herrschers unabhängige und dauerhafte Institution begriffen wird, als eine transpersonale Größe eigenen Rechts. Doch sollte man aus solchen Äußerungen über transpersonale Staatsvorstellungen, auch wenn sie aus königlichem Munde fielen, im frühen Mittelalter nicht vereinzelt blieben und gelegentlich schon in karolingischer Zeit anzutreffen sind[77], keine zu weitreichenden Schlüsse ziehen auf einen Wandel des Staatsverständnisses, auf einen ‚Verstaatungsprozeß' der mittelalterlichen Herrschaftsverhältnisse und das Werden ‚moderner Staatlichkeit': Bis weit in die Neuzeit hinein blieb nämlich der ‚staatliche Bereich' von personalen Strukturen und persönlicher Herrschaft geprägt und kaum von Institutionen. Wohl aber legen Konrads Worte Zeugnis ab von einem lebendigen Kontinuitätsbewußtsein, von einem herrscherlichen Selbstverständnis, das den König in der unmittelbaren Rechtsnachfolge seiner Vorgänger sieht und bald – gleichsam als Regierungsprogramm – beim Erwerb des burgundischen Königreichs von ausschlaggebender Bedeutung werden sollte.

Anspruch auf die burgundische Nachfolge

Mit tieferen Einsichten in die italischen Probleme, doch noch ohne Möglichkeit, sie zu lösen, zog Konrad von Konstanz weiter nach Zürich, wo sich andere italische Große zur Huldigung einfanden. Dann ging es nach Basel, wo sich der Salier Ende Juni 1025 aufhielt und den Kleriker Udalrich zum Bischof erhob. Dieser Investiturakt setzte zweifellos ein besonderes Signal, denn Heinrich II. hatte die Stadt erst 1006 (zurück)erworben. Im 10. Jahrhundert gehörte sie die meiste Zeit zum Königreich Burgund. Dieses Herrschaftsgebilde war ebenso wie das Ost- und Westfrankenreich, Italien und Niederburgund (Provence) aus dem Auflösungsprozeß des karolingischen Großreiches hervorgegangen, ohne jedoch dauerhafte Gestalt annehmen zu können. Das Königtum blieb schwach und auch, nachdem es in den dreißiger Jahren des 10. Jahrhunderts Niederburgund hatte angliedern können, weitgehend auf den nördlichen Reichsteil und das Gebiet um den Genfer See beschränkt. Vielfach verwandt und verschwägert mit den aus der fränkischen Führungsschicht hervorgegangenen Fürstenhäusern des kontinentalen Europa, blieb das burgundische Königtum der Rudolfinger, eines Zweiges der älteren Welfen, beständig bedroht. Es bedurfte, besonders unter Otto dem Großen, der schirmenden Hand des nördlichen Nachbarn, der zur Schutzmacht wurde und offenbar auch die Lehnsoberhoheit gewann.

Als sich abzeichnete, daß der burgundische Herrscher Rudolf III. ohne thronfolgefähigen Sohn bleiben könnte, setzte Heinrich II. während seiner Regierungszeit alles daran, die Nachfolge zu seinen Gunsten zu entscheiden. Er konnte sich dabei nicht nur auf das besondere Verhältnis zwischen den beiden Reichen berufen, sondern auch auf seine Verwandtschaft mit dem Rudolfinger: Heinrichs Mutter Gisela war als Schwester Rudolfs III. eine Tochter Konrads von Burgund, der Liudolfinger selbst ist mithin der Enkel eines burgundischen Königs und deshalb erbberechtigt gewesen. Wohl als Faustpfand zur Sicherung seines Erbanspruchs erhielt Heinrich 1006 Basel. 1016 und 1018 wurde die Nachfolge unter Einbeziehung der burgundischen Großen zusätzlich vertraglich gesichert, als Rudolf dem Kaiser sein Reich auftrug und es in einem symbolträchtigen Investiturakt als Lehen zurückerhielt.

Durch Erbrecht und Vertrag schien die burgundische Nachfolgefrage also endgültig gelöst; Heinrich II. konnte daher sogar in die inneren Verhältnisse Burgunds eingreifen und einen Feldzug in das Nachbarreich unternehmen. Trotzdem traf das Unerwartete ein: Der Neffe starb vor dem Oheim, Rudolf III. überlebte Heinrich II. um acht Jahre – und damit drohte das feingesponnene Netz der Nachfolgeregelung zu zerreißen, denn Heinrichs Überleben bildete natürlich die unausgesprochene Voraussetzung für das Vertragswerk. Zumindest aus Sicht des burgundischen Adels, aber wohl auch nach Rudolfs Verständnis war die Erbfrage nach dem Tod des kinderlosen Liudolfingers wieder offen – und dies nicht zuletzt auch deshalb, weil Konrad II. selbst keine verwandtschaftlichen Beziehungen zum burgundischen Königshaus besaß.

Der Salier freilich fühlte sich – wie bei seiner Haltung gegenüber der Paveser Gesandtschaft – als Rechtsnachfolger des Vorgängers, trat daher voll und ganz in dessen vertraglich gesicherte Ansprüche auf Burgund ein und meldete diese unüberhörbar an, als er Basel ohne Zögern in Besitz nahm und hier einen Hoftag feierte sowie einen Bischof einsetzte.

Opposition im Reich

Mit der Schilderung von Konrads Machtdemonstration gegenüber dem Königreich Burgund endet Wipos Bericht über den königlichen Umritt, der den Salier binnen zehn Monate durch alle wichtigen Regionen des Reiches geführt hatte: durch Lothringen, Sachsen, Schwaben, Bayern und Franken. Trotzdem hatte der Königsritt seinen Zweck noch nicht völlig erfüllt und konnte daher in Basel keinesfalls als beendet gelten, hatten sich die lothringischen Großen doch noch immer nicht für das salische Königtum erklärt. Ihre Anerkennung zu gewinnen, mußte daher Konrads dringendstes Anliegen sein – zumal sich ein Unwetter zusammenbraute und ein Sturm loszubrechen drohte, der seiner Herrschaft gefährlich werden konnte.

Die Zusammenhänge und der zeitliche Verlauf der Ereignisse bleiben weitgehend im Dunkeln. Sicher ist nur, daß in der Mitte des Jahres 1025 die verschiedenen Oppositionsgruppen gegen Konrad zusammenfanden: die Herzöge Ernst von Schwaben, Friedrich von Oberlothringen und Konrad der Jüngere, zu denen sich noch der schwäbische Graf Welf II. gesellte. Die Motive ihres Handelns werden nicht berichtet, können aber, zumindest in groben Zügen, erschlossen werden. Schon im April hatte sich in Augsburg der Unmut des jüngeren Konrad heftig geäußert – offenkundig wegen der ausgebliebenen Abfindung für den Verzicht auf die Thronkandidatur. Nun ging der Vetter des Königs in die Offensive und fand dabei – wie schon in Kamba – die Unterstützung seines Stiefvaters, des oberlothringischen Herzogs. Welfs Haltung wurde vielleicht schon im Sommer 1025 durch den später sichtbar werdenden Gegensatz

69

zu Bischof Bruno von Augsburg, dem Bruder des verstorbenen Kaisers und einem der engen Vertrauten des Saliers, bestimmt. Überraschend jedoch ist die Opposition des schwäbischen Herzogs Ernst II.

Dieser war als Sohn der Königin Gisela aus ihrer Ehe mit dem Babenberger Ernst I. von Schwaben ein Stiefsohn des Saliers. Er war über seine Großmutter mütterlicherseits aber auch ein Urenkel des burgundischen Königs Konrad und damit einer der Aspiranten, die auf das burgundische Erbe Anspruch erheben konnten. Gerade wegen dieser Aussicht jedoch könnte er sich durch Konrads II. Basler Aktion in jugendlichen Zukunftshoffnungen gestört gefühlt haben, denn der Anspruch, den der Stiefvater unüberhörbar auf das Königreich Burgund angemeldet hatte, verkürzte die eigenen Chancen. So mag es kein Zufall gewesen sein, wenn Wipo berichtet, der König habe das Herzogtum Schwaben in wohlgeordnetem Zustand, und das heißt ja doch auch: in Eintracht mit seinem Stiefsohn, verlassen, und die Feindschaft zwischen den beiden erst nach dem königlichen Aufenthalt in Basel erwähnt. Ernsts spätere Aktivitäten in Burgund stützen zudem die Annahme, der Streit zwischen Stiefvater und -sohn sei über die burgundische Erbfrage ausgebrochen. Möglicherweise verwoben sich in diese Konstellation zusätzlich noch genuine Probleme des schwäbischen Herzogtums[78], das ja an das Königreich Burgund grenzte. Da sich der Herzog schließlich als unerbittlicher Widersacher des Saliers entpuppte, wird man freilich auch noch mit tieferreichenden Gründen für seine Opposition rechnen dürfen: mit einem persönlichen Gegensatz zwischen Stiefsohn und Stiefvater.

Fürstliche Opposition gegen den König, die sich zu blutigen Konflikten steigern konnte, ist im ottonischen Reich nichts Ungewöhnliches gewesen. Sie gründete letztlich immer in einem adligen Selbstverständnis, das den König lediglich als primus inter pares akzeptierte und den schwertführenden Herren das eigene Recht, wenn es wirklich oder auch nur vermeintlich verletzt oder geschmälert wurde, selbstbewußt und – wenn nötig auch gegen den König – mit der Waffe in der Hand verteidigen ließ. Königsherrschaft bedeutete im frühen Mittelalter daher in einem hohen Maße die Berücksichtigung adliger Interessen, die zwischen rivalisierenden Gruppen, aber auch im Verhältnis zum Königtum ausgeglichen werden mußten. Da der Herrscher angesichts kaum vorhandener Verwaltungsinstitutionen auf den Adel angewiesen war bei der Regierung des Reiches, die Fürsten daher Anteil hatten an der Herrschaft und starken Einfluß nehmen konnten auf die königliche Politik, kann man von einem Dualismus sprechen, der das Staatswesen prägte: König und Adel trugen das Reich. Das Verhältnis zwischen beiden Kräften bedurfte deshalb sorgfältigster Aufmerksamkeit und mußte praktisch beständig neu bestimmt werden. Ging der König dabei zu heftig oder zu einseitig vor, konnte er hartnäckige Widerstände provozieren.

Diese brauchten sich – wie etwa in den Anfängen Ottos des Großen – nicht immer unbedingt gegen die königliche Herrschaft selbst oder gar gegen Leib und Leben des Königs zu richten, sie dienten oftmals auch dazu, Forderungen anderer Art durchzusetzen; aber sie bargen immer die Gefahr einer heftigen Erschütterung von Königtum und Reich in sich. Wie ernst 1025 die Lage für Konrad II. wirklich gewesen ist, läßt sich freilich nur noch vermuten. Bedrohlich war die Verbindung zwischen den verschiedenen Oppositionsherden allemal, zumal der lothringische Adel immer noch auf Distanz hielt und sich ein Zusammengehen mit Kräften aus dem Reich der Kapetinger abzuzeichnen begann. Wilhelm V. von Aquitanien hatte nämlich, um einen Romzug des Saliers zu verhindern und dadurch die italischen Ambitionen seines gleichnamigen Sohnes zu fördern, König Robert II. gebeten, die Lothringer und besonders den Herzogssohn Friedrich in der Ablehnung von Konrads Königtum zu bestärken. Der Kapetinger scheint schließlich sogar an einen Einfall in das Reich gedacht zu haben. Wenn dieser, was allerdings völlig unklar ist, im Zusammenspiel mit Konrads lothringischen, fränkischen und schwäbischen Widersachern geschehen sollte, dann wäre die Gefahr für das neue Königtum nicht unbeträchtlich gewesen.

Konrad selbst jedoch scheint die Lage weniger bedrohlich und – wie das Ende lehrt – durchaus richtig eingeschätzt und auf die ganze Angelegenheit mit Geringschätzung reagiert zu haben. In der Tat verzog sich das Unwetter, ohne zur Entladung gekommen zu sein. Wipo spricht zwar von zahlreichen Anschlägen der Gegner Konrads, doch fanden sie in den übrigen Quellen keinen Widerhall. Auffällig ist auch, daß von keinen Gegenmaßnahmen des Saliers berichtet wird. Von Basel aus war Konrad über Straßburg, Speyer und Worms nach Tribur gezogen, wo er am 26. Juli einen Hoftag abhielt und vielleicht schon Vorbereitungen für den Romzug getroffen worden sind. Die längste Zeit des Sommers und des Herbstes scheint er sich in seiner rheinfränkischen Heimat aufgehalten zu haben und unternahm im Herbst nur einen Abstecher nach Sachsen, wo er am 1. November in der Pfalz Bodfeld nachweisbar ist. Ob er sich aus politischen Gründen in den Harz begeben hatte oder um hier der königlichen Jagdleidenschaft zu frönen oder um, wie beschlossen worden war, seine Tochter Beatrix persönlich der Äbtissin Adelheid von Quedlinburg zur Erziehung anzuvertrauen, all dies entzieht sich der Kenntnis der Nachwelt. Anfang Dezember jedenfalls war er wieder in

Tribur und zog von dort nach Aachen, um an symbolträchtiger Stätte Weihnachten zu feiern. Wie ein Jahr zuvor in Minden konnte er bei den Festlichkeiten die noch ausstehende Huldigung von Großen entgegennehmen, die bislang in Distanz verharrt hatten: Diesmal waren es die Lothringer mit den Herzögen Gozelo und Dietrich, dem Vater des aufständischen Friedrich, an der Spitze, die – als letzte – sein Königtum anerkannten.

Rund 15 Monate nach der Wahl hatte Konrad seine Herrschaft umfassend konsolidiert und vom gesamten Reich Besitz ergriffen. Ob er dabei die letzten Monate, über die die Quellen nahezu völlig schweigen, mit offenen oder verborgenen Aktivitäten gegen seine Widersacher verbracht hat oder ob er mit ruhiger Gelassenheit den Zusammenbruch der Opposition abwartete, bleibt unbekannt. In Lothringen könnte immerhin der Pfalzgraf Ezzo, der Schwiegersohn Kaiser Ottos II., zu seinen Gunsten gewirkt haben. Mit der Huldigung der Lothringer ist natürlich auch der Opposition Konrads des Jüngeren und Ernst II. der Boden weitgehend entzogen worden. Mit Unterstützung von außen konnten sie gleichfalls nicht mehr rechnen, nachdem Wilhelm V. von Aquitanien sich auf einer Reise durch Italien von der Aussichtslosigkeit einer Kandidatur seines Sohnes überzeugt und das gesamte Thronprojekt abgeblasen hatte und auch der Kapetinger Robert II. durch innere Angelegenheiten von militärischen Interventionen ins Reich abgehalten wurde. Ob sich Herzog Ernst daher schon in Aachen seinem Stiefvater wieder genähert hat, steht zwar nicht fest, doch ist er spätestens Anfang Februar 1026 wieder in der Umgebung des Königs nachweisbar.

Auf dem Weg nach Italien

Nun erst war der Umritt, die Etablierung der Herrschaft und die Durchsetzung des neuen Königtums, wirklich beendet. Konrad hatte sein Reich und die meisten Probleme, die ihn während seiner Regierungszeit beschäftigen sollten, kennengelernt, und die Art und Weise, wie er sie in Angriff nahm, die zupackende Energie, die ihn dabei auszeichnete, dürften ihren Eindruck kaum verfehlt haben. Gleichsam von Tag zu Tag scheint sein Ansehen gewachsen zu sein; und vielleicht hat sich dabei wirklich, wie Wipo berichtet, schon sehr früh der Vergleich mit Karl dem Großen aufgedrängt. Nach dem erfolgreichen Beginn seiner Königsherrschaft konnte der Salier jedenfalls sehr rasch in die Fußstapfen Karls des Großen und Ottos des Großen treten und durch den Erwerb der Kaiserkrone die letzte Etappe seines Aufstiegs hinter sich und die höchste Würde der abendländischen Christenheit an sich bringen.

Mit dem Zug von Aachen über die oberlothringische Metropole und alte Kaiserstadt Trier nach Augsburg begann zweifellos eine neue Phase von Konrads Herrschaft. Spätestens auf dieser Reise stieß Ernst zum Gefolge des Stiefvaters und erlangte im Februar 1026 die königliche Gnade wieder. Ein gutes Wort hatten seine Mutter, die Königin, für ihn eingelegt und ebenfalls der Halbbruder Heinrich, der hier in Augsburg auf Bitten der Fürsten, wie Wipo betont, vor allem aber wohl auf Wunsch des Vaters, von dem der Kaplan jedoch schweigt, zum Nachfolger in der Königswürde designiert und dem Augsburger Bischof Bruno, dem Bruder Kaiser Heinrichs II., zu Schutz und Erziehung anvertraut worden ist. Der Liudolfinger, der höchstes Vertrauen genoß, nahm damit für die Zeit von Konrads Abwesenheit die Stellung eines Regenten im Reich ein und hatte dabei vor allem die noch im Aufruhr verharrenden Großen zu beobachten und – wenn nötig – in Schach zu halten. Auf solche Weise für alle Eventualitäten gewappnet und die Nachfolge seines Sohnes gesichert wissend, konnte der Salier wohl in der zweiten Februarhälfte den Zug über die Alpen antreten. Mit stattlichem Gefolge, unter dem sich auch Herzog Ernst befand, und reichlicher Bedeckung brach der Salier in den südländischen Frühling auf: Am 23. März 1026 ist er in Mailand.

Rom: Die Kaiserkrönung

Zug durch Oberitalien

Das Kaisertum wurzelte in antiken Traditionen und religiösen Vorstellungen. Es war die höchste Würde der Christenheit, besaß nach verbreiteter Ansicht eine heilsgeschichtliche Dimension und verlieh seinem Träger einen Vorrang vor allen anderen weltlichen Gewalten, jedoch keine direkten Eingriffsrechte in die Angelegenheiten der übrigen Königreiche, deren Herrscher ihre Souveränität bewahrten. Es verlieh auch keine zusätzliche Macht. Im Gegenteil: Eine gesicherte Machtposition bildete die Voraussetzung für den Griff nach der Kaiserkrone und für die Erfüllung der wesentlichsten kaiserlichen Aufgabe, der *defensio Romanae ecclesiae*, für den Schutz der römischen Kirche und ihres Hirten – für eine vornehme Pflicht immerhin, die sich gelegentlich gar zur Verteidigung des christlichen Glaubens und der ihn bekennenden Völker ausweiten konnte. Seit spätkarolingischer Zeit war der Erwerb der Kaiserwürde an Rom und daher an die Herrschaft über Nord- und Mittelitalien sowie an die Krönung durch den Papst gebunden; seit Otto dem Großen blieb das Kaisertum dauerhaft mit dem ostfränkisch-deutschen Königtum verknüpft, dessen Träger es freilich nach ihrer Wahl immer wieder in der Tiberstadt zu erneuern hatten und sich dafür römische Kaiser und schließlich, bevor sie zum *imperator Romanorum* erhöht waren, gar römische Könige nannten (während sie den Titel eines deutschen Königs nie offiziell führten).

Der Salier knüpfte also an eine große Tradition an, als er über den Brenner und durch die Veroneser Klausen nach Italien zog. Daß der Weg zum Kaiserthron nicht mühelos sein würde, wird Konrad II. angesichts der Opposition des Adels und der meisten Markgrafen Italiens bewußt gewesen sein; wie schwierig er sich jedoch tatsächlich gestalten sollte, erfuhr er erst in der Sommerglut des Südens. Ob er während seines Aufenthalts in Mailand zur Bekräftigung seines Herrschaftsanspruchs von Erzbischof Aribert zum italienischen König gekrönt worden ist, wie es sowohl die noch unentschiedene Lage in Italien als auch das Beispiel seines liudolfingischen Vorgängers, dem am 15. Mai 1004 vom Mailänder Erzbischof Arnulf in Pavia die Krone aufgesetzt worden war, nahelegten,

Italien im
10. Jahrhundert
KGR. KROATIEN
LOMBARDEI
TUSCIEN
HZT. SPOLETO
PATRIMONIUM PETRI
FSM. BENEVENT
FSM. CAPUA
LANGOBARDIA
BYZ. REICH
KALABRIA
EMIRAT SIZILIEN
KORSIKA
SARDINIEN
Säben
Sitten
Trient
Belluno
Feltre
Aquileja
Ivrea
Como
Bergamo
Treviso
Verona
Turin
Susa
Mailand
Mantua
Padua
Venedig
Pavia
Cremona
Asti
Piacenza
Saluzzo
Parma
Reggio
Savona
Modena
Genua
Canossa
Bologna
Ravenna
Ventimiglia
Luna
Faenza
Lucca
Rimini
Florenz
Fano
Pisa
Urbino
Ancona
Arezzo
Volterra
Gubbio
Macerata
Siena
Perugia
Fermo
Grosseto
Orvieto
Soana
Spoleto
Viterbo
Sutri
Rieti
Chieti
Rom
Ostia
Tivoli
Tusculum
Lucera
Siponto
Anagni
Troia
Terracina
Gaeta
Andria
Trani
Bari
Capua
Benevent
Neapel
Melfi
Amalfi
Salerno
Brindisi
Tricarico
Matera
Lecce
Tarent
Agropoli
Otranto
Policastro
Rossano
Cosenza
Santa Severina
Squillace
Messina
etwa 100 km
Trapani
Palermo
Cefalu
Reggio
Caltabellotta
Girgenti
Enna
Catania
Syrakus
Reichsgrenze
Byzantinische Reichsgrenze
Erzbistum oder Patriarchat

ist jedoch keinesfalls sicher, da es keine eindeutigen Nachrichten über eine Krönung gibt und diese zudem von keiner Tradition zwingend gefordert wurde.

Wie es aber auch immer gewesen sein mag, von Mailand aus zog Konrad nach Vercelli, feierte hier am 10. April zusammen mit dem schon vom Tode gezeichneten Bischof Leo, dem über Jahrzehnte hinweg loyalen Sachwalter der italischen Interessen des ottonisch-salischen Königtums, das Osterfest und marschierte dann, die Lombardei durchquerend, nach Pavia. Verstärkung war dem Heer von seinen Anhängern zugeführt worden, seitdem der Salier den Boden Italiens betreten hatte. Vor allem genoß er die volle Unterstützung Ariberts von Mailand, der nach dem Tode Leos von Vercelli allein an der Spitze der salierfreundlichen Partei stand und sich in des Königs Huld sonnen konnte.

Ob Konrad die langobardische Königsstadt und ihre immer noch renitenten Einwohner regelrecht belagerte, ist nicht sicher, aber er verwüstete das Umland Pavias, brach Burgen auch seiner markgräflichen Gegner und legte Handel und Schiffahrt lahm, bevor er sich, den unbezwungenen Gegner hinter sich lassend, den Po abwärts wandte. Macht demonstrierend und Privilegien verleihend oder bestätigend, kam er bis Ravenna, dem alten kaiserlichen Verwaltungszentrum und ehemaligen Sitz Theoderichs des Großen. Vielleicht plante er, da ihm der tuszische Markgraf den Weg durch die Mitte Italiens versperrte, die Adria entlang nach Süden und dann, nach Westen einschwenkend, auf Rom vorzustoßen. Doch blieb im schließlich nichts anderes übrig, als den Rückzug anzutreten.

In Ravenna ist einer jener Tumulte ausgebrochen, von denen die Quellen bei Italienzügen häufig berichten. Der Anlaß dürfte in der Regel nichtig gewesen sein, führte aber oft zu heftigen Prügelszenen zwischen den Stadtbewohnern und den ihnen lästigen Einquartierten und manchmal sogar zu richtigen Scharmützeln. In Ravenna gingen die Wogen offenbar hoch, als die Einwohner versuchten, die Einquartierung mit Gewalt loszuwerden. Es kam zu blutigen Straßenschlachten, doch hatten die königlichen Truppen schon wieder das Heft in der Hand, als Konrad selbst herbeieilte, um Frieden zu stiften. Anderntags erschienen die Ravennaten im Büßergewandt vor dem König und leisteten die geforderte Genugtuung. Einem seiner Krieger, dem im Gefecht der Fuß abgeschlagen worden war, soll der Salier damals die Lederstiefel als Entschädigung mit Münzen gefüllt haben.

Der Ravennater Aufruhr muß sich im Juni oder Juli 1026 ereignet haben. Jedenfalls hatte der Sommer an Kraft gewonnen, und die südliche

Sonne ließ die Hitze unerbittlich steigen. Die Plage wurde für Mensch und Tier unerträglich. Konrad sah sich deshalb veranlaßt, nach Norden zu ziehen. Allein vor Gott und der Sommerglut sei der König gewichen, betont Wipo ausdrücklich und verschleiert damit möglicherweise weitere Gründe. Doch war die Entscheidung zur Umkehr angesichts leidvoller Erfahrungen früherer Heere zweifellos richtig. Der König zog sich in kühlere Gefilde, wahrscheinlich über die Etsch in die Tridentiner Alpen, zurück und genoß hier, großzügig unterhalten vom Mailänder Erzbischof, in schattiger Gegend und lauer Luft bis zum Herbst die Sommerfrische. Ein Teil seines fürstlichen Gefolges begab sich sogar in die Heimat, fand sich jedoch wieder im Heerlager ein, als der Salier erneut gegen Süden aufbrach. Von hier aus ist nach dem 15. September 1026 schließlich auch des Königs Stiefsohn Ernst, der zuvor die Reichsabtei Kempten als Lehen erhielt, in das schwäbische Herzogtum zurückgesandt worden, um die in der Heimat aufkeimende Unruhe zu bekämpfen, die gefährdete Ordnung wieder herzustellen und den Frieden zu sichern.

„Vom Teufel getrieben"

Bald erwies sich diese königliche Entscheidung als ein Fehler[79]. Ernst glättete nämlich nicht die Wogen, sondern peitschte sie weiter auf. Welf II., Konrads noch unbezwungener Widersacher, hatte offenbar die Abwesenheit des Königs genutzt, um seine Interessen zu fördern, und war dabei mit dem Regenten Bruno von Augsburg in eine kriegerische Auseinandersetzung geraten, in deren Verlauf er sogar die Bischofsstadt am Lech hatte einnehmen und plündern können. Statt nun gegen dieses wilde Gebaren vorzugehen und für Ruhe und Ordnung zu sorgen, schloß sich Ernst erneut der Opposition an – *instigante diabolo*: vom Teufel getrieben und auf Einflüsterung einiger seiner Vasallen, wie Wipo anmerkt.

Das ist natürlich eine Begründung, die dem modernen Historiker nicht genügt, der bei seiner Motivforschung jedoch wegen des Fehlens eindeutiger Nachrichten auf Mutmaßungen angewiesen bleibt. Ernsts Aktionen liefern dazu immerhin einige Aufschlüsse. Zunächst zog der Herzog nämlich gegen den elsäßischen Grafen Hugo von Egisheim, einen nahen Verwandten von König Konrads Mutter, dessen Sohn Brun, der spätere Reformpapst Leo IX. (1049–1054), erst im Frühjahr von dem salischen Herrscher zum Bischof von Toul erhoben worden war. Nachdem das Elsaß verwüstet und einige Egisheimer Burgen gebrochen, also ein treuer Parteigänger des Stiefvaters zumindest zeitweise ausgeschaltet war, wandte sich Ernst seinem eigentlichen Ziel zu und fiel in das Königreich Burgund ein. Das burgundische Erbe scheint also wirklich ein ausschlaggebendes Moment für die Taten des jungen Schwabenherzogs gewesen zu sein, der sich in seiner Sorge um den eigenen Erbanspruch bestätigt gefühlt haben mag, als sich Ende 1026 eine Annäherung Rudolfs III. an den Salier abzuzeichnen begann. König Rudolf hat seinen herzoglichen Großneffen daher auch eilig aus dem Lande vertrieben. Dieser mußte sich nach Schwaben zurückziehen, befestigte oberhalb von Zürich eine Burg und schädigte von hier aus die königstreuen Abteien St. Gallen und Reichenau.

Die Unternehmungen Herzog Ernsts waren insgesamt also nicht besonders erfolgreich, wie auch die Opposition gegen den salischen Herrscher auf der Stelle trat und eher erlahmte. Konrad der Jüngere, dessen Mutter, die Gemahlin des oberlothringischen Herzogs Friedrich, Kontakte mit dem im Gegensatz zum Reich stehenden polnischen König Mieszko II. pflegte[80], hielt sich deutlich zurück; und auch Herzog Friedrich, dessen Vater Dietrich am 2. Januar 1027 starb, bewahrte trotz aller persönlichen Distanz zum salischen König Ruhe und brach die auf Weihnachten 1025 beschworene Treue nicht. Selbst der Konflikt zwischen Welf II. und Bruno von Augsburg scheint abgeflaut zu sein, denn der Bischof konnte zusammen mit dem ihm anvertrauten Thronfolger nach Rom ziehen und an Konrads Kaiserkrönung teilnehmen.

Die Lage war zwar weiterhin gespannt, aber nicht ernst; ihre Bereinigung erforderte jedoch zweifellos die Anwesenheit des Herrschers, dessen Rückkehr aus Italien dann in der Tat ein rasches Erlöschen der Widerstände brachte, ein Ende jeglicher ernsthafter Opposition, ohne daß der Kaiser erkennbare Mühe darauf hätte verwenden müssen. Schon am 7. Juni 1027, bereits auf bayerischem Boden, hat Konrad die Grafschaft im Eisack- und Inntal, ehemaliger Besitz des Welfen, der diesem also zuvor entzogen worden war, an die Brixener Kirche übertragen[81] und damit nicht nur einen Widersacher getroffen, sondern zugleich auch den für seine Herrschaft wichtigen Zugang nach Italien über den Brenner gesichert. In der ersten Julihälfte erfolgte dann in Augsburg eine Beratung über den schwäbischen Aufstand, der sich in der zweiten Monatshälfte ein Hoftag in Ulm anschloß, auf dem es zur Unterwerfung von Ernst, Welf und vieler ihrer Anhänger kam. Während der Welfe für seine Handlungen Schadenersatz leisten mußte und vorübergehend gefangengesetzt wurde, verlor des Königs Stiefsohn sein Herzogtum und wurde auf dem Giebichenstein (nördlich von Halle an der Saale) inhaftiert.

Das war ein Ende, mit dem Ernst nicht gerechnet hatte. Er war im Vertrauen auf die Treue und große Zahl seiner Vasallen nach Ulm gekommen und hoffte offenbar, einen für sich günstigen Vergleich erzielen, oder, falls dies mißlänge, den freien Abzug, wenn nötig mit dem Schwert in der Hand, erzwingen zu können. Er wurde rasch eines anderen belehrt. Als er die Grafen an ihren Treueid erinnerte, den sie ihm als schwäbischem Herzog geleistet hatten, und dabei an ihre Ehre appellierte, erwiderten ihm die Grafen Friedrich und Anselm als Wortführer der übrigen Großen, es treffe zwar zu, daß sie ihm die Treue gegen jedermann geschworen hätten, jedoch nicht gegenüber dem König, dem Garanten ihrer eigenen Stellung als freie Leute, dem sie daher weiterhin verpflichtet seien. Dies war eine bemerkenswerte Antwort, die Ernst nur noch die Möglichkeit zum Nachgeben ließ, die aber auch die Gründe seines Scheiterns verdeutlicht: Solange es der herzoglichen Gewalt nicht gelang, den Adel des Herzogtums zu mediatisieren und allein auf sich selbst zu zentrieren, solange konnte das Königtum, wenn seine Forderungen als gerecht galten, Rückhalt an den Grafen und Großen finden. Dies ist Konrad offenbar gelungen und führte schließlich zum Untergang seines Stiefsohnes.

Diejenigen, die nach den Ulmer Ereignissen weiterhin im Widerstand verharrten, wurden mit Waffengewalt unterworfen. Am hartnäckigsten gebärdete sich zweifellos der Graf Werner von Kiburg, dessen Burg nach längerer Belagerung von Konrad selbst genommen wurde, ohne daß es gelang, des Widerspenstigen dabei habhaft zu werden. Was Werners tiefen Unwillen gegen den Salier erregte, bleibt ebenso unbekannt wie die Ursache für die eigentümliche Attraktion, die dieser unbeugsame Adlige auf den jungen Ernst ausübte. Ob er von Anfang an eine zur Auflehnung treibende Kraft gewesen ist, muß offen bleiben. Als Ernst aus der Haft entlassen worden war und schließlich sogar das schwäbische Herzogtum zurückerhalten hatte, riß Werner ihn jedoch mit in das Verderben.

Auf freiem Fuß befand sich Ernst schon wieder am 1. Juli 1028[82]; und auch die schwäbische Herzogswürde hatte er offenbar schon zu diesem Zeitpunkt, vielleicht unter Verzicht auf seinen Besitz von Weißenburg im bayerischen Nordgau[83], zurückerhalten. Die Begnadigung fand möglicherweise aus Anlaß der Krönung seines Halbruders Heinrich im gleichen Jahr statt. Der Kaiser mag sich um so leichter zu diesem Schritt bereit gefunden haben, als auch Konrad der Jüngere im Herbst 1027 zur Unterwerfung bereit gewesen war und nach einer kurzen Zeit in leichter Haft wieder in Gnaden aufgenommen sowie in seine alten Rechte eingesetzt werden konnte. Von diesem Zeitpunkt an gab es keine ernsthafte Oppositon mehr im Reich, der Rest von Konrads Regierungszeit verstrich ohne innere Erschütterungen.

Um so unverständlicher bleibt das weitere Verhalten von Herzog Ernst. Als ihn nämlich am 29. März 1030 der Kaiser auf dem Ingelheimer Osterhoftag aufforderte, sich eidlich zu verpflichten, gegen Werner von Kiburg wegen des fortgesetzten Landfriedensbruches einzuschreiten, weigerte sich der Herzog und wurde deshalb geächtet, seiner Würde entkleidet und samt seinen Anhängern von den Bischöfen exkommuniziert. Selbst die Kaiserin, seine Mutter, die bis zu diesem Zeitpunkt immer ein gutes Wort für ihn eingelegt haben dürfte, ließ ihn nun fallen und gelobte öffentlich, niemandem feind sein zu wollen, was auch immer ihrem Sohn zustoßen würde.

Während das schwäbische Herzogtum an seinen jüngeren, noch minderjährigen Bruder Hermann überging, hob sich für Ernst der Vorhang zum letzten Akt. Auf breitere Unterstützung im Reich durfte er nicht hoffen, aber auch die erbetene Hilfe aus dem Ausland, von dem Grafen Odo von der Champagne, einem Gegenspieler Konrads im Ringen um das burgundische Königreich, blieb aus. Hoffnungslos war des abgesetzten Herzogs Lage seit der offenbar ohne Zögern getroffenen Ingelheimer Entscheidung zugunsten der Freundschaft mit dem Grafen Werner, seinem Vasallen, ohnehin gewesen, jetzt wurde sie trostlos. Ernst und Werner zogen sich mit ihrem Anhang in die unwirtlichen Schluchten und Höhen des Schwarzwaldes zurück, wo die Burg Falkenstein (im Höllental?, an der Schiltach?) ihre letzte Zuflucht wurde, und machten die Gegend unsicher. Als sie hier in Bedrängnis gerieten, suchten sie, aus den schützenden Wäldern hervorbrechend, auf dem Plateau im Osten des noch unerschlossenen Gebirges, auf der Baar, die Entscheidung gegen ihre Verfolger. Sie fiel am 17. August 1030 nach heißem Kampfe, der dem von Wunden bedeckten Ernst und seinem Freunde Werner sowie weiteren Edlen Tod und Verderben brachte. In der Konstanzer Marienkirche fand Ernst seine letzte Ruhe.

Nicht ohne Sympathie schildert Wipo das Ende des Herzogssohnes, das wie der schaurige Ausklang eines urtümlichen Liedes von unverbrüchlicher Freundestreue klingt. Bemerkenswert bleibt dies allemal – besonders, da das Rätsel um das enge Verhältnis zwischen Ernst und Werner, das den jungen Babenberger die höchste politische und soziale Stellung mit dem Leben eines vogelfreien Vagabunden vertauschen ließ, ungelöst bleibt. Wenn man bedenkt, wie erbittert und am Ende wohl auch sinnlos und ohne Hoffnung auf fürstliche Unterstützung sich der junge Ernst immer wieder gegen Konrad stellte, dann ist wohl die Frage gestattet, ob sich in diesen Konflikt zwischen Stiefsohn und Stiefvater nicht auch starke persönliche Animositäten mischten – bewiesen werden können sie freilich nicht.

Bezeichnend ist jedoch die kühle Reaktion des Kaisers auf die Nachricht vom Ende des Sorgenkindes. „Selten bekommen bissige Hunde eigenen Nachwuchs", soll Konrad laut Wipo geäußert haben, doch ist es unwahrscheinlich, daß dem Salier bei dieser Gelegenheit ein lateinischer Hexameter über die Lippen gekommen ist: *Raro canes rabidi foeturam multiplicabunt*[84]. Der harte Realismus allerdings, der sich, fernab von einer weichen Gemütsregung, in diesem kalten Worte spiegelt, und die nüchterne Einschätzung des tragischen, dem schwäbischen Herzogtum und der salischen Monarchie freilich auch Ruhe bringenden Ausganges einer – aus Ernsts Perspektive – leidenschaftlichen Affäre dürften für Konrad tatsächlich charakteristisch gewesen sein.

Die Nachwelt hingegen hat dem armen Ernst ein anderes Andenken bewahrt, denn Fabel und Dichtung nahmen sich seiner an und verwoben mit seiner Gestalt die Erinnerung an ein anderes rebellisches Königskind, an den schwäbischen Herzog Liudolf, der 953 den Aufstand gegen seinen Vater Otto den Großen gewagt hatte. Das in der zweiten Hälfte des 12. Jahrhunderts zu Pergament gebrachte, dann mehrfach überarbeitete Epos vom Herzog Ernst[85] geht milder mit seinem Helden um als die rauhe Wirklichkeit des 11. Jahrhunderts und gönnt ihm, neben einer abenteuerlichen Fahrt durch ferne Länder und der Begegnung mit fremden und phantastischen Völkern, mit Riesen und Zwergen, ‚Kranichschnäblern' und ‚Langohren', einäugigen ‚Arimaspen' und anderen seltsamen Wesen, ein versöhnliches Ende des im Zusammenstoß von kaiserlichem Vater und herzoglichem Sohn geschilderten zeitlosen Konfliktes zwischen Reichsgewalt und fürstlichem Selbstbewußtsein. Versöhnlich klingt immerhin auch der Eintrag im Totenbuch von St. Gallen, im Nekrolog jener Abtei, die einstens unter den Schlägen des jungen Herzogs zu leiden hatte und wo später trotzdem zu seinem Todestag und Namen vermerkt wurde[86], er sei „Herzog und" – es ist merkwürdig genug – „eine Zierde (*decus*) der Alemannen" gewesen.

Kaiserkrönung

Als Konrad seinen Stiefsohn im Herbst 1026 aus seinem Alpenlager nach Hause sandte, lagen diese Ereignisse noch in der Zukunft und des Saliers Augenmerk war weiterhin auf Italien und den Erwerb der Kaiserkrone gerichtet; nur die Strategie zur Verwirklichung seiner Pläne hatte sich geändert, als er aus dem Sommerlager aufbrach und wieder in die Po-Ebene hinabstieg: Nicht mehr Umgehung der Gegner war das Ziel, sondern ihre Niederwerfung. Und in der Tat nutzte Konrad die kühlere Jahreszeit, durchzog das lombardische Tiefland von Ost nach West, hielt Hof, befriedete das Reich – wie Wipo erklärt, ohne jedoch Einzelheiten zu berichten –, nahm Aufrührer gefangen und drang bis zur burgundischen Grenze vor. Weihnachten konnte er in Ivrea feiern, dem Stammsitz der ehemaligen Könige von Italien, die gegen Otto den Großen und Heinrich II. erhoben worden waren, und wo auch diesmal ein Zentrum des Widerstandes gewesen sein muß. Der erlosch jedoch im Winter 1026/27, und die opponierenden Markgrafen Oberitaliens traten, ohne daß wir Näheres erfahren, auf die Seite des Königs, der in Ivrea auch Gesandte Rudolfs von Burgund empfangen konnte. Diese überbrachten die Nachricht, daß ihr König an der Kaiserkrönung persönlich teilnehmen werde und legen damit Zeugnis ab von der Annäherung der beiden Herrscher.

Spätestens als Konrad zu Beginn des Jahres 1027 von Ivrea aufbrach, wird sich ihm der noch in Distanz verharrende Adel Oberitaliens genähert haben, und auch Pavia suchte und fand – wohl unter Vermittlung des Abtes Odilo von Cluny – den Ausgleich, ohne die zerstörte Pfalz wieder aufbauen zu müssen. Der Salier konnte dieses Mal, auch wenn der Markgraf Rainer von Tuszien noch Widerstand leistete, den direkten Weg nach Rom einschlagen und brauchte keine Umwege mehr zu machen. Lucca sperrte sich nur wenige Tage, dann unterwarf sich auch der tuszische Markgraf. Der König beließ ihm – wie auch den übrigen markgräflichen Opponenten – die angestammte Würde. Nach Rainers Tode allerdings übertrug er Tuszien an seinen zuverlässigen Gefolgsmann Bonifaz von Canossa, der seither über eine umfängliche und herausragende Machtstellung im mittleren Italien verfügte und als Markgraf von Canossa-Tuszien zusammen mit dem Erzbischof Aribert von Mailand die maßgebliche Stütze für Konrads italische Politik bildete.

Als Lucca seine Tore öffnete, war der Weg nach Süden endgültig frei: Es wurde Frühling, und am 21. März 1027, einem Dienstag, konnte der Salier feierlich in die Ewige Stadt einziehen, wo er von Johannes XIX.

und den Römern mit allen gebührenden Ehren empfangen worden ist. Am folgenden Sonntag, dem 26. März, war Ostern, die Erinnerung an die Auferstehung des Herrn, das bedeutendste Fest der Christenheit, das in diesem Jahre zur Krönungsfeier Konrads II. wurde.

Ebenso wie über die Mainzer Weihe fließen über die römischen Vorgänge nur dürftige Quellen, die keine detailgetreue Rekonstruktion der Ereignisse erlauben. Dennoch ermöglichen sie, wenn man sie mit den Nachrichten kombiniert, die wir aus den Kaiserkrönungsordines über den normgerechten (wenn auch in Wirklichkeit wohl immer variablen) Ablauf der Feierlichkeiten erfahren, eine grobe Skizze des festlichen Geschehens. Der ausführlichste Ordo aus dem früheren Mittelalter stammt freilich erst aus dem 12. Jahrhundert, weswegen seine umfänglichen Anweisungen, obwohl sie ältere Elemente enthalten, nicht schon alle im Jahre 1027 Geltung besessen haben müssen. Trotzdem dürfte das Fest der Kaiserkrönung etwa folgendermaßen verlaufen sein: Am Morgen des 26. März wurden König und Königin unter Gebeten und Gesängen in feierlicher Prozession, an deren Spitze ein Kreuz und vielleicht auch die einen Nagel aus dem Kreuze Christi bergende Heilige Lanze getragen wurden, zum Petersdom, dem traditionellen Ort der Kaiserkrönung, geleitet. Vor dem Atrium, auf den Stufen von St. Peter wird der Papst den Salier empfangen haben, hier werden jene Handlungen vollzogen worden sein, die Wipo in seinem knappen Bericht als Kaiserwahl durch die Römer erwähnt: die Verkündung eines Schutzversprechens durch den König und die Erklärung des künftigen Kaisers, ein Sohn der Kirche sein zu wollen, die wechselseitige Friedensversicherung und die Präsentation des Koronanden durch den Papst, die dem anwesenden Volk die Möglichkeit gab, in Jubelrufe auszubrechen und das alte Recht zur Kaiserwahl in Form der Akklamation auszuüben.

Dann setzte sich der Zug erneut in Bewegung, durchquerte das Atrium und machte vor dem mittleren Domportal Halt, wo ein Gebet gesprochen wurde. Danach betrat zuerst der Papst die Kirche; ihm folgte der König, der nach dem Betreten der Basilika unter Umständen noch einmal eine rein formale Prüfung seiner Würdigkeit erdulden mußte, bevor er sich in einer als Umkleideraum dienenden Kapelle auf die folgenden Zeremonien vorbereiten konnte und schließlich vor den Hauptaltar, der Ruhestätte des hl. Petrus, geführt wurde. Gerade in dieser Phase, als der Papst schon im Dome weilte und Konrad sich anschickte, das Gotteshaus zu betreten, geschah etwas Unvorhergesehenes: Der Erzbischof Heribert von Ravenna ergriff die Hand des Königs, um diesen in die Kirche zu führen.

Das war kein Akt der Galanterie, sondern der Versuch, durch ein fait accompli den Vorrang der Ravennater vor der Mailänder Kirche zu betonen[87], denn ebenso, wie es Rangstreitigkeiten innerhalb des ostfränkisch-deutschen Kirchenverbandes gab, gab es sie im *regnum Italiae*. Konrad scheint die Brisanz des Vorfalls nicht sofort bemerkt zu haben und betrat den Petersdom an der Hand des Ravennaten; Aribert von Mailand jedoch, die wichtigste Stütze der salischen Italienpolitik und das Haupt von Konrads italischen Parteigängern, dem der König aufs Tiefste verpflichtet war, verließ aus Protest den Schauplatz seiner Demütigung. Als der Salier dies bemerkte, entzog er sich dem Zugriff Heriberts, kehrte vor die Kirche zurück und wollte Aribert zurückrufen, der sich jedoch schon zu weit entfernt hatte. Um die Rechte der Mailänder Kirche zu wahren, ließ er sich daher von Ariberts vornehmstem Suffragan, dem neuen Bischof von Vercelli und ehemaligem Mailänder Geistlichen Arderich, ein zweites Mal in die Basilika geleiten, vermied auf diese Weise einen Bruch mit seinem bedeutenden Helfer und sorgte damit zugleich für einen reibungslosen Ablauf der bevorstehenden Weihe.

Vor dem Hauptaltar des Petersdomes dürften sich die Wege des Papstes und des Königspaares getrennt haben. Während Johannes XIX. die Stufen zum Altar hinaufgestiegen sein wird, um dort die liturgischen Handlungen der begonnenen Krönungsmesse zu vollziehen und dann auf seinem Thron in der Apsis Platz zu nehmen, müssen Konrad und Gisela in die Confessio, die Vorkammer des Petrusgrabes, hinabgestiegen sein, um dort die Salbung zu empfangen. Anders als in karolingischer Zeit wurde diese nicht vom Papste selbst vorgenommen, sondern vom Bischof von Ostia, dem schon seit alters das Recht zustand, einen neuen Papst zu konsekrieren, und der schließlich auch den ersten Rang im später entstehenden Kardinalskollegium einnahm. Der König wurde zwischen den Schultern, auf denen die Herrschaft ruht, und am rechten Arm, mit dem das Schwert geführt wird, gesalbt, die Königin *in pectore*, an der Brust – über dem Herzen, dem Hort mütterlicher Gefühle.

Danach verließ das Herrscherpaar die Confessio und stieg zum Altarraum hinauf, wo der Papst wartete und zunächst dem König und dann der Königin die Krone aufs Haupt setzte. Damit war die Kreierung des neuen Kaisers beendet, und die Krönungsmesse konnte zu Ende gesungen werden. Beim Verlassen der Kirche formierte sich die Prozession neu, die nun das hohe Paar vorbei an Kapitol und Kolosseum zum Lateran, der Residenz des römischen Bischofs, begleitete, wo der Kaiser, nach einer kurzen Ruhezeit, zusammen mit dem Papst das Krönungsmahl einzunehmen pflegte, während die Kaiserin, wenn 1027 schon die erst im 12. Jahrhundert bezeugten Vorstellungen wirksam gewesen sein sollten, mit ihrem Gefolge ein eigenes Bankett erhielt, weil der Papst üblicherweise nicht mit Frauen speiste – bei solch offiziellen Anlässen. Erst nach beendetem Mahl konnte das kaiserliche Paar in diesem Fall den denkwürdigen Tag gemeinsam ausklingen lassen – nämlich dann, wenn sich der Kaiser in die ‚*camera* der Kaiserin Julia', das Quartier seiner Gemahlin, begab.

Jede Kaiserkrönung war ein prachtvolles Fest eigener Art, eines der glanzvollsten fand ohne Zweifel am 26. März 1027 statt. Wenigstens 70 hochrangige Geistliche, unter ihnen die Erzbischöfe von Köln, Mainz, Trier, Magdeburg, Salzburg, Mailand und Ravenna, der Patriarch von Aquileja und der Abt Odilo von Cluny, sowie eine Anzahl weltlicher Fürsten waren erschienen; auch der Kronprinz Heinrich reiste – trotz der schwierigen Verhältnisse in der von den Umtrieben seines Halbbruders erschütterten Heimat – in Begleitung seines Erziehers Bruno von Augsburg eigens an, um an der Erhöhung seiner Eltern teilzunehmen. Besonderen Glanz verlieh den Feierlichkeiten jedoch die Teilnahme zweier Könige: des Burgunders Rudolf, der sein Kommen ja schon frühzeitig angekündigt hatte und die Gelegenheit genutzt haben wird, über die Nachfolge in seinem Reich zu verhandeln, und Knuts des Großen[88], des Fürsten aus Mitternacht und mächtigen Herrschers über England (seit 1016) und Dänemark (seit 1019), der sich in der Nachfolge seines Vaters Sven Gabelbart († 1014) anschickte, ein neben der britischen Insel und Dänemark auch Norwegen und Teile Schwedens umfassendes Nordreich zu schaffen. Er förderte dabei energisch die unter seinem Großvater Harald Blauzahn († um 987) begonnene Christianisierung seines dänisch-skandinavischen Herrschaftsraumes und hatte sich im Zusammenhang dieser Pläne nach Rom begeben, um am Grab des hl. Petrus zu beten. Wohl schon gegen Ende des Jahres 1025 war es, nachdem zuvor Differenzen wegen der kirchlichen Rechte Hamburgs im dänisch-skandinavischen Missionsgebiet beigelegt werden konnten, durch Vermittlung des Erzbischofs von Hamburg-Bremen zu einer Annäherung zwischen Konrad und Knut gekommen[89], die von großer politischer Bedeutung gewesen ist – nicht nur, weil das Wikingerimperium eine gewaltige Machtkonzentration im Norden der Reichsgrenze darstellte, sondern auch, weil es am slawisch besiedelten Südrand der Ostsee Interessenüberschneidungen gab und Knut mit dem in Distanz zum Reich stehenden polnischen Herrscherhaus der Piasten über seine Mutter eng verwandt war.

Rudolf und Knut waren nicht nur bloße Zuschauer am Rande der

Feierlichkeiten und zum Festmahl geladene Gäste von Kaiser und Papst, sie waren vielmehr auch aktive Teilnehmer des Krönungszuges und gaben dem Kaiser das Geleit auf seinem Weg vom Petersdom zum Lateran. Inmitten der beiden Könige, wie Wipo stolz berichtet, sei Konrad ehrenvoll *ad cubiculum suum*, zu seinem Gemache, geführt worden. Durch diese Mitwirkung zweier Herrscher konnte sich der Salier zwar nicht – wie behauptet worden ist[90] – „als Herr über die christlichen Könige fühlen", denn der Burgunder und der Wikinger leisteten einen reinen Ehrendienst, aber der Vorrang des Kaisers vor den Königen wurde bei dieser Prozession deutlich und zugleich das gute Verhältnis, in dem die drei Herrscher 1027 zumindest während des Osterfestes zu einander standen. Knut erwirkte bei dieser Gelegenheit von seinen königlichen Kollegen wichtige Privilegien für die Rompilger und Kaufleute aus seinen Reichen, nämlich Zollfreiheit und sicheres Geleit[91], und ließ auch in den folgenden Jahren keine Spannungen aufkommen. Acht Jahre später, kurz vor seinem überraschenden Ende, verlobte er schließlich sogar seine Tochter Gunhild mit dem salischen Thronfolger Heinrich[92], für den man allerdings zuvor in südlichen Gefilden erfolglos auf Freiersfüßen gewandelt war.

Papsttum und Tuskulaner

Die Kaiserkrönung hat Konrad wohl zum ersten Mal unmittelbar mit dem Vertreter der zweiten universalen Gewalt der Christenheit, mit dem Papst, zusammengeführt. Dem Papsttum als sich entwickelnder und verändernder Größe der Geschichte stand der tatsächliche Aufstieg an die Spitze der abendländischen Christenheit noch bevor; er sollte sich in den beiden Generationen nach dem Tode Konrads II. vollziehen, mit eingeleitet und gefördert durch seinen Sohn Heinrich sowie wesentlich vorangebracht durch den erst vor wenigen Monaten zum Touler Bischof erhobenen Verwandten des Saliers, durch Brun, der sich als Papst Leo IX. nannte. Wenn auch das rechtliche Instrumentarium schon längst bereit lag, das die universale Stellung des römischen Bischofs, des Leiters der ersten Kirche (*prima sedes*) der Christenheit, begründete, wenn es im Abendland ebenfalls keinen prinzipiellen Zweifel am Ehren-, Lehr- und Jurisdiktionsprimat des Papstes gab, so war der Nachfolger Petri, der natürlich ebenso wie die weltlichen Herrscher als Stellvertreter Gottes auf Erden betrachtet werden konnte, in den zurückliegenden Jahrhunderten doch nur selten als oberste Instanz der lateinischen Christenheit in Erscheinung getreten und meist nur auf Anfrage hin aktiv geworden. Dem unbestrittenen Vorrang des Hüters der Apostelgräber von Petrus und Paulus ebenso wie dem zumindest in der Theorie anerkannten Primat des Papstes entsprach in der Realität des früheren 11. Jahrhunderts noch keinesfalls ein tatsächlich geübter römischer Zentralismus und Universalismus. Hatte auch kurz vor dem Ende des 5. Jahrhunderts Gelasius I. in einem berühmten Schreiben an den oströmischen Kaiser Anastasios I. die Autonomie der beiden höchsten Gewalten, des Priestertums (*sacrata auctoritas pontificum*) und des Kaisertums (*regalis potestas*), verfochten, sie als von Gott unmittelbar herrührende, von einander zwar unabhängige, aber auf gegenseitige Unterstützung angewiesene Größen beschrieben, so gab es doch weder in der Spätantike noch im frühen Mittelalter kaum einen Zweifel am Übergewicht der weltlichen Gewalt – und Konrad sollte bald nach seiner Krönung zum Kaiser zeigen, daß sich unter seiner Ägide an dieser Gewichtung nichts ändern würde.

Das Fehlen universaler Ausstrahlung hing um die Jahrtausendwende nicht zuletzt mit einer gewissen Bodenständigkeit der römischen Bischöfe, mit ihrem Eingebundensein in städtische Adelsfraktionen und ihrer Verstrickung in lokale und regionale Machtkämpfe zusammen. Solange die cathedra Petri weitgehend in der Verfügungsgewalt von stadtrömischen Adelsverbänden war und die Papstwürde wie ein Familienbesitz behandelt werden konnte, solange vermochte die christliche Welt nicht wirklich zum Aktionsfeld der Petrusnachfolger zu werden. Seit 1012 war es die Familie der Grafen von Tusculum (in den Albaner Bergen), die über Rom und das Papsttum geboten, nachdem sie die Vormacht der Creszentier gebrochen hatten. Im Gegensatz zu diesen, die dem ottonischen Kaisertum distanziert gegenüber gestanden hatten und auf größtmögliche Unabhängigkeit bedacht gewesen waren, weswegen sie auch verschiedentlich den Aufstand wagten, vollzogen die Tuskulaner ihren Aufstieg in enger Anlehnung an das nordalpine Königtum und sicherten ihre römische Position zusätzlich ab, indem sie die städtischen Führungsämter gewöhnlich ebenfalls mit Familienangehörigen besetzten. Dem 1024 verstorbenen ersten Tuskulanerpapst Benedikt VIII. konnte daher der Bruder als Johannes XIX. († 1032) und diesem schließlich bis 1044/46 der Neffe als Benedikt IX. folgen. Von den späteren Anhängern der Kirchenreform in düsteren Farben geschildert, die inzwischen freilich von neueren Forschern etwas aufgehellt werden konnten, zählen die Tuskulaner zu den Vertretern einer dunklen Epoche der Papstgeschichte. Sie waren Nachfolger Petri, die zwischen Familieninteressen und Reformmaßnahmen schwankten und bei allem guten Willen im einzelnen der allgemeinen Kirchenreform in Rom erst durch die Vertreibung vom Papstthron wirklich zum Durchbruch verhalfen. Daran war 1046 Konrads Sohn Heinrich maßgeblich beteiligt, während der erste Salierherrscher ebenso wie der gegenüber kirchlichen Fragen besonders aufgeschlossene letzte Liudolfingerkaiser Heinrich II. nichts an dem ihre kaiserliche Stellung stabilisierenden Machtsystem in Rom änderten. Konrad sah dafür vor allem auch deshalb keine Veranlassung, weil ihn Johannes XIX. von Anfang an gegen die italische Opposition unterstützt hatte und sich auch später immer willfährig gegenüber seinen Wünschen zeigte.

Aquileja und Grado

Nach der Krönung blieb Konrad noch knapp zwei Wochen in Rom, wo er bis zum 7. April nachweisbar ist. In dieser Zeit gewährte und bestätigte er eine Reihe von Privilegien, vornehmlich für italische Bistümer und Klöster. In diesen Wochen kam es aber auch zu den schon erwähnten Unruhen, die die Aufenthalte fremder Heere wohl zwangsläufig mit sich bringen. So führte etwa der Streit um eine Rinderhaut, ausgetragen zwischen Römern und Teilnehmern am Italienzug Konrads, zu einem Handgemenge, das Tote forderte, und am Ende zu der schon aus Ravenna bekannten Bußszene vor dem Kaiser. Noch am Krönungstag selbst scheinen die Anhänger des Mailänder Erzbischofs aus Empörung über die Zurücksetzung ihres Herrn dem Gefolge des Metropoliten von Ravenna heftig zugesetzt und gewaltigen Schaden angerichtet zu haben; der Erzbischof Heribert, der durch seinen vor den Toren von St. Peter geführten Handstreich den mailändischen Amtsbruder ausgeschaltet hatte, soll dabei nur mit knapper Not den Nachstellungen der aufgebrachten Milanesen entkommen sein.

Vielleicht haben diese Unruhen ein früheres Zusammentreten der nach einer Kaiserkrönung üblich gewordenen Synode verhindert. Auf jeden Fall aber mußten sich die am 6. April in der Lateranbasilika versammelten Geistlichen mit dem Rangstreit zwischen den beiden Metropolen beschäftigen und entschieden dabei zu Gunsten Mailands – wenn auch wohl nicht, wie die tendenziösen Mailänder Quellen behaupten, grundsätzlich und für alle Zeiten im Sinne der ambrosianischen Kirche, sondern nur speziell in dem einen, bei den Krönungsfeierlichkeiten ausgebrochenen Konflikt.

Noch ein weiterer Streitfall, der die norditalische Kirche bewegte, und dies schon seit annähernd einem halben Jahrtausend, mußte 1027 behandelt werden: die Auseinandersetzung zwischen den Patriarchaten von Aquileja und von Grado. Die ehemalige, im Jahre 181 vor Christi Geburt errichtete römische Kolonie Aquileja, die in der Spätantike zu den bedeutendsten Städten Italiens zählte, nahm seit dem 5. Jahrhundert einen gewaltigen Aufschwung als kirchlicher Mittelpunkt eines weitläufigen (zwischen Donau im Norden und Po im Süden sich ausbreitenden) Metropolitansprengels, dessen Vorsteher (wenn auch nicht im spätantiken Sinne, sondern als reine Ehrenbezeichnung) spätestens seit etwa 560 als Patriarch betitelt wurde. Bald danach setzte jedoch jene Entwicklung ein, die zur Spaltung des Patriarchats führte und Konfliktstoff für Jahrhunderte anhäufte. Der Einfall der Langobarden nach Italien setzte 568 eine Fluchtbewegung in Gang, die viele Einwohner Venetiens auf die geschützten Inseln der Lagune, und den Klerus von Aquileja nach Grado, auf eine Insel im nördlichen Adriabogen, trieb. Da aber die dem arianischen Christentum anhängenden Langobarden Aquileja nicht unbesetzt ließen, gab es seit 607 zwei kirchliche Zentren, die fortbestanden, auch nachdem die Langobarden katholisch geworden waren: das zum *regnum Italiae* gehörende Aquileja und das nach Byzanz hin orientierte Grado als *Aquileia Nova*. Konnte Alt-Aquileja die Ortskontinuität für die Rechtmäßigkeit seiner Nachfolge ins Feld führen, so Neu-Aquileja die Amtskontinuität, die sich trotz der Verlegung vom Festland in der ununterbrochenen Sukzession seiner Bischöfe spiegelte. Die zwischen den beiden Orten immer wieder aufbrechenden Querelen führten gelegentlich zu Existenzkrisen von Grado, dessen Bischof seinen Sitz schließlich nach Venedig verlegte, aber niemals zum Untergang des durch das Meer geschützten Patriarchats; vielmehr zog Alt-Aquileja am Ende den kürzeren, da es, nachdem 1180 beide Patriarchate anerkannt worden waren, 1445 seine weltliche Herrschaft an Venedig verlor und 1751 gänzlich aufgelöst wurde.

Im früheren Mittelalter freilich schien dieses Schicksal eher Grado zu drohen. 827 etwa hat eine gut besuchte Synode norditalischer Bischöfe in Mantua die Wiedervereinigung des geteilten Patriarchats und die Unterstellung Grados unter Aquileja beschlossen[93]. Diese Entscheidung wurde dann zwar nicht verwirklicht, aber zweihundert Jahre später, 1027, war das Ende des Inselbistums trotzdem nähergerückt; denn 1019 hatte der aus dem steirischen Geschlecht der Traungauer Otakare stammende Poppo, dessen Vater in Kärnten großen Einfluß besaß und hier das Kloster Ossiach gründete, auf der cathedra von Aquileja Platz genommen und setzte, ein gewaltiger und gewalttätiger Herr, der er war, alles daran, den Gordischen Knoten Grado mit einem Streich zu lösen.

Er nutzte dazu eine innere Krise im venetianischen Dogenat aus. Hier hatte Petrus II. Orseolo um die Jahrtausendwende die Verhältnisse stabilisiert und die Macht seines Hauses gefestigt. Seine Söhne jedoch, der Nachfolger im Dogenamt Otto und der Patriarch Orso von Grado, mußten 1024 vor einem Aufstand nach Istrien flüchten – und damit schlug die Stunde Poppos, der Grado einnahm, plünderte und seiner Gewalt unterstellte. Diese Unterordnung der alten Rivalin ließ sich Poppo auch von Johannes XIX. bestätigten, der die gewünschte Urkunde darüber nach einigem Zögern ausstellte, jedoch den Vorbehalt machte, daß die Ansprüche Aquilejas auch noch bewiesen werden müßten. Diese Einschränkung ermöglichte es dem Papst immerhin, noch im Dezember des gleichen Jahres eine andere Entscheidung zu fällen und den bisherigen Zustand wieder herzustellen; denn mittlerweile war es in Venedig zu einem politischen Umschwung gekommen, der dem Dogen wie auch dem Patriarchen die Rückkehr erlaubte und es Orso von Grado ermöglichte, mit Hilfe zahlreicher päpstlicher Urkunden aus dem Archivbestand seiner Kirche die Rechtmäßigkeit einer eigenständigen und unabhängigen Existenz seines Bistums zu dokumentieren.

Poppo jedoch dachte gar nicht daran, den Status quo ante wieder herzustellen, kümmerte sich wenig um den neuen Beschluß der römischen Synode und ließ seine Beziehungen zum salischen Hof spielen, wo er in seinem Freunde Meinwerk, dem Bischof von Paderborn, einen tüchtigen Fürsprecher besaß. Als Konrad II. 1026 in Italien erschien, führte er diesem sofort Truppen zu und begann für seine Sicht der Dinge zu werben. Ein erster Erfolg zeichnete sich für ihn ab, als Konrad sich weigerte, das herkömmliche Vertragsverhältnis mit Venedig zu verlängern und die Kaiserpacta zu erneuern. Nach seiner römischen Krönung ließ der Kaiser dann den Streit zwischen Aquileja und Grado auf die Tagesordnung der Aprilsynode setzen, auf der Orso Orseolo gar nicht erst erschien, weil an dem Ausgang der Beratungen wohl kaum ein Zweifel bestehen konnte.

Und in der Tat entschieden die Bischöfe unter Bezugnahme auf den Beschluß der Mantuaner Synode von 827 zu Gunsten von Poppo, unterstellten ganz Venetien der Kirche von Aquileja und beließen Grado lediglich im Status einer Pfarrei, mit der der Patriarch schließlich in einem gemeinsamen Akt von Kaiser und Papst investiert worden ist. Damit hatte Johannes XIX., wie ein Schilfrohr im Wind, noch einmal die Richtung gewechselt und dem Kaiser eine Gefälligkeit erwiesen, die dieser forderte. Sicherlich, an dem adriatischen Problem hing nicht das Herz des Bischofs von Rom, der in dieser Querele von Anfang an keinen festen Standpunkt bezogen hatte und eher eine vermittelnde und ausgleichende Haltung einzunehmen suchte, dem es daher auch nicht schwerfallen mochte, das Synodalurteil von 1027 zu akzeptieren; aber der päpstliche Pragmatismus ist dennoch bemerkenswert, kennzeichnet er doch das kaiserliche Übergewicht und die grundsätzliche Rücksichtnahme der Tuskulaner auf politische Zwänge sehr deutlich. Überraschen kann es daher nicht, wenn Konrad den Papst 1034 im Rückblick auf die römischen Ereignisse von 1027 ebenso wie den Patriarchen von Aquileja und die Erzbischöfe von Mainz, Trier, Mailand und Ravenna schlicht unter seine Getreuen (*fideles*) zählte[94].

Die Bevorzugung Aquilejas ergab sich für Konrad natürlich aus politischen Erwägungen. In Italien stützte er seine Herrschaft ja vorwiegend auf die bedeutenden Kirchen, die markgräfliche Opposition nach dem Tode Heinrichs II. hatte die Nützlichkeit und Notwendigkeit dieser Ausrichtung deutlich vor Augen geführt. So, wie Mailand im Norden und Nordwesten Oberitaliens den kaiserlichen Rückhalt bildete, so sollte Aquileja dies im Nordosten tun; und auch die Kirche von Ravenna, deren Erzbischof durch die umsichtige Einzelfallentscheidung im Rangstreit mit Mailand ja keinesfalls verprellt werden sollte, hatte ihren Platz in diesem System der Herrschaftssicherung. Dem Patriarchen von Aquileja fiel darüber hinaus der Schutz des nordöstlichen Zuganges nach Italien zu. Seine Kirche ist daher ähnlich wie Trient und Brixen, die ebenfalls Paßstraßen zu sichern und die Nord-Süd-Verbindung offen zu halten hatten, reich ausgestattet worden. 1028 erhielt sie das Münzrecht und einen Bannforst in Friaul[95]. Schon im Jahr zuvor, am 19. Mai, noch während Konrads Rückmarsch in die Heimat, hatte sich Poppo im Königsgericht, das in San Zeno bei Verona zusammentrat, einen weiteren Vorteil erstritten[96], als Adalbero von Kärnten auf öffentliche Abgaben und Leistungen von Besitzungen Aquilejas verzichtete, auf die er als Herzog Anspruch erhoben hatte.

Wenn auch mit dieser Maßnahme die herzoglichen Befugnisse eingeschränkt worden sind, sollte man Konrads Beweggründe dafür doch wohl nicht vorrangig in salischen Ressentiments gegen den Eppensteiner suchen, der immerhin wenige Monate später in Frankfurt als des Kaisers Schwertträger fungierte[97]; entscheidender war wohl eher die Absicht, Aquileja zu einem kaiserlichen Bollwerk in Nordostitalien zu machen, was ja in der Tat auch für sehr lange Zeit gelungen ist. Poppo jedenfalls hatte allen Grund, Konrad dankbar zu sein und die kaiserliche

Familie in dem neuen Dom von Aquileja, der – Ausdruck des patriarchalen Selbstverständnisses – 1031 eingeweiht worden ist und heute noch steht, bildlich darstellen zu lassen. Den Sieg über Grado freilich hat Poppo nicht sichern können. Orso Orseolo behauptete sich mit venezianischer Hilfe, und 1044, bald nach Poppos Tod († 1042), führte Benedikt IX., der Nachfolger und Neffe von Johannes XIX., ein neues Synodalurteil herbei, das die Entscheidung von 1027 aufhob und die seit dem 6. Jahrhundert bestehenden Verhältnisse wiederherstellte. Nun hatte Rom endgültig gesprochen und den Grundsatzstreit für viele Jahrhunderte beendet; der Patriarch von Grado jedoch sah sich seither immer stärker nach Venedig verwiesen, wohin er allmählich zu übersiedeln begann und im 12. Jahrhundert seinen Amtssitz verlegte.

Tiefer Süden

Nach dem 7. April 1027 verließ Konrad Rom und unternahm einen kurzen Abstecher ins südliche Italien, wo byzantinische und langobardische Herrschaften an- und gegeneinanderstießen, sarazenischer Druck von Sizilien her immer spürbar war und seit der Jahrtausendwende ein neuer Machtfaktor in Erscheinung trat: die Normannen, die zunächst eher zufällig auf einer Pilgerfahrt, dann eigens zu Hilfe gerufen in die Dauerkonflikte des tiefen Südens eingriffen und deren bald beginnender Herrschaftsbildung schließlich die Zukunft gehörte. Italien stellte seit dem Einfall der Langobarden im Jahre 568 keine staatliche Einheit mehr dar (und dies sollte bis 1861 auch so bleiben). Die karolingische und ottonische Herrschaft erstreckte sich zwar vom Norden her bis über Rom hinaus, verlor im Süden aber deutlich an Gravitationskraft. Das langobardische Herzogtum Benevent hatte nur locker an das karolingische Reich gebunden werden können und war im 9. Jahrhundert in drei Gebiete zerfallen: in die Fürstentümer Salerno, Benevent und Capua, die gleichsam eine Pufferzone gegenüber Byzanz und den byzantinisch orientierten oder dominierten Regionen darstellten. Sie befanden sich immer in einer je nach Situation mehr oder weniger deutlichen Abhängigkeit vom Reich, dessen Oberhoheit sich freilich beständig zu verflüchtigen schien, denn die Herrscher aus dem Norden pflegten zwar sporadisch ihren Anspruch auf den Mezzogiorno zu betonen, ihn aber nur selten auf längere Dauer einzufordern. Heinrichs II. zu Beginn der zwanziger Jahre unternommener Versuch, die süditalischen Verhältnisse zu ordnen, war daher ebenfalls ohne größeren Erfolg geblieben;

und auch Konrad konnte sich den hier zu bewältigenden Problemen kaum widmen.

Die Nachrichten, die ihn von der Empörung seines Stiefsohnes erreichten, dürften zur Eile gemahnt haben. So begnügte sich der Salier damit, in Kampanien die bestehenden Verhältnisse anzuerkennen, die Huldigung Pandulfs IV. von Capua, Landulfs V. von Benevent und Waimars IV. von Salerno entgegenzunehmen und auf diese Weise wenigstens die unbestrittene, wenn auch nicht besonders wirksame Oberhoheit über die langobardischen Fürstentümer zu demonstrieren. Auch die Landnahme der Normannen sanktionierte er und vermittelte dabei offenbar ein Abkommen zwischen den normannischen und langobardischen Herren, das der Grenzsicherung gegen Übergriffe der Byzantiner dienen sollte.

Kaum drei Wochen benötigte der Salier dafür, denn am 1. Mai 1027 war er schon wieder in Ravenna, wohin er, Rom links liegenlassend und die Adria entlangziehend, zurückgeeilt war, nicht ohne zuvor noch ein Exempel kaiserlicher Gerechtigkeit statuiert zu haben. In der Grafschaft Fermo war man nämlich des Grafen Thasselgard habhaft geworden, der hier seit Jahren sein räuberisches Unwesen getrieben hatte und der nun, ungeachtet seiner edlen Abstammung, aber mit Zustimmung der Fürsten, auf Konrads Befehl hin wie ein gemeiner Dieb am Galgen endete.

Nicht nur dieser frieden- und ruhebringenden Tat wegen konnte der Salier mit dem Ergebnis seines Italienaufenthaltes insgesamt zufrieden sein: Wenn auch nicht alle Probleme gelöst waren und manche Anordnungen lediglich einen vorläufigen Charakter trugen, so war Reichsitalien doch befriedet, eine Aussöhnung mit den opponierenden Markgrafen erreicht und vor allem die Kaiserkrone gewonnen. Damit hatte die salische Herrschaft eine neue Dimension und Konrad selbst eine gesteigerte Autorität gewonnen, die ihm bei der Lösung der anstehenden Probleme im Reich nur nützlich sein konnte. Aber auch Byzanz war in sein Blickfeld geraten und damit die Frage der Anerkennung durch das zweite, weitaus ältere Kaisertum des Ostens – und aus dieser Erweiterung des Horizontes erwuchs ein neuer Plan.

Die „Hoffnung des Kaiserreiches"

In Ravenna blieb Konrad nur wenige Tage, bevor er über Verona, Brixen und den Ritten bei Bozen weiter nach Norden zog. Mit dem Beginn des Sommers, am 24. Juni 1027, war er dann in Regensburg, wo er seinem Sohn Heinrich das durch den Tod des Lützelburgers Heinrich V., des Bruders der Kaiserinwitwe Kunigunde, frei gewordene Herzogtum Bayern übertrug[98]. Wenn hinter diesem Akt auch eindeutig der Wille des Kaisers stand, der seinem zum Nachfolger designierten Sohn eine herzogliche Machtbasis schaffen und Bayern gleichzeitig als Kronland nutzen wollte (denn Heinrich war 1027 erst zehn Jahre alt, weswegen der Vater zunächst einen unmittelbaren Einfluß auf die bayerischen Angelegenheiten gewann), wenn für die Herzogsernennung also zweifellos ein massives Interesse des Herrschers verantwortlich gewesen ist, so brauchte Konrad zur Durchsetzung seines Willens trotzdem nicht das sich als Wahl äußernde Konsensrecht der bayerischen Großen anzutasten, denn seine Autorität reichte aus, das Votum in seinem Sinn zu lenken. Zur Sicherung der materiellen Grundlagen des Königtums ließ der Salier gleichzeitig das Reichsgut im Herzogtum seines Sohnes feststellen und schriftlich fixieren[99].

Aber das war nur der Anfang von Maßnahmen zur weiteren Stabilisierung der salischen Monarchie. Von Bayern aus ging es nach Schwaben, wo der Aufstand des Herzog Ernst, des Stiefsohnes, niedergeworfen werden mußte, und nach Basel. Hier traf sich Konrad, wohl im August, mit Rudolf III. von Burgund, der durch Vermittlung der Kaiserin, seiner Verwandten, einen Friedensbund mit dem Salier schloß und diesem – wie einst Heinrich II. – die Nachfolge in seinem Reich zusicherte[100]. Das Weihnachtsfest schließlich konnte Konrad in Lüttich feiern und dabei auf ein sehr erfolgreiches Jahr zurückblicken, denn mittlerweile hatte sich ja auch sein gleichnamiger jüngerer Vetter unterworfen, war die Hammersteiner Ehefrage auf seinen Wunsch hin zu den Akten gelegt worden und der noch schwelende Gandersheimer Streit drohte zumindest keine bedenklichen Formen anzunehmen und neigte sich seinem Ende entgegen.

Das Reich durfte daher Ende 1027 als befriedet, das neue Königtum, gut drei Jahre nach der Wahl von Kamba, als allseits anerkannt gelten. Der Salier konnte deshalb zur Lösung jener Aufgabe schreiten, die in einer Wahlmonarchie jedem König am Herzen liegen mußte: zur Sicherung der Thronfolge des eigenen Sohnes. Ein erster Schritt war schon getan, da Heinrich vor dem Aufbruch zur Kaiserkrönung unter Zustimmung der Fürsten zum Nachfolger designiert worden war, nun wurde auch der zweite vollzogen: Am 14. April 1028, auf Ostern, wurde das Königskind an traditionsreichem Ort in der Aachener Pfalz zum König gewählt und von dem Kölner Erzbischof Pilgrim gesalbt und gekrönt. Der Kölner Metropolit hat, indem er dem kleinen Heinrich die – wie es in einem Wipo zugeschriebenen Gedicht auf die Krönung heißt – *sanctam regni coronam* (des Reiches heilige Krone) aufs Haupt setzte, seiner Kirche endgültig das Krönungsrecht gesichert. Aribo von Mainz, der, seinen schwindenden Einfluß spürend, Ende 1030 Abschied von der hohen Politik nahm und am 6. April 1031, von einer Pilgerfahrt nach Rom heimkehrend, in Como starb, war – wahrscheinlich auch als Folge der ehemaligen Weigerung, Konrads Gemahlin zu weihen – 1028 nicht zum Zuge gekommen und hatte damit, wie man rückblickend sagen darf, den Mainzer Anspruch auf die Königskrönung verspielt. Das Königtum selbst war jedoch seit dem Aachener Osterfest des Jahres 1028 für eine weitere Generation im salischen Hause verankert.

Die Wahl des Sohnes noch bei Lebzeiten des regierenden Vaters war das schon wiederholt erprobte Mittel zur Sicherung der Thronfolge in einer Herrscherfamilie. Otto der Große hatte seinen gleichnamigen Sohn 961 zum Mitkönig und 967 zum Mitkaiser erheben lassen, und Otto II. war diesem Beispiel gefolgt, als er seinen Sohn Otto III. 983 ebenfalls zum König wählen und weihen ließ. Seit Konrad II. wurde es dann endgültig Brauch, daß der zum Kaiser gekrönte Herrscher seinen Sohn zum König (nicht zum Mitkaiser!) erheben ließ. Der Salier zog aber auch noch eine eigene Konsequenz aus dem Königtum des Sohnes und stellte es deutlich heraus, indem er Heinrich III. bis zum Sommer 1029 mit auf einen erneuten Umritt durch das Reich nahm und auf diese Weise den Glanz des Kaiser- und Königshauses demonstrierte.

Besonderen Ausdruck fand dieses hierarchische Doppelherrschertum von Vater und Sohn, Kaiser und König, in dem ersten, nur in einem einzigen Exemplar erhaltenen Metallsiegel Konrads, das sich an einer Urkunde für das Kanonissenstift Gernrode findet. In Empfang nahm dieses am 23. August 1028 ausgestellte Dokument die liudolfingische Äbtissin Adelheid, die zugleich den Konvent von Quedlinburg leitete und der drei Jahre zuvor Konrads Tochter Beatrix zur Erziehung anvertraut worden war. Es scheint sich demnach um eine hochsymbolische Demonstration des salischen Herrschaftsverständnisses im Familienkreise gehandelt zu haben – denn: Die Bleibulle zeigt auf der Vorderseite die Büste des Kaisers und auf der Rückseite dessen Sohn Heinrich, der jedoch nicht als König, sondern als *SPES IMPERII*, als Hoffnung des

Kaiserreiches, bezeichnet wird. Damit wurde unzweideutig auf die Nachfolge Heinrichs, der die Zukunft der salischen Monarchie repräsentierte, auch im Kaisertum angespielt.

Aber auch die gemeinsame Herrschaft von Vater und Sohn, mithin die Herrschaft des salischen Königshauses, ist durch die Gestaltung des Bleisiegels zur Darstellung gebracht worden. Diese Thematik wurde bald darauf durch eine zweite, mehrfach überlieferte Kaiserbulle nochmals aufgegriffen und dieses Mal mit der römischen, und das heißt letztlich auch wieder: mit der kaiserlichen Dimension der salischen Herrschaft in Verbindung gebracht: Während nämlich Konrad II. und Heinrich III. gemeinsam auf dem Avers der Bulle als Kaiser und König abgebildet werden, erscheinen auf dem Revers das „goldene Rom", *AVREA ROMA*, und die berühmte – vielleicht auf Wipo zurückgehende – Devise: *Roma caput mundi regit orbis frena rotundi* – Rom, das Haupt der Welt, führt die Zügel des Erdenrunds. Durch diese programmatisch-propagandistische Aussage wird der seit dem 9. Jahrhundert vorhandene und seit den späten Ottonen besonders betonte Rombezug des Kaisertums von den ersten beiden Salierherrschern weiter intensiviert und dabei einerseits Erhabenheit, Weltgeltung und Vorrang der römischen Würde und andererseits ihre enge Verbindung mit der Herrschaft im Reich nördlich der Alpen, im *regnum Teutonicum*, wie es seit dem 11. Jahrhundert immer häufiger genannt wird, deutlich herausgestellt. Weil die Herrschaft im Reich auf das Kaisertum ausgerichtet war, hieß sie römisch; und weil sie römisch war, konnte sich der König vor der Kaiserkrönung als *rex Romanorum* bezeichnen, wie es unter Heinrich III. wiederholt geschah und seit seinem Enkel Heinrich V. († 1125) ständiger Brauch wurde[101]. Es kommt daher auch nicht von ungefähr, sondern ist unter anderem Ausdruck herrscherlichen Reichsverständnisses, wenn sich unter Konrad II. endgültig die Bezeichnung *imperium Romanum*, römisches Reich, für den gesamten salischen Herrschaftsraum einbürgerte (der seit den Staufern dann als ‚heiliges römisches Reich' und seit dem ausgehenden Mittelalter in einschränkendem Sinne schließlich als ‚heiliges römisches Reich deutscher Nation' begriffen werden sollte).

Die römische Dimension der Herrschaft wird in Konrads Urkunden auch dadurch unterstrichen, daß die Erwähnung des schon länger geläufigen und in der Intitulatio der Diplome regelmäßig geführten Titels eines *Romanorum imperator* nach einem sich über Jahrzehnte hinziehenden Entwicklungsprozeß nun auch in der sogenannten Signumzeile der Urkunde, in der das Monogramm des Kaisers erscheint, zur Regel

Darstellung Konrads II. aus dem 12. Jahrhundert als Dynastiegründer in einer Havelberger Handschrift der Chronik des Ekkehard von Aura. Mit abgebildet sind seine Nachkommen Heinrich III., Heinrich IV., Heinrich V. sowie die übrigen Kinder Heinrichs IV.: Konrad und Adelheid (eigentlich Agnes).

Öffnung des Grabes Konrads II. im Speyerer Dom im August 1900.

Gehirn Konrads II., das allein übrig blieb, als der Körper des Kaisers nach der Öffnung seines Grabes völlig zerfiel, und das schließlich wieder beigesetzt wurde.

In Gewänder und Tücher gehüllte Leichname Konrads II. (links) und seiner Gemahlin Gisela (rechts).

Grabkrone Konrads II. mit Inschrift: PACIS ARATOR ET VRBIS BENEFACTOR
(= Des Friedens Förderer und der Stadt Wohltäter).

Bleitafel aus dem Sarg Konrads II. mit Inschrift; s. dazu S. 237

Grabkrone Kaiserin Giselas mit der Inschrift: GISLE IMPERATRIX.

Bleitafel aus dem Sarg Giselas mit Inschrift; s. dazu S. 237

Stark beschädigte, aber zeitgenössische, wenn auch wohl nicht portraithafte Darstellung Konrads II. (Mitte) im Apsisfresco des 1031 in Anwesenheit des Kaisers geweihten Domes von Aquileja.

Darstellung des zu Füßen des als Pantokrator dargestellten Christus knieenden Herrscherpaares Konrad II. und Gisela im Speyerer Evangeliar aus der Zeit Heinrichs III.

In Duisburg geprägter Silberdenar mit einer Abbildung Konrads II. auf der Vorderseite und einem aus den Buchstaben DIVS und BVRG (= Duisburg) gebildeten Kreuz auf der Rückseite.

In Regensburg geprägter Silberdenar mit dem Namenszug HEINRICV REX (= König Heinrich) in den Winkeln des Kreuzes und der Umschrift CHVONRADVS IMP. (= Kaiser Konrad) auf der Vorderseite sowie einer Säulenkirche auf der Rückseite mit der Umschrift RADASPONA (= Regensburg). Zur Bedeutung s. S. 113

In Speyer geprägter Silberdenar mit einer gemeinsamen Darstellung Kaiser Konrads II. und seines Sohnes König Heinrich III. auf der Vorderseite und einer Darstellung der Gottesmutter auf der Rückseite. Zur Bedeutung s. S. 113

Darstellung des Speyerer Doms zusammen mit Gottesmutter und Christuskind im zweiten Speyerer Stadtsiegel aus dem ersten Drittel des 13. Jahrhunderts

105

Darstellung Giselas beim Einzug in eine Kirche. Miniatur in dem 1039/1043 in Echternach entstandenen Perikopenbuch Heinrichs III.

Vorderansicht der Reichskrone. Zu ihrer Entstehung und Symbolik s. S. 47f.

Heilige Lanze, in die ein Nagel bzw. Partikel eines Nagels vom Kreuze Christi eingearbeitet sind.

Darstellung König Davids in der Reichskrone mit dem Spruch: HONOR REGIS IVDICIVM DILIGIT (= Die Ehre des Königs liebt den Rechtsspruch).

Darstellung König Salomons in der Reichskrone mit dem Spruch: TIME DOMINVM ET RECEDE A MALO (= Fürchte Gott und meide Unrecht).

Zweite Bleibulle Konrads II.
(s. dazu auch S. 96)
Vorderseite: Darstellung Konrads und seines Sohnes Heinrich und der Schriftzug HEINRICVS REX zwischen ihnen.

Rückseite: Darstellung des Goldenen Rom (AVREA ROMA) mit der Umschrift: ROMA CAPVT MVNDI REGIT ORBIS FRENA ROTVNDI (= Rom, das Haupt der Welt, führt die Zügel des Erdenrunds).

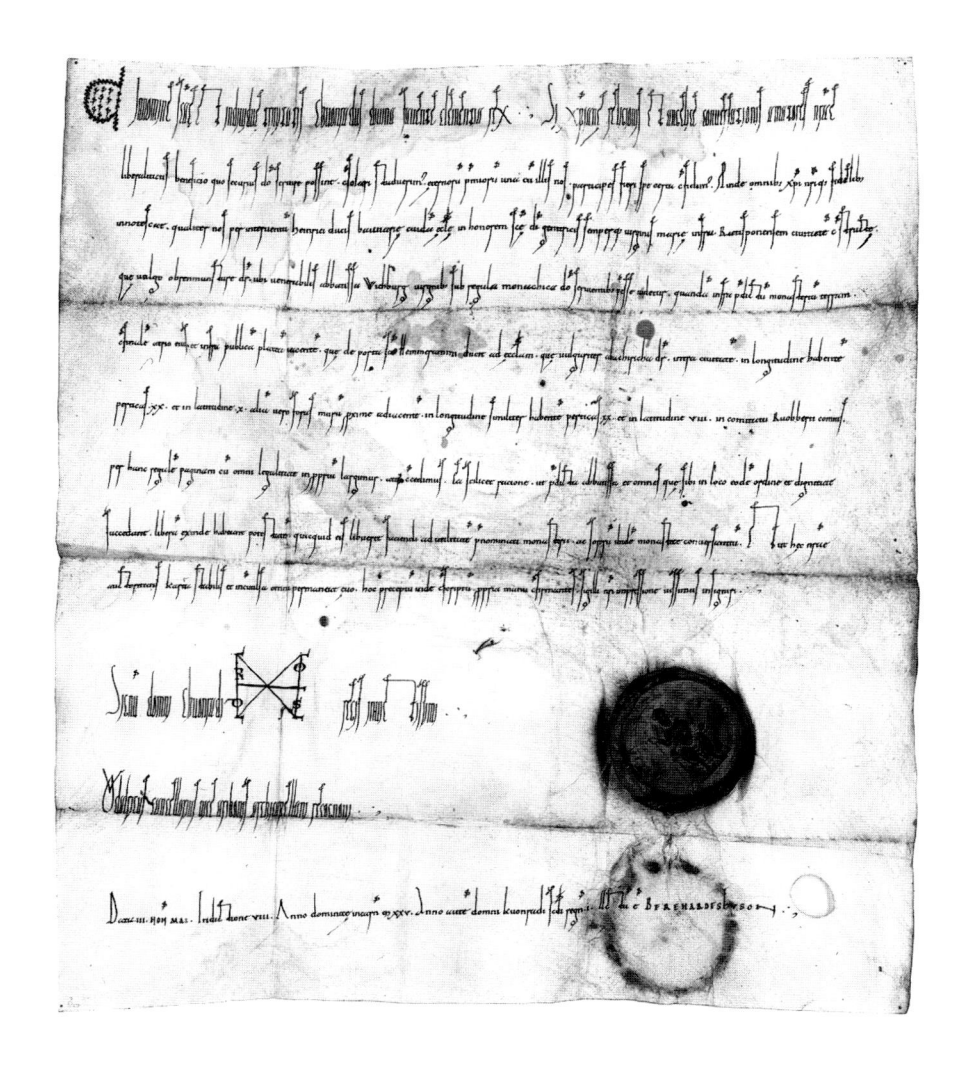

Urkunde Konrads II. vom 5. Mai 1025 für das Obermünster in Regensburg, durch die dem Nonnenkloster nach dem Vorbild Heinrichs II. der Besitz zweier Grundstücke bestätigt wird. Als Beglaubigungsmittel dienen das Monogramm des Kaisers, an dem dieser einen Strich eigenhändig vollzog (Vollziehungsstrich), und das Siegel, das den auf dem Throne sitzenden König zeigt und die Umschrift *Chuonradus Dei gratia rex* (= Konrad durch Gottes Gnade König) aufweist.

Darstellung Speyers von Sebastian Münster, Mitte 16. Jahrhundert.

Der Speyerer Dom mit Westbau aus dem 19. Jahrhundert (Photo: Mitte 20. Jahrhundert.

wird. Aber: Die römische Dimension und der kaiserliche Aspekt der Reichsgewalt sind das eine, die Verknüpfung beider Komponenten mit dem salischen Haus jedoch ist das andere. Das sich darin spiegelnde dynastische Verständnis ist zunächst zweifellos vorrangig als Sorge um die Sicherung der Thronfolge des Sohnes zu interpretieren, aber es erscheint darüber hinaus charakteristisch für Konrad II., der den jungen König ja bald tatsächlich in System und Praxis seiner Regierung einbezog und die salische Samtherrschaft durch die schon erwähnten Bullen eindrucksvoll zum Ausdruck brachte.

Auf das gemeinsame Regiment von Vater und Sohn spielt auch die eigentümliche Prägung einer Münze aus Regensburg an, die sicherlich vor dem Hintergrund von Heinrichs bayerischer Herzogswürde gedeutet werden muß, unleugbar aber auch weiterreichende Vorstellungen evoziert[102]: Sie zeigt kein Bildnis, sondern auf der Vorderseite in den Winkeln eines Kreuzes den Namenszug *HEINRICV[s] REX* und die ihn umschließende Umschrift *CHVONRADVS IMP(erator)*. Eine Speyerer Prägung deutet gleiches an[103]: Auf dem Avers der Münze sind die beiden Salier abgebildet, während auf dem Revers die Gottesmutter, die Patronin der Speyerer Kirche und des salischen Königshauses, mit dem Christuskind (auf dem Schoß?) dargestellt ist. Wurde dieser Münztyp noch zu Lebzeiten Konrads geschlagen, dann diente er unzweifelhaft der Propagierung der salischen Samtherrschaft, wurde er, wie neuestens angenommen wird, unter Verwendung eines byzantinischen Vorbildes erst nach 1042, also nach Konrads Tod, geschaffen, dann zeigt er, indem er die Kontinuität der salischen Herrschaft hervorhebt, wie eng von dem zweiten Salierherrscher offenbar selbst das Verhältnis zum Vater empfunden worden ist.

Gesandtschaft nach Konstantinopel

Die die Nachfolge sichernde Einrichtung von Heinrichs königlicher Mitherrschaft stand nicht nur in ottonischer Tradition, sondern orientierte sich offenbar auch am byzantinischen Beispiel des Mitkaisertums. Die Vorbildfunktion von Byzanz ist für das abendländische Kaisertum ohnehin nicht gering gewesen. Die oströmisch-byzantinische Zivilisation war mit ihren tiefen Wurzeln in der Antike der abendländischen Kultur des Mittelalters ohne Zweifel überlegen, und der Basileus am Bosporus repräsentierte im 11. Jahrhundert immer noch ein machtvolles Gemeinwesen, das gerade erst unter Basileios II. eine starke Konzentration und Steigerung seiner Kräfte erfahren hatte. Besonders angesichts des seit Karl dem Großen bei entsprechender Gelegenheit immer wieder aktuell gewordenen Zweikaiserproblems, das im Mittelalter öfter Zündstoff für einen Ost-West-Konflikt geboten hat und letztlich im exklusiven Universalismus der Kaiserwürde gründete, dürfte es dem Salier nach der Kaiserkrönung dringend geboten erschienen sein, Kontakt mit Konstantinopel und dem Ostkaiser aufzunehmen und an Konstantin VIII., den Bruder des 1025 verstorbenen Basileios, eine Gesandtschaft abzuordnen, mit deren Bestallung im übrigen auch die Schaffung der ersten Kaiserbulle und die Vorstellung des Kaisersohnes Heinrich als *spes imperii* in Zusammenhang gebracht werden kann.

Unter Führung des angesehenen Bischofs Werner von Straßburg, der noch Ende September 1027 an der Frankfurter Synode teilgenommen hatte, brach die Legation wohl im Laufe des Herbstes auf und erreichte Konstantinopel nach schweren Mühen, da der König von Ungarn ihr aus politischen Gründen den Weg versperrt hatte und sie deshalb über Venedig, wo man ebenfalls Ressentiments gegen die salische Herrschaft hegte, reisen und schließlich unter großen Schwierigkeiten (*navigio calamitoso*) das bewegte Meer überqueren mußte, das seine eigenen Gefahren barg und in Spätherbst und Winter – wenn überhaupt – nur schwer passierbar gewesen sein dürfte. Worin allerdings der Auftrag der Gesandten bestand, darüber schweigt sich Wipo merkwürdigerweise aus. Natürlich sollten sie das neue westliche Kaisertum des Saliers vorstellen, die Anerkennung durch den Basileus erwirken und die Gleichrangigkeit der imperialen Würden betonen sowie ein gutes bis freundschaftliches Verhältnis zwischen dem Ost- und Westreich vermitteln – und in all dem ist die Gesandtschaft auch erfolgreich gewesen.

Ob sie zugleich, wie andere, zum Teil erheblich spätere Quellen berichten, auf Brautschau und -werbung für den zehnjährigen Heinrich gehen sollte, ist keinesfalls ausgeschlossen, konnte die Verlobung und spätere Hochzeit mit einer byzantinischen Prinzessin doch nur das Ansehen der neuen Monarchie heben und ihr Verhältnis zum oströmischen Herrscherhaus verbessern. Weiterreichende Kombinationen allerdings, die von modernen Historikern erschlossen worden sind und darauf gerichtet gewesen sein sollen, die beiden Kaiserreiche wieder zu vereinen, solche Spekulationen dürfen getrost ins Reich der Phantasie verwiesen werden. Es ist ja nicht nur schwer vorstellbar, wie die weiträumigen, sich kaum berührenden und wirtschaftlich, geistig, kirchlich, politisch und sozial so unterschiedlich entwickelten Imperien unter einer Herrschaft (natürlich der salischen!) hätten zusammengeführt und verbunden werden können, vielmehr ist darüber hinaus jener Weg, der zu diesem großen Ziel geführt haben soll, überhaupt nicht gangbar gewesen.

Zwar ist es richtig, daß – anders als im Reich – die Kaiserherrschaft in Byzanz von Frauen ausgeübt und vererbt werden konnte, und es trifft zu, daß Konstantin VIII. keinen Sohn, sondern nur drei Töchter besaß, die 1027 noch unverheiratet waren und an die oder an deren künftigen Gemahl nach dem Tode des Basileus das Kaisertum fallen mußte (und in der Tat auch gefallen ist), aber eine Heirat mit diesen purpurgeborenen Kaiserkindern kann aus salischer Sicht keinesfalls erstrebenswert gewesen sein. Eudokia, die älteste und von Blatternnarben entstellte, hatte der Welt ohnehin als Nonne entsagt; die mittlere, Zoe, genoß das Leben in vollen Zügen und war schon hoch in den Vierzigern (wenn nicht gar noch älter); und Theodora, die jüngste, bestenfalls eine Enddreißigerin mit den Allüren eines ‚späten Mädchens‘, zeigte sich nicht besonders heiratswillig. Alle diese kaiserlichen Grazien wären nicht nur eine Zumutung für den um Vieles jüngeren, noch im Knabenalter stehenden Heinrich gewesen, sondern sie hätten, besonders wenn man in Rechnung stellt, daß es mit einem Eheschluß noch gute Weile haben mußte, die wesentliche Aufgabe gar nicht mehr erfüllen können: nämlich einen Thronfolger zu gebären. Sehenden Auges die Generationenfolge in Frage stellen und das Ende des eigenen Hauses akzeptieren um der Wiedervereinigung zweier längst getrennter Reiche willen, das dürfte kaum das Ziel des familienbewußten Saliers gewesen sein. Wenn Konrad seinen Gesandten wirklich den Auftrag erteilt haben sollte, nach einer byzantinischen Braut für seinen Sohn Ausschau zu halten, dann wird er den Kreis möglicher Bewerbungen keinesfalls zu eng gezogen oder gar auf die beiden ältlichen Porphyrogennetai beschränkt haben.

Mit einer Braut für den Thronfolger kehrten die Gesandten jedenfalls nicht zurück. Trotzdem scheinen sie ihre Mission zu Konrads Zufriedenheit erfüllt zu haben. Zwar war der Delegationsleiter Werner von Straßburg in Konstantinopel gestorben und Konstantin VIII. hatte sich nur wenig später ebenfalls auf das Totenbett gelegt, aber der neue Kaiser Romanos III. Argyros, der kurz vor dem Ableben des Vorgängers von seiner Frau geschieden und mit der leichtlebigen Zoe verheiratet worden war, war ebenfalls an guten Beziehungen mit dem Westen interessiert und scheint in diesem Sinne sogar an Konrad geschrieben zu haben. Freilich ist der mit Goldtinte verfaßte Brief nicht mehr erhalten. Ob er, wie vermutet worden ist, das Angebot einer Eheverbindung zwischen einer (kaum mehr jugendlichen) Schwester des Basileus und dem jungen Heinrich enthielt, ist keinesfalls sicher und eher unwahrscheinlich; aber selbst ohne eine salisch-byzantinische Hochzeit blieb das Verhältnis zu Ostrom konfliktfrei.

Nach dem Tode des Bischofs Werner war der Graf Mangold an die Spitze der Gesandtschaft getreten und führte sie glücklich in die Heimat zurück. Hier traf er mit seinem Gefolge im Laufe des Jahres 1029 ein. Am 17. Januar 1030 gewährte ihm der Kaiser ein wichtiges Marktrechtprivileg[104], was zweifellos einen Akt der Dankbarkeit und Belohnung darstellte. Der Gunstbeweis zeigt indirekt aber auch Konrads Zufriedenheit mit den Ergebnissen, die seine Gesandten am Bosporus erreicht hatten.

Gesicherte Herrschaft

Ende der zwanziger Jahre hatte Konrad in der Tat allen Grund, zufrieden zu sein, denn er war insgesamt vom Erfolg verwöhnt worden. Die Etablierung seines Königtums war rasch und ohne größere Schwierigkeiten gelungen, die Opposition hatte er, bis auf verschwindend geringe Reste, auf seine Seite ziehen können, die Kaiserkrone war innerhalb dreier Jahre erworben worden und die Lage in Italien stabilisiert, der Sohn war zum König geweiht und die Nachfolge damit gesichert. Die salische Monarchie wurde allseits akzeptiert und auch in Byzanz anerkannt. Die Konsolidierung der neuen Herrschaft war damit erreicht; die salische Monarchie, rasch auf höchste Höhen erhoben, erstrahlte in hellem Glanz. Was als Aufgabe blieb, war die Bewährung im herrscherlichen Alltag.

ZWEITER TEIL

Herrschaft und Reich

Wesen und Praxis königlicher Herrschaft

Das Königtum als Zentrum des Reiches

Das Königtum stellte ohne Zweifel den Kern und Angelpunkt jeglicher politischer und gesellschaftlicher Ordnung im fränkischen wie nachfränkischen Abendland dar. Schon allein die religiöse Dimension, die es gewonnen hatte, garantierte seinen Fortbestand und sicherte ihm eine herausragende Bedeutung: Niemand vermochte, sich ein nach göttlichem Willen geordnetes Staatswesen ohne Sachwalter und Stellvertreter Gottes mit christomimetischer Aureole an seiner Spitze vorzustellen. Zwar konnte man den einzelnen König unter bestimmten Voraussetzungen bekämpfen, die Institution jedoch, die er verkörperte, war unantastbar.

Der vicarius Christi

Die sakrale Dimension, die dem Königtum und seinem Träger eignete, stellt zweifellos die auffallendste Besonderheit mittelalterlicher Herrschaft dar – jedenfalls für den modernen Betrachter, dessen aufgeklärte und postmoderne Lebenswelt von einem säkularisierten Staatswesen und einer laizistischen oder atheistischen, jedenfalls kaum mehr religiös gebundenen Gesellschaft geprägt wird und der sektiererische Bindungs- wie Erlösungssehnsüchte ebenso wie fundamentalistische Glaubensgewißheit nur noch mit Befremden und Unverständnis zur Kenntnis nehmen kann. Gerade dieser durch die Aufklärung und ihre historischen, gesellschaftlichen, politischen und philosophischen Nachwirkungen geschaffenen Distanz und der durch sie hervorgerufenen Erfahrungs- und Verstehensdiskrepanz muß man sich bewußt sein, wenn man die auf ein christozentrisches Königtum ausgerichtete Herrschaftsordnung des früheren Mittelalters nicht von vornherein mißverstehen will. Geistlicher und weltlicher Bereich, modern gesprochen: Staat und Kirche, waren eben nicht nur nicht voneinander getrennt, sondern sogar auf das engste miteinander verwoben; Geistliche haben (was angesichts zahlreicher steinerner Zeugen einer großen Vergangenheit auch breiteren Kreisen bekannt blieb) weltliche und geistliche Herrschaft ausgeübt, aber auch der König (und das ruft heute meist Erstaunen hervor) war als *rex non laicus* in den kirchlich-priesterlichen Bereich einbezogen. Die kirchliche Salbung verlieh dem Herrscher einen geistlichen Charakter, der es ihm schließlich sogar ermöglichte, Mitglied bestimmter Domkapitel zu werden (so, wie der Papst den Kaiser wohl seit dem 12. Jahrhundert vor dessen Weihe in Rom unter die Kleriker der Peterskirche aufnahm). Diese Sazerdotalität des Herrschers bildete keinesfalls nur einen äußeren, ausschließlich der Legitimation dienenden Anstrich weltlicher Macht, sondern sie stellte ein Wesenselement des königlichen *ministerium* dar. Natürlich war jeder frühmittelalterliche Herrscher persönlich fromm und von einer tiefen Religiosität geprägt, aber sowohl die von Gott gewollte Berufung ins Königsamt als auch die Herrscherweihe verliehen ihm darüber hinaus eine numinose Aura, die ihn weit über alle Mitmenschen heraushob und nicht zuletzt auch als Ausstrahlung seiner besonderen Verantwortung für die Christenheit und der aus ihr abzuleitenden heilsgeschichtlichen Aufgabe eines *vicarius Christi* verstanden werden kann.

Jedesmal, wenn er an feierlichen Gottesdiensten teilnahm und dabei auch noch unter der Krone ging oder gar in einem besonderen Akt das Diadem von einem Bischof eigens aufgesetzt bekam, also eine von der Erstkrönung zu unterscheidende Festkrönung vorgenommen wurde, jedesmal, wenn der König im vollen Ornat seiner Würde erschien, erinnerte er an die ihm von Gott aufgetragenen Pflichten und seine Nähe zur göttlichen Sphäre. Jeder Herrschergottesdienst gestaltete sich daher auch zu einem das Königtum in divinem Glanz repräsentierenden Ereignis, das selbstverständlich zur Kräftigung der Legitimation einer Herrschaft beitragen konnte; die Teilnahme an ihm diente dem König daher sowohl zur Befriedigung seiner eigenen religiösen Bedürfnisse als auch zur Erfüllung seines königlichen Dienstes gegenüber Gott. Beide Aspekte sind untrennbar miteinander verwoben – bei bedeutsamen Feiern kirchlicher Hochfeste ebenso wie bei der christlichen Gestaltung des königlichen Alltags; denn auch dieser war, wie man Widukinds von Corvey Beschreibung von Ottos des Großen Sterben entnehmen kann, nicht unerheblich von geistlichen Verrichtungen geprägt. Was der Corveyer Mönch am Ende seiner Sachsengeschichte über den Tagesverlauf seines dem Tode nahen Helden berichtet[105], dürfte im Prinzip wirklich dem normalen Ablauf eines Tages im Leben des Liudolfingers entsprochen haben (ohne daß jeder Tag wie der andere verging, denn natürlich hat es vielfache Abwandlungen und Variationen unter dem Einfluß besonderer Ereignisse und Situationen gegeben).

Offenbar stand Otto I. gewöhnlich (*iuxta morem*) vor der Morgendämmerung auf, um an den geistlichen Lobgesängen am Ausgang der Nacht (Nokturn) und am Beginn des Tages (Matutin) teilzunehmen. Bevor die Messe gefeiert wurde, ruhte er noch etwas aus; nach dem Gottesdienst erfüllte er dann die wichtige Herrscheraufgabe der Mildtätigkeit und gab (was, das wird nicht gesagt) – ebenfalls *iuxta morem* – den Armen. Bei der Vesper, an der er also gleichfalls teilnahm, griff schließlich der Tod nach ihm und zog ihn auf das Sterbelager. Natürlich beschreibt der sächsische Mönch den Hingang des bewunderten Kaisers aus seiner monastischen Perspektive als die Vollendung eines gottgefälligen Lebens, eines Lebens im Dienste Gottes und der Armen. Trotzdem wird man annehmen dürfen, daß der Herrscheralltag, wie von Widukind dargestellt, ganz wesentlich von der Teilnahme an geistlichen Übungen und Meßfeiern wie auch an Handlungen der herrscherlichen Mildtätigkeit und Nächstenliebe gegliedert worden ist – und es gibt keinen Grund für die Annahme, daß dies unter den späten Ottonen oder frühen Saliern wesentlich anders geworden sein sollte.

Wenn wir Konrads II. Herrscheralltag auch nicht in seinen Einzelheiten kennen, so besitzen wird doch gerade aus seiner Regierungszeit den Bericht über den Ablauf einer Synode, der die kirchlich-religiöse Dimension des Herrscheramtes und den Synergismus von Geistlichkeit und Königtum sehr deutlich werden läßt. Wolfhere, der Biograph des Hildesheimer Bischofs Godehard, schildert die Frankfurter Synode des Jahres 1027, die sich mit dem Gandersheimer Streit befassen mußte, recht ausführlich und verweilt dabei besonders bei der Sitzordnung, die ihm sehr gefällt und äußerst zweckmäßig erscheint[106]; sie war vielleicht nicht die ansonsten übliche, dafür aber in ihrer Aussagekraft beeindruckend:

Versammlungsort war die Frankfurter Pfalzkapelle. Hier nahm, auf den Stufen vor dem Hauptaltar, der Mainzer Erzbischof Aribo Platz, flankiert von seinen Suffraganen, den Bischöfen von Straßburg, Bamberg, Würzburg, Hildesheim und Worms zu seiner Rechten und denen von Augsburg, Paderborn, Verden und Halberstadt zu seiner Linken. Ihm gegenüber, im Westen des Chores, residierte auf erhöhtem Thron der gerade aus Italien zurückgekehrte Kaiser mit Pilgrim von Köln an seiner rechten Seite, neben dem dessen Suffragane, die Bischöfe von Minden, Münster und Utrecht, saßen, während sich links von Konrad der Magdeburger Metropolit mit den Bischöfen von Zeitz, Merseburg, Brandenburg und Meißen niedergelassen hatten. Zwischen diesen beiden Gruppen fanden im südlichen Teil des Chores die Bischöfe aus anderen Kirchenprovinzen, nämlich die Oberhirten von Verdun, Mantua, Oldenburg und Schleswig, im nördlichen Teil hingegen die Äbte von Fulda, Lorsch, Hersfeld, St. Alban (in Mainz), Bleidenstadt, Schwarzach, Würzburg, Deutz und Michelsberg (bei Bamberg) ihren Platz. Innerhalb dieses Kreises oder Ovals durften die an der Synode teilnehmenden Mönche, königlichen Kapläne und bischöflichen Kleriker sitzen, während die Geistlichen niedrigen Ranges hinter den Bischöfen stehen mußten. Die Laien schließlich gruppierten sich hinter dem Kaiser, zu dessen Füßen sich Adalbero von Kärnten, der einzige anwesende Herzog, der zugleich als Schwertträger des Saliers fungierte, niedergelassen hatte.

Das war eine höchst sinnfällige Anordnung, die nicht nur die Anwesenheit von Laien auf kirchlichen Versammlungen belegt, sondern auch die Stellung des Königs und Kaisers beleuchtet, der als in den Kreis der Bischöfe integriert erscheint (entsprechend den Worten, die der Koronator nach dem Mainzer Krönungsordo beim Aufsetzen der Krone zum König zu sprechen hat: „Empfange die Königskrone der Herrschaft ..." und „sei Dir bewußt, daß Du durch sie Teilhaber an unserem Bischofsamt – *particeps ministerii nostri* – wirst ..."). Leiter der Synode war 1027 zweifellos der Mainzer Erzbischof, aber die Anwesenheit des Herrschers eröffnete diesem fraglos weitreichende Mitsprache- und Einflußmöglichkeiten, weswegen es nicht überraschen kann, wenn einige Quellen ihn direkt als Vorsitzenden der Versammlung apostrophieren. Die Anwesenheit von Herrschern auf Konzilen war jedenfalls eine anerkannte Gewohnheit, Zeichen der sakralen Würde und nicht zuletzt Ausdruck der königlichen Kirchenhoheit.

Geistliche und Adlige

Sakraler Rang und sazerdotale Dignität verliehen dem Herrscher ein überwältigendes Ansehen und eine gesteigerte Autorität, die nicht unerheblich zur Stabilisierung seiner Herrschaft beitrugen. Da diese jedoch durch hartnäckige Oppositionen und blutige Aufstände gefährdet werden konnte, bleibt nach der Bindekraft der weltlich-geistlichen *auctoritas* des Königs zu fragen. Diese war vor der großen, Investiturstreit genannten Wende des ausgehenden 11. und des beginnenden 12. Jahrhunderts naturgemäß im kirchlichen Bereich am stärksten. In diesem waren nicht nur die theologisch-theokratischen Vorstellungen vom Königsamt und -dienst entwickelt und ausgestaltet worden, sondern die Geistlichen profitierten auch von der engen Verquickung beider Sphären, da sie in zunehmendem Maße Rückhalt an der königlichen Gewalt und Schutz vor laikalen Übergriffen fanden. Vor dem Hintergrund der Verkirchlichung des Thronerhebungsaktes seit der frühen Karolingerzeit und einer sich gleichzeitig immer deutlicher spiritualisierenden Königsidee fiel es den kirchlichen Kräften offenbar auch nicht schwer, den seit dem Ende der Spätantike vorhandenen und sich seit der Auflösung des karolingischen Großreiches intensivierenden Einfluß des Herrschers auf die kirchliche Stellenbesetzungspraxis, vornehmlich auf die Bischofserhebung zu akzeptieren – und dies um so weniger, als sich aus der Etablierung königlicher Vertrauensleute auf den Bischofsstühlen in der Regel eine nützliche Symbiose zwischen den Ortskirchen und dem Königshof entwickelte. Die späten Ottonen und die frühen Salier konnten sich in Krisensituationen ihrer Herrschaft daher meistens der kirchlichen Unterstützung sicher sein. Zwar gesellten sich gelegentlich auch Bischöfe zur Opposition, doch bildeten sie nur die Ausnahmen von der Regel und trafen ihre Entscheidung wohl nie wegen grundsätzlicher Erwägungen gegen die königliche Kirchenhoheit, sondern lediglich aufgrund spezieller Konflikte, etwa wegen persönlicher Enttäuschungen oder familiärer Rücksichtnahmen, denn natürlich vergaßen auch die Geistlichen, wenn sie hohe Kirchenämter bekleideten, die adlige Umwelt, der sie selbst entstammten, und ihre Gepflogenheiten nicht völlig. Trotzdem kann man die kirchlichen Würdenträger aus der ersten Hälfte des 11. Jahrhunderts in ihrer Gesamtheit als zuverlässige Helfer des Königs und die Reichskirchen deshalb als ein eher stabiles Element seiner Herrschaft bezeichnen.

Anders stellen sich die Verhältnisse dar, wenn man den Laienadel betrachtet. Er bildete zweifellos das eher unruhige, erhöhte Aufmerksamkeit fordernde und in Teilen nicht immer zuverlässige Element der königlichen Herrschaft, auf das diese angesichts fehlender Verwaltungsinstitutionen freilich nicht verzichten konnte. Völlig unklar bleibt, inwieweit dieser Adel die von der Kirche formulierte und propagierte Königsidee angenommen hat. Gänzlich unbeeindruckt kann er von ihr nicht geblieben sein, dazu wurde sie ihm auf Hoftagen und an kirchlichen Hochfesten zu oft in entsprechenden Handlungen feierlich vor Augen geführt. Allerdings bestanden daneben andere Vorstellungen über das Königsideal fort, die von der kirchlichen Herrscheridee wohl auch gar nicht verdrängt werden sollten, sondern vielmehr in diese eingeflossen waren, in Adelskreisen aber wahrscheinlich unabhängig vom theologischen Gedankengut besondere Beachtung und Aufmerksamkeit fanden:

jenes uralte Verständnis vom König als oberstem Kriegsherrn und Friedenswahrer, der vor allem als höchster Richter Gerechtigkeit zu üben und für einen allseits akzeptablen Interessenausgleich zwischen widerstreitenden Parteien zu sorgen hatte. Gerade aber diese letzte Aufgabe barg viele Gefahren und häufig den Keim für blutige Unruhen in sich.

Das adlige, besonders fürstliche Selbstverständnis beruhte vor allem auf einer durch reichen Grundbesitz fundierten Unabhängigkeit, auf der Fähigkeit, eigene Interessen mit dem Schwert in der Hand verteidigen zu können, und auf dem Bewußtsein, eine führende Rolle in Politik und Gesellschaft zu spielen sowie in einer (unter Umständen verpflichtenden) familiären Tradition zu stehen und auf den eigenen Besitzungen eine nicht vom Königtum abgeleitete (autogene) Herrschaft auszuüben. Dieses Selbstbewußtsein korrespondierte mit einem Herrschaftswillen, der auf Rangerhalt oder -erhöhung und Machterweiterung gerichtet war, sowie mit dem Wissen um die Verankerung des Königtums in dieser Adelswelt, die den Herrscher letztlich nur als ‚primus inter pares' zu akzeptieren vermochte und in ihm wohl vorrangig den gewählten Moderator widerstreitender Interessen und entflammter Konflikte sah. Ein von solchen Vorstellungen geprägter Fürst konnte, vielleicht sogar indem er die kirchliche Königsidee (ganz oder teilweise) rezipierte, dem König einen besonderen Vorrang einräumen und in ihm den Träger einer höheren Würde sehen; er vermochte sich ihm aber zweifellos nicht bedingungslos unterzuordnen, denn bedingungsloser Gehorsam war ein Kennzeichen der Unfreiheit, war etwas, was der Herr von seinen Knechten forderte und daher gegen die adlige Freiheit verstieß. Das aber heißt, daß Entscheidungen oder Forderungen des Königs kritisierbar waren – besonders dann, wenn sie als ungerecht empfunden wurden –, und dies zwang den König dazu, für seine Maßnahmen und Handlungen einen möglichst breiten Konsens zu suchen; denn fühlte sich ein Adliger in seinem Rechtsempfinden, in seinen Interessen oder in seinem Wertgefühl zu Recht oder zu Unrecht gekränkt, dann begab er sich möglicherweise nicht nur in Distanz, sondern unter Umständen auch in Opposition zum Herrscher und griff dabei vielleicht sogar zum Schwert. Konrad II. hat dies, wenn auch nicht gerade in allzu bedrohlicher Form, in den Aufständen seines Stiefsohnes selbst erfahren müssen.

Besonders problematisch konnten sich solche Oppositionsbewegungen natürlich gestalten, wenn höchste Würdenträger sich an ihr beteiligten und ihr dadurch eine breite Resonanz verschafften. Nachteilig wirkte sich dabei für das Königtum selbstverständlich das Fehlen jeglicher Verwaltungsinstitutionen aus. Allerdings darf diese Feststellung nicht, wie generationenlang geschehen, zu einer Diskreditierung der mittelalterlichen Staatsverhältnisse aus dem Blickwinkel des modernen Anstaltsstaates mit seinen Behörden und institutionalisierten Einrichtungen führen. Vielmehr sind das ‚vormoderne' Staatswesen und seine Herrschaftsverhältnisse aus den eigenen Bedingungen heraus zu verstehen.

Und diese sind vor allem durch Gewohnheiten, persönliche Bindungen und Verpflichtungen sowie durch das Fehlen amtsmäßiger Verwaltungsträger bestimmt gewesen. Entscheidend für den Erfolg einer Herrschaft war deshalb vor allem die persönliche Autorität des Monarchen, die sich darin bewährte, einen möglichst breiten Konsens für seine Politik zu finden und weltlichen wie geistlichen Adel an sein Königtum zu binden. Die Machtmittel, die ihm dabei aus dem Königs- und Reichsgut sowie vor allem aus den Servitialleistungen der Reichskirchen (dem für die Bischöfe nicht eigens fixierten *servitium regis*) zuflossen, waren zwar nicht unerheblich für die Stärke einer Königsherrschaft, reichten für eine tatkräftige und erfolgreiche Regierungstätigkeit allein aber keinesfalls aus; diese hing vielmehr in nicht unerheblichem Maße vom persönlichen Auftreten des Königs, von seinem Ansehen, von seiner Überzeugungskraft und der Zustimmung, die er fand, ab. Versagte diese (durch die sakrale Aura ungemein gesteigerte) Attraktivität oder fiel der König – aus welchen Gründen auch immer – ganz aus, geriet das auf persönliche Beziehungen und Bindungen aufgebaute Regierungssystem naturgemäß in die Krise. Wichtigste und praktisch auch einzige Institution, auf die es sich stützen konnte, war dabei der Königshof selbst.

Der Königshof

Der Hof bildete nicht nur Ort und Rahmen des königlichen Alltags, sondern zugleich auch des Königs bedeutendstes Regierungsinstrument. In seinem Zentrum stand der Herrscher selbst (und natürlich seine Familie). Neben – politisch nicht ins Gewicht fallenden, für das persönliche Wohlergehen aber keinesfalls unwichtigen – subalternen Bediensteten wurde der Köngshof von weltlichen und geistlichen Großen, Ratgebern, Freunden, Bittstellern, kurz- oder längerfristig verweilenden Gästen gebildet. Zeitweise weitete er sich zum Hof- (oder wie man, allerdings unter Umständen anachronistische Vorstellungen provozierend, auch sagt: Reichs-)tag, der der politischen Beratung und konsensstiftenden Beschlußfassung diente.

Dem königlichen Haushalt stand als *necessaria comes*, wie Wipo sie nennt[107], als unentbehrliche Gefährtin des Herrschers selbstverständlich die Königin vor. Sie konnte den König in vielfacher Hinsicht unterstützen, nicht nur, indem sie ihm die Sorge um die alltägliche Lebensführung abnahm (wie schon Hinkmar von Reims 882 bemerkte[108]), sondern auch durch Teilnahme an der Herrschaft. Sie war, wie es in einigen Königsurkunden heißt, *consors regni*, Teilhaberin am Reich, und konnte dadurch – wie die schöne und mit reichen Eigengütern ausgestattete Gisela – einen nicht unerheblichen Einfluß gewinnen. Freilich ist ihre Stellung als Herrscherin (anders als es etwa bei den byzantinischen Kaiserinnen der Fall war, die gegebenenfalls eigenständig regieren konnten) im Reich niemals unabhängig möglich gewesen, sondern lag immer im Rang des Mannes begründet. Die Königin, auch wenn sie wie Gisela in mehr als der Hälfte der Urkunden ihres Gemahls als Intervenientin und damit häufiger als jede andere Herrscherin als Fürsprecherin von verbrieften Rechtsgeschäften verzeichnet wird, war eben Teilhaberin an der Herrschaft nur, weil sie Gemahlin des Königs war und dessen Ehegemach teilte, weil sie, wie es unter Konrads II. Sohn Heinrich heißen wird, *consors thori et regni* gewesen ist; sie herrschte letztlich nur als Ehegattin oder als verwitwete Mutter eines noch minderjährigen Königs.

Die tatsächliche Ordnung von Hof und Haushalt lag in den Händen der Inhaber von vier Hofämtern, über die König und Königin nur eine Oberaufsicht wahrnehmen konnten. Diesen, dem Truchseß (mancherorts auch Seneschall genannt) als Vorsteher des Gesindes, dem Mundschenk, dem Kämmerer und dem Marschall, standen in der Regel noch weitere Funktionsträger mit speziellen Aufgaben zur Seite. Von ihrem Einsatz hing ganz wesentlich der reibungslose Tagesablauf des sich auf permanenter Wanderschaft durch das Reich befindlichen Hofes ab. Wipo hielt die Disposition und das Funktionieren des königlichen Haus- und Hofhaltes für so wichtig, daß er ihnen in seinen ‚Gesta Chuonradi imperatoris' ein eigenes, das vierte, Kapitel unter der Überschrift *De dispositione curiali et de regina* (Von der Einrichtung des Hofhalts und von der Königin) widmete. Allerdings stellt er hier nur kurz fest, daß er bei der Hofordnung gar nicht lange zu verweilen brauche (weswegen er auch keine konkreten Maßnahmen des Saliers und keine Träger der einzelnen Hofämter mit Namen nennt), um danach die entscheidende Äußerung tun zu können, daß nämlich unter keinem von Konrads Vorgängern die Hofämter besser und würdiger besetzt gewesen seien. Aus anderen Quellen erfahren wir wenigstens zwei Namen (allerdings auch nicht mehr): den des Truchsessen Konrad und des Kämmerers Liutulf.

Die Hofkapelle

Ob dieses Schweigen ein Indiz für eine weitgehende Beschränkung der Inhaber dieser Ämter auf ihren Dienst am Hofe liefert, mag dahingestellt bleiben. Aus der Karolingerzeit jedenfalls besitzen wir Beispiele, die den Einsatz von Hofpersonal bei Aufgaben im Reich belegen und deutlich machen, wie sehr die ‚Reichsverwaltung' letztlich nur eine ‚verlängerte Hofverwaltung' gewesen ist. Daß dies prinzipiell aber auch noch im 11. Jahrhundert galt, belegt eine andere Institution: die Hofkapelle. Diese wurde unter den ersten Karolingerkönigen geschaffen und bestand mit einigen Wandlungen im gesamten Mittelalter fort. Als Personenverband umfaßte sie die Hofgeistlichen, die dem König durch besonderen Eid verbunden waren, den Herrschergottesdienst und damit die seelsorgerische Betreuung des Königs versahen und die königlichen Reliquien und Reichsheiltümer hüteten. Von dieser Aufgabe leitete sich auch der Name ab. Denn ursprünglich hatte zum Reliquienschatz der (heute verlorene) Mantelrest des hl. Martin von Tours gehört, die *cappa* oder *capella*, deren Hüter als *capellani* und in ihrer Gesamtheit ebenfalls als *capella* bezeichnet wurden (mit einem Begriff, der gleichzeitig auch noch zur Benennung des Reliquienschatzes selbst wie auch seines Verwahrraumes verwendet werden konnte und daher ebenso mehrdeutig gewesen ist wie heute seine deutsche Entsprechung ‚Kapelle'). An der Spitze dieses geistlichen Personenverbandes stand bis in die Mitte des 11. Jahrhunderts der *archicapellanus*, der Erzkaplan, dem die Disziplinargewalt über die Hofgeistlichkeit zustand und dessen Amt seit 965 fest mit der Mainzer Metropolitenwürde verbunden war. Der Mainzer Erzbischof war daher seit dieser Zeit bis zum Ende des Alten Reiches Erzkaplan bzw. Erzkanzler des Königs, wie es seit 1044 hieß, (oder – in späterer Terminologie – Erzkanzler des Reiches).

Mit dem Begriff des (Erz-)Kanzlers wird ein wichtiger Aufgabenbereich der Hofkapelle angesprochen: die schriftliche Verwaltungstätigkeit, vor allem das Ausstellen von Urkunden. Eine eigenständige Kanzlei als Urkundsbehörde oder gar als politisches Handlungszentrum hat es bis in das 11. Jahrhundert hinein nicht gegeben; sie entwickelte sich erst allmählich, indem sie aus der Hofkapelle herauswuchs und vor allem seit der Stauferzeit zu einer ausgestalteten Institution wurde. Da die Geistlichkeit im früheren Mittelalter ein zwar nicht exklusives, aber doch weitgehendes Bildungsmonopol besaß, kann es letztlich nicht überraschen, wenn die Könige seit Pippin I. auf die Hofkleriker zurückgriffen und von diesen ihre Urkunden ausstellen ließen. Die Kapläne, die als Schreiber herangezogen wurden (es waren keineswegs alle), hießen *notarii* oder *cancellarii*, doch führte den Titel eines Kanzlers (*cancellarius*) schließlich nur noch der Notar, der das gesamte Urkundenwesen anstelle des nominell verantwortlich bleibenden Erzkaplans (später des Erzkanzlers) beaufsichtigte. So bildete sich die Kanzlei zunächst nur als ein Ressort, als ein Aufgabenbereich der Kapelle heraus, die sich im 11. Jahrhundert folgendermaßen hierarchisch gliederte: Der Erzkaplan stand an der Spitze der Kapläne, von denen die Notare eine eigene Gruppe unter dem Kanzler bildeten, der jedoch seinerseits dem Erzkaplan untergeordnet blieb, ihn aber in seiner Abwesenheit vertrat. Allerdings gewann der Kanzler, weil er im Gegensatz zum *archicapellanus*, der ja auch noch Erzbischof von Mainz war, sehr häufig am Hof weilte und diesen wohl meist nur im königlichen Auftrag verließ, immer stärker an politischem Gewicht, da er aufgrund seiner Tätigkeit ein bevorzugter Ratgeber des Herrschers werden konnte. Es kann daher auch nicht überraschen, wenn die Könige des 11. Jahrhunderts verstärkt gerade auf den Kreis ihrer Kapläne und bevorzugt auf ihre Kanzler zurückgriffen, wenn es darum ging, ein Bistum mit Vertrauensleute zu besetzen. Andererseits jedoch darf man sich von der Kapazität der Königskanzlei keine übertriebenen Vorstellungen machen. Es waren immer nur wenige Kapläne, die als Notare Verwendung fanden; und zahlreiche Königsurkunden sind gar nicht erst von ihnen selbst, sondern zu großen Teilen von Schreibern der Urkundenempfänger angefertigt und anschließend nur noch von den Kanzlisten beglaubigt worden.

Seit der Übernahme der Herrschaft im *regnum Italiae* durch Otto I. gab es noch eine weitere Urkundenabteilung innerhalb der Kapelle: die italische Kanzlei mit eigenem Kanzler und Erzkanzler an der Spitze. Zeitweilig sind unter Otto III. und Heinrich II. beide Kanzleien zwar auch einmal vereint gewesen, doch hatte sich dieser Zusammenschluß schon 1008/09 wieder gelöst; und Konrad II. behielt die Doppelung bei. Selbst als er nach seiner Wahl aus Dankbarkeit für die geleistete Unterstützung dem *archicapellanus* und Mainzer Erzbischof Aribo auch noch die italische Erzkanzlerwürde übertrug, blieb die italische Abteilung als eigenes Ressort unter einem eigenen Kanzler bestehen. Nach dem Tode Aribos löste Konrad die Verbindung der beiden Erzämter sogar wieder und übertrug dem Kölner Erzbischof Pilgrim, der 1016 bis 1021 schon Heinrichs II. Kanzler für Italien gewesen war, die italische Erzwürde. Der Salier traf damit eine Entscheidung, die weitreiche Folgen haben sollte, denn von 1031 an verblieb das italische Archicancellariat bei der Kölner Kirche, deren Oberhirten bis zum Ende des Alten Reiches *archi-*

cancellarii für Italien (*per Italiam*, wie es später heißen sollte) blieben – so, wie der Mainzer der Erzkanzler für das deutsche Reich (*per Germaniam* in späterer Diktion) war. Der Kölner, der von 1031 an regelmäßig als Erzkanzler in den Urkunden mit italischen Betreffen genannt wurde, trat damit als nominelles Oberhaupt der italischen Kanzlei an die Seite seines Mainzer Amtsbruders, des nominellen Oberhauptes für die deutsche Kanzlei. Nach der Übernahme der Funktion eines Koronators des deutschen Königs war dies zweifellos ein weiterer Erfolg im Ringen um den Spitzenrang im Reichsepiskopat – sowohl für Pilgrim selbst als auch für seine Nachfolger auf der Kölner cathedra, denn die Mehrgliedrigkeit des Erzkanzleramtes (es gab gelegentlich auch noch ein burgundisches, das jedoch erst im 14. Jahrhundert fest mit dem Trierer Erzbistum verbunden wurde) blieb ja erhalten, selbst als unter Konrads Urenkel Heinrich V. auf der Ebene der Kanzleien endgültig eine Konzentration stattfand und es seit dem Ende der Salierzeit nur noch eine einzige Urkundsbehörde gab, die die Aufgaben der italischen und der seit Heinrich III. zeitweilig auch noch bestehenden burgundischen Kanzlei mitübernahm.

Die Hofkapelle war für das Königtum nicht nur bedeutsam, weil sie den Schriftverkehr des Königs erledigte, sondern vor allem auch deshalb, weil sie die Reichskirchen auf vielfältige Weise an den Hof band und ihre Mitglieder als Sachwalter des Herrschers, etwa als *missi*, mit besonderen Aufgaben im Reich betraut werden konnten. Die Vernetzung fand nicht nur dadurch statt, daß aus den Reihen der im Reichsdienst erzogenen Kapläne, die den Kontakt zum Hof in der Regel nicht wieder verloren, die Kandidaten für freigewordene Bistümer genommen werden konnten oder weil zwei Erzbischöfe, der Mainzer und der Kölner, durch ihr Amt als Erzkanzler mit dem Hof verbunden blieben. Wichtig war darüber hinaus auch, daß die Kapläne vor ihrem Wechsel in den Königsdienst schon in Dom- oder Stiftskapiteln ihre geistliche Laufbahn begonnen hatten und die hier erworbenen Dignitäten und Pfründen als Hofkleriker keinesfalls aufgaben, daher in Verbindung mit ihren Herkunftskirchen blieben und deshalb Kontakte vermitteln konnten: vom Hof zu den Ortskirchen, aber auch von diesen zum Hof. Nachweisbar waren Konrads Kapläne in den Kathedralkirchen von Magdeburg, Würzbug, Straßburg, Toul, Köln, Worms, Lüttich, Halberstadt und Mailand verwurzelt, doch darf man von einem noch wesentlich dichteren Beziehungsnetz ausgehen.

Darüber hinaus bildete die Hofkapelle natürlich ein Beratungsgremium für alle kirchlichen Angelegenheiten und – wie sich am Beispiel der italischen Kanzlei zeigen läßt – die erste Anlaufstelle für Bittsteller und Gehörsuchende aus den einzelnen Teilen des Reiches. Dies belegt etwa die häufige Intervention der italischen Kanzler und Erzkanzler zugunsten von Bischofskirchen und Klöstern Italiens, eine gleichsam institutionalisierte Fürsprache also, die sowohl in den auf deutschem als auch auf italienischem Boden ausgestellten Urkunden erwähnt wird. Ein Gutteil der Kontakte zwischen dem Königshof und den Geistlichen Italiens wurde mithin über die Kanzlei und ihren Vorsteher hergestellt, der natürlich vor allem auf Italienzügen des Herrschers gefordert war. Auf diesen konnte er selbst als Königsbote tätig werden oder zumindest die Aufgaben der übrigen *missi* koordinieren und beaufsichtigen; selbstverständlich nahm er an den vom König einberufenen Versammlungen italischer Großer teil. Er konnte in Italien aber ebenfalls tätig werden, wenn der Herrscher selbst nicht über die Alpen gezogen war. In diesem Fall wurde er zu einem wichtigen Sachwalter der königlichen Interessen, wie er ohnehin aufgrund seiner speziellen Einsichten in die Verhältnisse der Apenninenhalbinsel auch sonst ein gern gehörter Ratgeber in italischen Angelegenheiten gewesen sein dürfte.

Da dem italischen Kanzler beim Knüpfen und Ausgestalten der alpenübergreifenden Personalbeziehungen des Königshofes eine zentrale Rolle zufiel, wurden mit dieser wichtigen Aufgabe in der Regel hochrangige Persönlichkeiten betraut. Unter Konrad waren es: Hugo, der das Amt schon unter Heinrich II. ausgeübt hatte, als Garant der Kontinuität angesehen werden darf und 1027 Bischof von Parma wurde, Bruno, der Bruder Konrads des Jüngeren und somit ein Vetter des Königs, der später Bischof von Würzburg wurde, sowie der Ezzone Hermann, ein Enkel Ottos II., der 1036 zum Erzbischof von Köln und italischen Erzkanzler erhoben worden ist, und schließlich der Bischof Kadelhoh von Naumburg.

Schon allein diese Namen künden von der Bedeutung des Amtes. Zwei ihrer Träger waren mit dem Herrscherhaus verwandt, einer als Kanzler zugleich auch schon Bischof. Eine solche Herkunft oder Ämterkumulation ist bei den ‚deutschen' Kanzlern Konrads jedenfalls nicht festzustellen; vielmehr stiegen diese – außer Udaldrich, der ebenso wie Hugo von Parma die Geschäfte bereits unter dem letzten Liudolfinger geführt hatte und 1032 als Kanzler starb – immer erst nach ihrer Amtszeit in den Reichsepiskopat auf, blieben allerdings bei dem Wechsel auf eine bischöfliche Kathedra manchmal für eine gewisse Übergangsphase auch noch als *cancellarius* tätig wie Burchard, der 1036 Bischof von Halberstadt wurde, während sein Nachfolger Theoderich erst unter Konrads

Sohn Heinrich III. Bischof von Basel geworden ist. Allerdings darf man diesen Befund nicht als Indiz für einen niedrigeren Rang oder geringeren Wert der eigentlichen Königskanzlei mißverstehen. Diese erledigte zweifellos die meisten Urkundsgeschäfte und wird – wie die italische Abteilung – nicht zuletzt durch ihren Vorsteher einen Teil des Personalgeflechtes zwischen Hof und Reich geordnet und gebündelt haben; nur war der Zugang zum Herrscher in den Landen nördlich der Alpen schon allein aufgrund der geographischen Situation und der ambulanten Lebensweise des Hofes wesentlich leichter, weswegen viele Große gar nicht erst die Kanzlei einschalten mußten, wenn sie das Gehör des Königs finden wollten. Die Situation italischer Großer, die den König nur äußerst sporadisch im eigenen Land sahen, war da schon um einiges schwieriger, weswegen die Zwischenträgerfunktion des *cancellarius* an Bedeutung gewinnen mußte – sowohl beim Ebnen der Wege am Königshof für Reisende aus dem Süden als auch im *regnum Italiae* selbst bei der verantwortungsvollen Tätigkeit als Sachwalter herrscherlicher Interessen in einem für den König meist fernen Land.

Grafen und Herzöge

Läßt sich die Reichsverwaltung – sofern man angesichts der mittelalterlichen Verhältnisse überhaupt von Verwaltung sprechen darf – mit aller gebührenden Vorsicht als verlängerte Hofverwaltung verstehen, bei der die Kapelle mit ihren Urkundenabteilungen eine zentrale Rolle spielte, so kann man diesen Begriff auf der lokalen und regionalen Ebene – soweit nicht die Verwaltung von königlichen Besitzungen gemeint ist – kaum mehr verwenden. Natürlich gab es königliche Beauftragte im Reich, von denen besonders die Grafen und Herzöge genannt werden müssen, aber deren Stellung erwies sich im 11. Jahrhundert doch schon als sehr unabhängig und war dem Zugriff der königlichen Zentrale nur in sehr eingeschränktem Maße unterworfen.

Die Grafen sind im 9. Jahrhundert die wichtigsten Amtsträger der karolingischen Könige gewesen und hatten in ihren Sprengeln, den Komitaten, das Königsgut zu schützen sowie polizeiliche, gerichtliche und militärische Funktionen zu erfüllen, wobei sie dem Herrscher verantwortlich blieben. Allerdings unterlag das Grafenamt ebenso wie manch anderer herrschaftlicher Funktionsbereich seit der ausgehenden Karolingerzeit einem Feudalisierungsprozeß, aus dem es im Verlauf des hohen Mittelalters unter dem Einfluß eines mit dieser Entwicklung verquickten Strukturwandels innerhalb der Adelsschicht als adlige Familienwürde hervorging. Bereits im 10. Jahrhundert waren die als Lehen ausgegebenen Grafschaften weitgehend erblich geworden und damit der Verfügungsgewalt des Königs praktisch entzogen. Allerdings blieb die Ausübung der Grafenrechte zunächst noch prinzipiell an die Zustimmung des Herrschers gebunden, der sie durch die Bannleihe gewähren mußte. Einer Mediatisierung der Grafen durch die Herzogsgewalten ist – unter anderem durch die Übertragung von Grafschaften und Grafenrechten an die Reichskirchen – entgegengearbeitet worden, und zwar, wenn auch auf lange Sicht vergeblich, zunächst nicht ohne Erfolg, wie die Opposition der schwäbischen Grafen gegen den aufrührerischen Herzog Ernst belegt. Konrad II. hat, ohne daß Einzelheiten erkennbar sind, den unmittelbaren Kontakt zu den Grafengewalten offenkundig wahren können.

Die Tendenz einer Umdeutung von Aufgaben, die ursprünglich vom Königtum übertragen worden waren, in adlige Familienerbrechte zeigt sich im frühen Mittelalter nicht nur bei den Grafschaften, sondern vor allem auch bei den seit dem frühen 10. Jahrhundert entstandenen Herzogsgewalten, deren Träger ohnehin in eigentümlicher Schwebe zwischen Amtsauftrag und fürstlicher Repräsentanz des Herzogtums verharrten. Freilich hatten schon die Ottonen nicht ohne Erfolg begonnen, den Amtscharakter dieser Würden zu betonen und das königliche Verfügungsrecht bei der Einsetzung von Herzögen zur Geltung zu bringen. Allerdings darf man den in der Forschung häufig verwendeten Begriff ‚Amtsherzogtum' nicht allzu sehr mit modernem Verständnis füllen, denn von einer ‚Beamtenstellung' waren die Fürsten sehr weit entfernt. Amtsherzogtum bedeutet vor allem, daß die Herzogsgewalt nicht erblich war und ihr Träger vom König eingesetzt wurde, diesem für sein Handeln als Funktionsträger verantwortlich blieb und unter Umständen wieder abgesetzt werden konnte. In der Realität jedoch blieben Kontrolle und Absetzung von Herzögen ein schwieriges Unterfangen. Wenn ein Herrscher das mit umfänglichen Kompetenzen ausgestattete Herzogs'amt', das seinem Inhaber praktisch eine vizekönigliche Stellung in seinem Herrschaftsbereich verlieh, an einen Fürsten übertrug, konnte er letztlich immer nur hoffen, daß dieser seine Aufgaben im Sinne des Königtums erfüllen würde. Freilich trog diese Hoffnung gelegentlich, und selbst Mitglieder der Königsfamilie, an die Herzogtümer vergeben worden waren, haben sich manchmal gegen den König gestellt wie Ottos des Großen Sohn Liudolf als schwäbischer Herzog im Jahre 953 oder wie Konrads Stiefsohn Ernst von Schwaben.

Daher kann es nicht überraschen, wenn die Herzogsgewalten immer die besondere Aufmerksamkeit der Könige auf sich zogen. Auch Konrads Aktivitäten sind in dieser Hinsicht unübersehbar und von einem deutlichen Bemühen um Konzentration gekennzeichnet. Selbstverständlich nahm er dabei auf bestehende Verhältnisse und Gewohnheiten Rücksicht, aber er verstand, aus sich bietenden Gelegenheiten Nutzen für das Königtum zu ziehen. Während er das sächsische Herzogtum als Erbwürde des Hauses der Billunger nicht antastete, griff er, wohl nicht zuletzt mit Blick auf das 1032/33 erworbene Königreich Burgund, an der Westgrenze seines Reiches mit ordnender Hand ein und übertrug nach dem Erlöschen der Linie Bar des Ardennergrafenhauses durch den Tod des oberlothringischen Herzogs Friedrichs II. im Jahre 1033 dessen Herrschaftsbereich an den niederlothringischen Herzog Gozelo, der der Linie Verdun des Ardennergrafenhauses entstammte. Durch die Vereinigung der beiden Lothringen in einer Hand schuf Konrad eine starke herzogliche Gewalt im Westen des Reiches, die, was nicht vorhersehbar war, seinem Sohn noch manche Schwierigkeiten bereiten sollte, während Konrads Regierungszeit aber zweifellos eine Stabilisierung an der West- und Südwestgrenze bewirkte und das burgundische Erbe von der Flanke her sicherte.

Noch deutlicher wird Konrads Bemühen um Konzentration der Herzogsgewalten, wenn man die süddeutschen Herzogtümer betrachtet. Schwaben war zunächst in der Hand seines Stiefsohnes Ernst und fiel nach dessen Sturz an Hermann IV., den zweiten Sohn aus Giselas babenbergischer Ehe, der dem salischen Stiefvater keine Schwierigkeiten bereitete; Kärnten ist 1035 dem Eppensteiner Adalbero entzogen und im folgenden Jahr an den jüngeren Konrad übertragen worden; mit Bayern war schon 1027 der Thronfolger Heinrich investiert worden. Diese Bindung der Herzogsgewalten durch Mitglieder der Königsfamilie erinnert stark an entsprechende Maßnahmen der Ottonen. Doch sollte es bei einer reinen Fortsetzung liudolfingischer Traditionen nicht bleiben; der Salier strebte vielmehr eine noch stärkere Konzentration an – und dies wohl nicht zuletzt vor dem Hintergrund der Erfahrung, daß selbst enge Verwandte sich nicht immer von Empörungen fernhielten.

So erhielt der Thronfolger Heinrich 1038 nach dem Tode Hermanns IV. auch noch das Herzogtum Schwaben übertragen und behielt, gerade zur selbständigen Herrschaft gelangt, nach dem Tode Konrads des Jüngeren, der, ohne regierungsfähige Söhne zu hinterlassen, kurz nach seinem kaiserlichen Vetter verstorben war, von 1039 bis 1047 ebenfalls das Herzogtum Kärnten in der eigenen Verfügungsgewalt – und führte damit offenkundig die Intentionen seines Vaters fort. Für beide Maßnahmen ließen sich auch erbrechtliche Aspekte ins Feld führen: Auf Schwaben konnte Heinrich über seine Mutter, die Tochter des schwäbischen Herzogs Hermann II., ein Anrecht geltend machen und auf Kärnten wegen der alten salischen Beziehungen zu dem Raum in der Südostecke des Reiches. Aber es ging 1038/39 zweifellos nicht hauptsächlich um die Durchsetzung von irgendwelchen Erbansprüchen, sondern um ein politisches Ziel: um das Sammeln von Herzogtümern nicht nur im weitläufigen Königshaus, sondern vor allem um ihre Anlagerung unmittelbar am Thron und die damit verbundene Stärkung der Königsgewalt. Zweifellos sind die beiden ersten Salierherrscher dabei sehr erfolgreich gewesen. Kurz nach dem Tode Konrads II. gab es daher nur noch zwei Herzöge im Reich: Gozelo von Lothringen und Bernhard II. von Sachsen. In den restlichen Reichsteilen, zu denen aber auch noch die niederrheinischen Lande des alten Lotharingien sowie der Westen und Süden des sächsischen Gebietes gerechnet werden dürfen, gab es dagegen keine größeren Zwischengewalten mehr; hier dominierte das salische Königtum, wie sich im übrigen auch am Reiseweg und der Urkundentätigkeit der Herrscher ablesen läßt.

Adalbero von Kärnten

Die Stärke des salischen Königtums gegenüber den Adelsgewalten zeigt sich ohne Zweifel auch an der offenkundigen Leichtigkeit, mit der Konrad in den zwanziger Jahren der wenigen Oppositionsbewegungen Herr geworden ist, und natürlich ebenfalls an dem Fehlen schwerwiegender Fehden im Reich, von denen noch die Jahrbücher seines Vorgängers voll sind. Diese relative Ruhe spricht gleichfalls dafür, daß der Herrscher mit Erfolg die wesentliche Königsaufgabe des Interessenausgleichs innerhalb der Adelsgesellschaft erfüllte und den inneren Frieden gewahrt wie auch Gerechtigkeit geübt hat. Konrads Gerechtigkeitssinn wird zudem in den Quellen ausdrücklich gerühmt.

Trotzdem hat die historische Forschung mit einigen prozessualen Maßnahmen, die Konrad gegen seine Widersacher ergriff, Probleme gehabt und in ihnen nur schwer entwirrbare Widersprüche gefunden, weil sie so gar nicht mit dem Bild vom gerechten König und den von der historischen Rechtswissenschaft erarbeiteten Kriterien des frühmittelalterlichen Prozeßrechtes übereinstimmen. Bekanntester Fall ist die 1035 in Bamberg vollzogene Absetzung Adalberos als Herzog von Kärnten[109]. Über sie sind wir durch das Schreiben eines Wormser Klerikers unterrichtet, der seinem Bischof Azecho einen detaillierten Bericht über die Vorgänge liefert und sich dabei auf die Mitteilungen zweier Augenzeugen, der Oberhirten von Köln und Würzburg, stützen konnte. Bemerkenswert und für das unterschiedliche Informationsinteresse des mittelalterlichen Schreibers und des modernen Historikers höchst aufschlußreich ist der Umstand, daß der Wormser Geistliche trotz aller Ausführlichkeit der Schilderung im einzelnen das für uns eigentlich Wichtige nicht nennt: den Grund für des Königs Anklage gegen Adalbero.

Höchst Merkwürdiges ist jedenfalls im Mai 1035 auf dem Bamberger Hoftag geschehen: die Verlobung des Thronfolgers mit Gunhild, der Tochter Knuts des Großen von England und Dänemark, die Vorbereitung eines Feldzuges gegen die Liutizen und eben die Absetzung Adalberos als Herzog von Kärnten. Wenn die Zeitgenossen für diese auch den alten Konflikt zwischen den Saliern und dem Eppensteiner verantwortlich machen, so dürfte diese Erklärung doch kaum ausreichen. Zwischen Konrad und Adalbero hatten sich spätestens 1027 die Beziehungen normalisiert und zeitweise sogar etwas enger gestaltet. Adalbero hat den Kaiser 1027/28 eine Zeit lang begleitet und selbst in Aachen an der Königskrönung Heinrichs (III.) teilgenommen. Wenn der Kaiser nun auf einmal ganz massiv gegen den Herzog vorging, dann muß es dafür einen anderen Grund als latentes Mißtrauen und einen alten Familiengegensatz gegeben haben. Dieses Motiv bleibt freilich verborgen, scheint dem König 1035 aber doch völlig neu geliefert worden zu sein. Zumindest erweckt der Bericht über das Geschehen nicht den Eindruck, als ob das Vorgehen gegen Adalbero von langer Hand vorbereitet gewesen sei. Daß der Herzog in Bamberg nicht anwesend war, will für sich allein noch nicht viel besagen; möglicherweise ist er jedoch noch nicht einmal geladen gewesen. Die einzelnen Vorfälle jedenfalls, die Konrad während des Verfahrens überraschen sollten, und die erst im Februar 1036 erfolgte Neuvergabe des Herzogtums zugunsten Konrads des Jüngeren deuten eher auf eine plötzlich notwendig gewordene als auf eine schon länger geplante Aktion hin.

Doch was geschah nun auf dem Bamberger Hoftag in der causa Adalberonis? Als der Kaiser mit seinem Begehren an die versammelten Fürsten herantrat, Adalbero das Herzogtum und die Mark Kärnten durch ein Gerichtsurteil abzuerkennen, fordern diese die Hinzuziehung von Konrads Sohn Heinrich, der, obwohl in Bamberg anwesend, an den Beratungen gegen Adalbero also zunächst nicht teilgenommen hat. Als

Konrad daraufhin dem herbeigerufenen Sohn sein Begehren und auch die Gründe dafür, die *iniuria*, die ihm angetan worden seien, auseinandergesetzt hatte, mußte er zu seinem Erstaunen Heinrichs Weigerung vernehmen, dem Wunsch des Vaters zu entsprechen, denn, so führte der Thronfolger zur Begründung an, er habe mit dem Herzog einst einen Vertrag geschlossen, der ihm ein solches Vorgehen verbiete. Dieses Argument muß den Vater zusätzlich verblüfft haben. Richtig in Wallung geriet das kaiserliche Blut jedoch, als Heinrich trotz aller Vorhaltungen bei seinem Standpunkt blieb. Konrads Zorn stieg maßlos, machte den Kaiser sprachlos, verdunkelte seinen Blick und streckte ihn schließlich ohnmächtig nieder.

Man legte den Besinnungslosen auf ein Ruhelager. Doch beschied Konrad, nachdem er sich wieder erholt hatte, Fürsten und Sohn erneut vor sich, um auf seinem Willen zu bestehen. Diesmal schlug er allerdings eine andere Taktik ein, warf sich dem Sohn vor die Füße und bat ihn unter Tränen, seinen Wunsch zu erfüllen, damit seinen Gegnern nicht weiter das unwürdige Schauspiel des Familienzwistes im Herrscherhaus geboten und Reich wie Königtum nicht länger Schmach und Schande bereitet werde. Diesem psychischen Druck hielt der siebzehnjährige Heinrich nicht mehr Stand und rückte daher endlich mit der Sprache heraus: Auf Veranlassung des Bischofs Egilbert von Freising, seines ehemaligen Erziehers, habe er dem Herzog einstens einen Eid geschworen – nämlich, wie bald klar wird, den Eppensteiner niemals ohne vorausgegangenes Gerichtsurteil an seinen Gütern schädigen zu wollen.

Nun richtete sich der kaiserliche Zorn gegen den Bischof, der noch einige Zeit zuvor wegen seiner Verdienste reich belohnt worden war. Egilbert nutzte der Hinweis wenig, daß der Eid nichts enthalte, was nicht ohnehin eine Selbstverständlichkeit sei, und daß er zu ihm nur geraten habe, um den Herzog in seiner Treue zum König zu bestärken; der Freisinger wurde vom Kaiser unter Schmähworten des Raumes und vielleicht auch des Hofes verwiesen (konnte sich jedoch schon wenige Monate später wieder der kaiserlichen Gnade erfreuen). Adalbero jedoch wurde nun endlich als Majestätsverbrecher, als *reus maiestatis*, verurteilt, samt seinen Söhnen in die Verbannung geschickt und des Herzogtums einschließlich der Mark für verlustig erklärt. Unmittelbarer Nutznießer dieser Entscheidung war der Graf Arnold von Lambach, der die Kärntner Mark, aus der sich später die Steiermark entwickelte, übertragen erhielt. Das Herzogtum selbst jedoch fiel erst ein Dreivierteljahr später an Konrad den Jüngeren.

Seltsam genug ist diese mit künstlerischem Gestaltungswillen modulierte Schilderung der dramatischen Ereignisse von Bamberg; vor allem läßt sie viele Fragen offen. Unerkennbar bleibt etwa – wenn nicht die Tatsache selbst, daß sich der junge König gegenüber einem Fürsten durch einen Schwur gebunden hatte, den Zorn des Vaters hervorrief –, wo der Haken an Heinrichs Eidesleistung gewesen sein soll, denn der berichtete Inhalt des Schwures wirkt in der Tat weder bedrohlich noch hinterhältig. Unverständlich bleibt daher auch das lange Schweigen des Freisinger Bischofs, der ja wohl bei allen denkwürdigen Auftritten des Kaisers anwesend war und die aufgeladene Atmosphäre durch ein früheres Eingreifen vielleicht hätte klären können. Außerdem ist nicht einzusehen, warum dem Kaiser die Eidesleistung des Sohnes überhaupt verschwiegen worden ist. Das anfängliche Fehlen des Thronfolgers bei der Fürstenversammlung findet zudem ebensowenig eine nähere Erklärung wie der Wunsch der Fürsten nach seiner Anwesenheit – und schließlich liegt der Klage- und Urteilsgrund völlig im Dunkeln.

Alle diese Fragen bleiben ohne Antwort – sowohl des mittelalterlichen Briefschreibers als auch des modernen Historikers. Die Suche nach einer umfassenden Aufhellung sämtlicher Unklarheiten würde angesichts der unbefriedigenden Quellenlage nur auf das grundlose Terrain der Spekulation führen. Allerdings lassen sich einige Überlegungen anstellen, aus denen vorsichtige Schlüsse gezogen werden können: Zunächst bleibt der Erfolg des Kaisers festzuhalten. Konrad gelang es, wenn auch unter erheblicher Anstrengung, seinen Willen durchzusetzen. Die Fürsten fällten schließlich das von ihm gewünschte Urteil. Die Anklage muß daher hinreichend stichhaltig gewesen sein, denn einen offenkundig Unschuldigen dürften die Fürsten kaum verurteilt haben. Sie kann daher kaum allein in persönlichen Animositäten begründet gewesen sein. Adalbero dürfte eher – ob zu Recht oder zu Unrecht muß freilich dahingestellt bleiben – Hochverrat vorgeworfen worden sein, sei es wegen seiner ablehnenden Haltung gegenüber der salischen Ungarnpolitik der Jahre 1030/31, wie vermutet worden ist, sei es wegen möglicher ungarisch-kroatisch-venetianischer Verbindungen, die den salischen Interessen zuwiderliefen. Immerhin erwähnt Konrad am 4. Juni 1035 in einer Urkunde für die zu Adalberos Zuständigkeitsbereich gehörenden Einwohner des istrischen Capodistria (leider allerdings nicht genauer beschriebene) Verfolgungen, die diese wegen ihrer Treue zum Kaiser erdulden mußten[110]. Zweifellos ist der Eppensteiner einer der auf größere Unabhängigkeit bedachten Fürsten im Reich gewesen, dessen Herzogsland jenseits des Alpenhauptkammes eine recht selbständige Stellung erlaubte und die Möglichkeit zu gewagten Spielen eröffnete.

Ob der Herzog sie wirklich gespielt hat, ist zwar nicht sicher, aber auffällig bleibt doch, daß Adalbero keine fürstliche Unterstützung fand, als er 1036 den Kampf gegen seine Gegner in Kärnten suchte und er sich schließlich – trotz einiger Erfolge – dem Salier unterwarf und in die Verbannung ging, aus der er erst nach Konrads II. Tod zurückkehrte, ohne freilich von Heinrich III. wieder in seine alte Würde eingesetzt zu werden. Allerdings starb er auch schon bald nach seinen beiden gleichnamigen salischen Gegenspielern, dem jüngeren und dem älteren Konrad, Ende November 1039.

Auffällig an den Bamberger Ereignissen ist weiterhin der Wunsch des Kaisers nach einem Fürstenurteil. Um dieses zu erlangen, übte er einen gewaltigen Druck aus, ohne dabei jemals einen Verzicht in Erwägung zu ziehen. Offenbar wurde eine Sentenz oder zumindest die fürstliche Billigung als notwendig empfunden für die Absetzung des Herzogs. Dies ist um so bemerkenswerter, als das gesamte Verfahren ansonsten recht formlos ablief. Prozessuale Formlosigkeit scheint – nach modernem Verständnis – auch das Hauptkennzeichen des Vorgehens gegen den Grafen Welf und gegen Ernst II. von Schwaben gewesen zu sein. Allerdings bleibt zu fragen, inwieweit stereotype Formen überhaupt Prozeßkriterien sein konnten in einer Zeit, die weitgehend vom Gewohnheitsrecht geprägt war. Gewohnheitsmäßiges Handeln setzt zwar – besonders im juristischen Bereich – eine grundsätzliche Kenntnis über Sachverhalte und ihre rechtliche Lösung voraus, aber wohl kaum zwingend die streng formalistische Wiederholung bestimmter Abläufe. Vielmehr dürfte eher die Vielgestaltigkeit im Rahmen tradierter Normen und Regeln ein wesentliches Kennzeichen königlicher Gerichtsbarkeit gerade in den Fällen gewesen sein, die nicht alltäglich zu entscheiden waren. Als Grundbedingung für ihre Legitimität hat dabei wohl vor allem gegolten, ob die Verfahren und gefällten Urteile auf Anerkennung oder Ablehnung der Zeitgenossen stießen. Da sich offenkundig keine Opposition gegen die von Konrad herbeigeführten Entscheidungen erhob, bewegten sie sich offenbar alle in den als normal empfundenen Grenzen.

Von welcher Rechtsposition aus der König dabei vorgegangen ist, bleibt freilich ebenso unklar wie das prozessuale Verfahren selbst. Da allerdings weder gegenüber Welf noch gegenüber Adalbero Strafen ausgesprochen worden sind, die das Leben oder die materielle Existenz bedroht hätten (wobei die Todesstrafe für Adlige ohnehin nur in seltenen Fällen verhängt wurde), da in beiden Fällen mithin ein Entzug bestimmter, vom Herrscher übertragener Rechte stattgefunden hat, für deren Verleihung die Verurteilten dem Kaiser einst einen Treu- und

Lehnseid geleistet hatten, wird man in ihnen wohl hauptsächlich die Konsequenz einer senioralen Disziplinargewalt erblicken können, deren Verhängung letztlich in der königlichen Hoheit über die verliehenen Rechte begründet lag. Die Durchsetzung dieser Disziplinarmaßnahmen zeugt im übrigen von der Stärke der Königsgewalt, die freilich nicht darauf verzichten konnte, den Konsens der Fürsten einzuholen, wie besonders an den Bamberger Ereignissen deutlich wird – denn die Würde eines Adligen durfte auch vom König nicht ohne weiteres angetastet werden.

Vorrang des Adels

Die ständisch geordnete Gesellschaft maß dem Adel einen Rang bei, die den einzelnen Mitgliedern dieser Schicht in Konfliktsituationen einen besonderen Schutz angedeihen ließ. Schon die frühen Volksrechte der Germanen hatten für die Tötung eines Adligen eine (zum Teil wesentlich) höhere Bußzahlung festgesetzt als für die Tötung eines Mitgliedes der übrigen rechtsständisch definierten Sozialgruppen. Im 11. Jahrhundert war es, anders als in den fränkischen Jahrhunderten, weitgehend unüblich geworden, einen Adligen, selbst wenn er sich gegen den König erhoben hatte, an Leib (etwa durch Blendung) oder Leben (etwa durch Schwert oder Strang) zu strafen. Wenn eine adlige Existenz am Galgen endete, wie die des gewalttätigen Grafen Thasselgard aus Mittelitalien, dann war dies eine aufsehenerregende Seltenheit, die einen Historiographen wie Wipo zu einem eigenen Kapitel (dem 18.) in seinem Geschichtswerk anzuregen vermochte. Ansonsten konnten adlige Rebellen gegen das Königtum nach ihrer Unterwerfung, nach Huldverlust und Lehnsentzug damit rechnen, adlige Fürsprecher, Verwandte und Freunde zu finden, die den Herrscher, wenn dieser nicht ohnehin allein darauf kam, daran erinnerten, die hervorstechende Herrschertugend der Gnade walten zu lassen. In der Regel konnten sie daher relativ rasch wieder in die Huld des Königs und meist auch in den Besitz der entzogenen Rechte zurückkehren. Herzog Ernst etwa ist nach seinen beiden ersten Empörungen jeweils nach kurzer Zeit, das zweite Mal auch nach kurzer Haft, wieder in das schwäbische Herzogtum eingesetzt worden und wurde erst aufgrund seiner dritten Auflehnung gegen den kaiserlichen Willen mit der bekannten Folge geächtet. Konrad der Jüngere wurde nach seiner Unterwerfung kurzfristig in „freier Haft" (*in liberis custodiis*) gehalten[111], danach aber wieder in seine Rechte eingesetzt und in die königliche Gnade aufgenommen.

Es bestand demnach ein aristokratischer Grundkonsens über alle Parteigrenzen innerhalb des Adels hinweg, der, trotz vieler Gegensätze im einzelnen, die Unversehrtheit der adligen Person grundsätzlich bewahren half und der prinzipiell auch vom Königtum mitgetragen worden ist, letztlich aber auch das Risiko einer Empörung gegen den gesalbten König minimierte. Fundiert scheint er gewesen zu sein durch die soziale und politische Bedeutung des Adels wie durch ein immer deutlichere Konturen annehmendes Selbstverständnis der Aristokratie als einer von Gott in die Weltordnung eingefügten Nobilität, deren edles, Gesittung und Gesinnung bestimmendes Blut einen gesamtgesellschaftlichen Vorrang garantierte und von der Adelsgesellschaft daher besonders geschützt werden mußte.

Ein eindrucksvolles, allerdings schon dem letzten mittelalterlichen Jahrhundert angehörendes und damit weit von der frühen Salierzeit entfernt liegendes Zeugnis dieser aristokratischen Selbstgewißheit liefert ein Ereignis aus dem durch Parteikämpfe zerrissenen Frankreich des frühen 15. Jahrhunderts[112], nämlich der in höchster Not hervorgebrachte Satz: *Je suis le duc d'Orléans* (Ich bin der Herzog von Orléans), ausgestoßen an dem bitterkalten Abend des 23. November 1407 in der rue Vieille-du-Temple nahe der Porte Babette in Paris als ein apotropäischer Entsetzensschrei, mit dem der Bruder des schwachsinnigen Königs von Frankreich den Streich des von seinem Widersacher, dem Herzog von Burgund, gedungenen Mörders abwehren wollte. Doch im politisch aufgewühlten Paris half der Verweis auf die fürstliche, ja, königliche Abkunft, der zu anderen Zeiten vielleicht lebensrettend gewesen wäre, nicht mehr. Den geplanten Mord vermochte auch die selbstbewußte Adelssicherheit, der sonst wohl ein Wort genügte, nicht zu parieren; und so spaltete ein wuchtiger Axthieb das Haupt des herzoglichen Opfers, nachdem ihm zuvor schon die Hand, die das Reittier lenkte, abgeschlagen worden war.

Natürlich waren Adlige zu anderen Zeiten ebenfalls nicht vor Mord und Totschlag gefeit, aber die aristokratische Rücksichtnahme aufeinander scheint doch überwogen zu haben. Auch Konrad II. brach, wie sich zeigen ließ, diesen Grundkonsens nicht, aber in bestimmten Fällen setzte er seine königlichen Interessen mit aller Macht durch und konnte dies vor allem im Bereich der von ihm verliehenen Reichsrechte: Adalbero von Kärnten erfuhr dies durch den Verlust seines Herzogtums, der rebellische Welf, der für die von ihm angerichteten Schäden zusätzlich auch noch Genutugung leisten mußte[113], durch den Entzug der die Säbener Klause umfassende Grafschaft[114].

König und Kirche

Die Wahrung der königlichen Interessen gegenüber dem fürstlichen Adel, die dem Salier wiederholt gelang, legt ohne Zweifel Zeugnis ab von der Stärke seines Königtums und der Fähigkeit zur Konsensstiftung auch in schwierigen Situationen. Noch deutlicher tritt die königliche Dominanz in Erscheinung, wenn man den kirchlichen Bereich betrachtet. Die sich seit den Zeiten Ottos des Großen steigernde Indienstnahme der Kirche für das Reich hatte unter Heinrich II. eine Entwicklung erreicht, an die der Salier ohne Bruch anzuknüpfen vermochte. Die Möglichkeiten, die ihm die Kirchenhoheit bot, hat er bedenkenlos ausgeschöpft. Die herkömmlichen Dienstleistungen, besondere Servitien (nicht zuletzt auch bei der Vergabe von Bistümern), die Herbergs- und Gastungspflicht, die Gestellung von militärischen Aufgeboten hat er ebenso strikt eingefordert wie sein liudolfingischer Vorgänger; und wie dieser griff er, wenn nötig, auch auf Kirchengut zurück. Die personalpolitische Initiative, die Heinrich der Königsgewalt vor allem bei den Bischofswahlen zu sichern gewußt hatte, verlor der Salier keineswegs; vielmehr behauptete er das königliche Entscheidungsrecht ohne Mühe. Gleichzeitig scheute er sich ebenfalls nicht, aus seinen Mitwirkungskompetenzen bei der Bischofserhebung weitreichende Konsequenzen zu ziehen und geweihte Bischöfe wieder abzusetzen, wenn ihm dies aus politischen Gründen geboten schien. Diese Befugnis stand ihm nach dem kanonischen Recht zwar nicht zu, aber das Kirchenrecht existierte im frühen 11. Jahrhundert ohnehin oft nur auf dem Pergament. In besonderes Aufsehen erregender Weise wagte Konrad schließlich sogar, seinen ursprünglich wichtigsten Parteigänger in Italien, den Erzbischof Aribert von Mailand, des Amtes zu entheben[115].

Das Geschehen gehört in den Zusammenhang der Ereignisse von Konrads zweitem Italienzug und bedarf hier nur der Erwähnung, soweit es ein Licht wirft auf die salische Kirchenherrschaft: Als Aribert 1037 auf dem Hoftag von Pavia wegen zahlreicher gegen ihn erhobener Vorwürfe zur Verantwortung gezogen wurde und Wiedergutmachung leisten sollte für den Schaden, den er anderen zugefügt hatte, weigerte er sich und erklärte mit unverhohlener Arroganz, auch eine Weisung des Kaisers nicht akzeptieren zu wollen. Dieser ließ ihn daraufhin offenbar als Mißachter der kaiserlichen Majestät (als *reus maiestatis*) in Haft nehmen, doch vermochte der Erzbischof schon bald zu fliehen und nach Mailand zu entkommen, wo er starken Rückhalt an der städtischen Bevölkerung fand. Die Belagerung der Stadt blieb daher ohne Erfolg.

142

Als Konrad sich schließlich zurückziehen mußte, um sein Heer vor den Gefahren der Sommerglut zu schützen, erklärte er, ohne zuvor das Urteil einer Synode einzuholen, den schon früher geächteten Erzbischof für abgesetzt und ernannte den aus Mailand stammenden Hofkaplan Ambrosius zum neuen Metropoliten. Das war eine ungewöhnliche, vom Kirchenrecht fraglos nicht mehr gedeckte Maßnahme, die offenbar selbst auf die Kritik des Thronfolgers stieß, von Konrad aber trotzdem niemals revidiert wurde. Allerdings gelang es Ambrosius nicht, sich in Mailand zu behaupten, während Aribert Verbindungen zu dem Grafen Odo von der Champagne, Konrads II. Rivalen um das burgundische Erbe, knüpfte und damit, unterstützt von den Bischöfen von Piacenza, Vercelli und Cremona, zweifellos Hochverrat beging. Erst danach, auf Ostern 1038, exkommunizierte ihn auch der Papst.

Über das Außergewöhnliche von Konrads Maßnahme herrscht Einmütigkeit. Die Handlungen des Kaisers lassen aber auch keinen Zweifel daran, daß der Salier selbst sich zu seinem Vorgehen berechtigt fühlte, weil er einem Majestätsverbrecher das vom Königtum verliehene Amt entzog. Ein Synodalurteil, das er wohl ohne größere Mühe hätte erwirken können, empfand er dazu offenbar gar nicht als notwendig, weil der erzbischöfliche Affront gegen seine gesalbte Person ja vor der Öffentlichkeit geschehen war und deutlich vor aller Augen stand. Wahrscheinlich hätte er sogar die Exkommunikation durch den Papst schon zu einem früheren Zeitpunkt erwirken können, wenn er dies nur gewollt hätte.

Mit der Auffassung, als König Bischöfe absetzen zu dürfen, die sich aus politischen Gründen gegen die sakrale Majestät des Herrschers vergangen hatten, stand Konrad im übrigen nicht völlig allein. Auch Heinrich II. hatte ähnlich gehandelt und die Bischöfe Peter von Asti und Hieronymus von Vicenza abgesetzt, weil sie sich für seinen italischen Gegenspieler Arduin von Ivrea entschieden hatten[116]; und Gundekar-Gunzo von Eichstätt soll er gar mit der Absetzung bedroht haben, um die lange verweigerte Zustimmung für einen Gebietstausch zugunsten des Bistums Bamberg, seiner Gründung, zu erzwingen[117]. Allerdings besaß die Absetzung Ariberts von Mailand insofern eine andere Qualität, als sie einen ehemaligen Parteigänger und mächtigen Metropoliten traf und die wuchtige Antwort auf eine extreme Situation bildete, vor die sich Konrads Vorgänger nie gestellt sah.

Kritik zog sie wohl vor allem deshalb auf sich, weil die Einstellung zum Kirchenrecht sich seit Heinrichs II. Zeiten zu wandeln begonnen hatte und von den Vertretern der Kirchenreform, die unter Konrads

Sohn Heinrich III. mit kaiserlicher Hilfe zum Durchbruch gelangte und dessen Einstellung zu kirchlichen Problemen wesentlich bestimmte, nur mit Mißbilligung betrachtet werden konnte. Konrad selbst jedoch blieb unangefochten von etwaigen Einwänden gegen sein Vorgehen, das ihm selbstverständlich als Konsequenz seiner herrscherlichen Verantwortung für die Rechtswahrung und als legitimes Mittel zur Abwehr von Angriffen auf die Autorität des Königtums erschien. Nicht allein wegen der königlichen Kirchenhoheit, sondern mehr noch aufgrund der besonderen Gewalt, über die er als *vicarius Christi* verfügte, dürfte sich Konrad zu seiner Entscheidung berechtigt gefühlt haben, die für ihn damit wohl von prinzipiell gleicher Art war wie die Absetzung Adalberos von Kärnten. Eine Verletzung seiner herrscherlichen Würde war der Salier auf keinen Fall zu dulden bereit, und er griff daher, wenn er es als nötig empfand, mit aller Härte durch. Die drei Mailänder Suffraganbischöfe, die Ariberts verräterische Pläne unterstützt hatten, mußten daher aufgrund eines Fürstenspruches (nicht jedoch eines Synodalurteils!) über die Alpen in die Verbannung ziehen, freilich ohne daß Konrad über ihre Bistümer neu verfügte. Den Lyoner Erzbischof Burchard III. soll er 1036 gar wie einen Schwerverbrecher in Ketten haben legen lassen[118]. Die Hintergründe für diesen spektakulären Akt werden zwar nicht überliefert, aber Burchard scheint zu den Gegnern von Konrads burgundischem Königtum gehört zu haben, weswegen sie am ehesten in einem gravierenden politischen Gegensatz zu suchen sein werden. Keiner dieser Bischöfe hat im übrigen zu Lebzeiten Konrads in sein Amt zurückkehren können; erst Heinrich III. ließ Gnade walten.

Wenn Konrad selbst auch nicht mehr mit dem Mailänder Problem fertiggeworden ist, so brachte es seine Herrschaft doch ebenfalls nicht ins Wanken. Der Salier stützte sein Königtum nicht nur entsprechend dem Beispiel seines Vorgängers nach Kräften auf die Reichskirche, sondern übte zugleich über ihre Vertreter, da sie wichtige Mitträger der königlichen Herrschaft waren, ein straffes Regiment. Wenn es um das Ansehen des Königs und die Sicherung seiner Prärogativen ging, machte Konrad offenbar keinen Unterschied zwischen weltlichen und geistlichen Großen. Er zog Fürsten und Bischöfe vielmehr gleichermaßen unerbittlich und hart zur Verantwortung, sobald er die königliche Autorität gefährdet sah. Der Anerkennung seiner Herrschaft tat dies keinen Abbruch. Im Gegenteil: Das frühmittelalterliche Königtum ist selten stärker und unumstrittener gewesen als unter dem ersten Salierherrscher.

Stützen des Königtums

Adel und Kirche – das waren die Stützen von Königtum und Gesellschaft; im Kreise ihrer Vertreter hielt sich der Herrscher vorzüglich auf. Natürlich war er der König aller Reichsuntertanen, und Konrad scheint sich besonders auch um die weniger begüterten Edelleute, die vasallitischen Krieger und wohl ebenfalls schon um jene unfreien Dienstleute, aus denen im Verlauf der nächsten Jahrzehnte die im 12. Jahrhundert so bedeutsame Schicht der Reichsministerialen hervorgehen sollte, gekümmert und deren besondere Zuneigung gewonnen zu haben. Aber von der Masse der Reichsbevölkerung, den Hörigen in den kirchlichen und adligen Grundherrschaften, den meisten, oftmals in bedrängten Verhältnissen lebenden Freien, wahrscheinlich sogar von etlichen kleineren Grundherren blieb er abgeschnitten. Es war eine hochadelige Gesellschaft, in der er sich bewegte, mit der er und für die er zu einem guten Teil regierte. Natürlich stand im Grundsatz jedem Bedrängten der Zugang zum König frei; ob er ihn aber auch immer offen und begehbar fand, das scheint allerdings sehr die Frage. Die schwäbischen Grafen, die sich gegen ihren Herzog, Konrads Stiefsohn Ernst, erklärten, legten Wert auf diesen unmittelbaren Zugang und vermochten ihn auch zu nutzen. Die einfachen Freien, gar die Unfreien nichtköniglicher Grundherrschaften taten sich da, trotz der schönen, auch den unteren Schichten die königliche Gerechtigkeit garantierende Inszenierung an Konrads Krönungstag in Mainz, als der Salier für einen hörigen Bauern der Mainzer Kirche Recht sprach[119], schon wesentlich schwerer, das Gehör des Herrschers zu finden – nicht, weil sich dieser ihnen willentlich entzogen hätte, sondern weil die Verhältnisse dies meist nicht zuließen. Trotz möglicherweise vorhandenen besten Willens war der König daher wohl hauptsächlich für die ‚upper class' greifbar und tätig, für eine ‚high society', die die oberen Zehntausend, bestenfalls die oberen Hunderttausend umfaßte und deren inneren Zirkel der tonangebenden Fürsten und hochrangigen Geistlichen ihm selbstverständlich persönlich bekannt gewesen ist: Sie huldigten ihm im Verlauf seiner Thronerhebung, sie schworen ihm den Lehn- und Treueid, wenn er sie in ihre Besitzungen und Funktionen einwies, und die Geistlichen investierte er nach ihrer Wahl mit ihrer Kirche durch die Überreichung eines Stabes. Ganz anders jedoch sah dies für die unteren Schichten aus.

Die Bauern von Wohlen

Dies belegt, bedrückend und eindrucksvoll, eine Episode aus der Mitte des 11. Jahrhunderts, die in den *Acta Murensia*, den Aufzeichnungen über die Anfänge des habsburgischen Klosters Muri im Aargau überliefert wird[120], nicht genau datiert ist und auch den König, um den es geht, nicht mit Namen nennt; doch kann es sich eigentlich nur um einen der beiden ersten Salierherrscher handeln: um Konrad II. selbst oder seinen Sohn Heinrich III. Freie Bauern aus dem aargauischen Dorf Wohlen hatten sich gegen eine Zinszahlung in den Schutz des reichen und mächtigen Herrn Guntram begeben, der seine Stellung jedoch dazu mißbrauchte, sie auf die Ebene von unfreien Grundholden herabzudrücken, und entsprechende Abgaben und Dienste von ihnen verlangte. Wie die schwäbischen Grafen sahen die aargauischen Bauern im König den Garanten ihrer Freiheit und suchten daher seinen Hof auf, als dieser in Solothurn weilte. Aber sie kamen gar nicht dazu, ihre Beschwerden vorzutragen, denn die Schar der Fürsten, die den König umgab, war undurchdringlich, und die unbeholfenen, bäurischen, vielleicht sogar in einem dem Herrscher weniger geläufigen Dialekt gerufenen Worte drangen gar nicht an sein Ohr. Ohne fürstliche Vermittlung war der Versuch der Aargauer Bauern, die Hilfe des Herrschers zu erbitten, aussichtslos. Betrogen in ihrer Hoffnung auf die Gerechtigkeit des Königs mußten die bedrückten Bauern unverrichteter Dinge wieder abziehen, in einer schlechteren Verfassung, als sie angereist waren, wie der Berichterstatter ausdrücklich betont; und es blieb ihnen nichts übrig, als sich in ihr Schicksal zu fügen und den Verlust der Freiheit zu erdulden.

Diese Schilderung, se non è vero, è ben trovato, dürfte das normale Verhältnis zwischen König und unteren Schichten zutreffend schildern. Das heißt aber nicht, daß die Bauern vom König enttäuscht und erschüttert in ihrem Glauben an seine Gerechtigkeit abgereist sind. Es waren ja die Fürsten, die den Herrscher durch ihre große Zahl von der Menge der kleinen Leute abschirmten und ihm dadurch gar nicht erst die Gelegenheit ließen, als *rex iustus* Milde und Gerechtigkeit walten zu lassen. Wie sehr gerade in der Vorstellungswelt des kleinen Mannes die sakrale Erhabenheit des gerechten, das einfache Volk schützenden und sein Wohlergehen durch transzendente Verbundenheit sichernden Königs verwurzelt war, belegt der schon zitierte Bericht[121] Sigeberts von Gembloux über das Gebaren der Lütticher an Bahre und Grab des im Kirchenbann verstorbenen Heinrichs IV., Konrads glücklosen Enkels, von dessen Leichnam man sich trotzdem den Erntesegen erhoffte und dessen entseelter Leib vom Volk gegen den Widerstand des Domklerus in der Kathedrale aufgebahrt und mit gezückten Schwertern bewacht worden ist. Während die Domherren sich weigerten, die Messe zu lesen, und deshalb der wütenden Menge weichen und Verstecke aufsuchen mußten, feierten arme Priester (*pauperes clerici*) die Totenvigil. Da das seit der zweiten Hälfte des 11. Jahrhunderts aufstrebende Bürgertum der Städte in der Regel ebenfalls, wenn natürlich öfter auch wegen übereinstimmender politischer Interessen, Rückhalt am Königtum suchte, ist es wohl nicht völlig abwegig zu vermuten, daß die theologisch fundierte Königsidee in vergröberter Form und vermengt mit anderen, atavistischen Vorstellungen vom Herrschertum zu einem Königsmythos der einfachen Leute verschmolzen sein könnte und auf diese Weise nicht unwesentlich und jenseits des Adels und der hohen Geistlichkeit zu einer Bindung weiter Kreise an das Königtum beigetragen hat. Die Vorstellung Gottes als eines Königs der Himmelreiche, die aus Predigten geläufig gewesen sein dürfte und in der Bibel wie etwa in den Psalmen 47, 93 und 95 bis 99 wiederholt artikuliert wird, dürfte nicht unerheblich auf das Bild der Unterschichten vom König als Stellvertreter Gottes auf Erden eingewirkt haben. Möglicherweise, doch läßt sich dies nicht beweisen, war daher der monarchische Gedanke in den unteren Bevölkerungsgruppen weiter verbreitet, als das Schweigen der Quellen zunächst vermuten läßt. Doch selbst wenn dies nicht der Fall gewesen sein sollte, spielte dies im 11. Jahrhundert für das Königtum kaum eine Rolle, denn anders als in der Königsideologie war das einfache Volk in der Realität des königlichen Alltags wohl eher eine quantité négligeable.

Herrscherpräsenz und Reisekönigtum

Nicht nur weite Teile der Reichsbevölkerung blieben dem König unbekannt, auch ganze Regionen des Reiches stellten für ihn eine Terra incognita dar, die er auf seinem beständigen Ritt durch das Imperium niemals aufsuchte. Der gesamte Norden an Nord- und Ostseeküste etwa gehörte dazu ebenso wie der Südosten mit dem Herzogtum Kärnten und den abhängigen Marken. Allerdings zeigen Konrads Itinerar und seine Urkundenvergabepraxis, wie intensiv das salische Königtum das Reich trotzdem zu durchdringen vermochte. Unmittelbar erfaßt durch wiederkehrenden Besuch wurden von dem Salier dabei auch Reichsteile, die sein großer Vorgänger Otto I. selten berührte und bestenfalls auf eiliger Durchreise kennenlernte. Es zeichnet sich damit ein vom Harz und vom

Niederrhein bis zum nördlichen Mittelitalien (etwa bis zu einer Linie vom Arnotal hinüber nach Rimini) reichendes Gebiet ab, das zwar unterschiedlich intensiv, aber doch immerhin von einer deutlichen, in unbestimmten Abständen sich periodisch wiederholenden Präsenz des Königs geprägt und damit stärker in dessen Herrschaft und ihr räumliches Substrat integriert worden ist. Dieser Befund korreliert auf das beste mit der schon wiederholt betonten Stärke der frühsalischen Monarchie.

Herr seines Reisewegs, der zu normalen Zeiten nördlich der Alpen etwa 20–35 Kilometer am Tag umfaßte, war natürlich der König selbst, der die Route aufgrund persönlicher wie politischer Überlegungen und gegebenenfalls auch nach Beratungen mit seinen Getreuen festlegte, von ihr aber selbstverständlich auch abweichen konnte, wenn die Umstände dies erforderlich machten. Seine Überlegungen führten zu Planungen, die vor allem die Inhaber der Hofämter vorzunehmen und zu verwirklichen hatten. Die Versorgung des königlichen Hofes, der in seiner personellen Zusammensetzung und Größe zwar schwankte, aber meist wohl immer mehrere hundert und zu Zeiten gar mehr als tausend Personen umfaßte, stellte hohe Anforderungen an die Logistik. Nach einer Nachricht aus dem 12. Jahrhundert[122] soll der Tagesverbrauch des ottonischen Hofes bei tausend Schweinen und Schafen, je zehn Fuder Wein und Bier, tausend Malter Getreide, acht Rindern und noch weiteren Eßbarkeiten gelegen haben. Selbst wenn einige Abstriche von dieser Nachricht zu machen sein sollten und der Bedarf an manchen Tagen deutlich geringer gewesen sein mag, bleibt doch eine gewaltige Menge an Lebensmitteln, die täglich benötigt wurden und beschafft werden mußten. Das setzte in der Tat eine längerfristige Planung und Koordinierung voraus, vor allem aber, damit die benötigten Lebensmittel auch pünktlich aus manchmal entfernter liegenden Gütern herbeigeschafft und die königlichen Gemächer hergerichtet werden konnten, die rechtzeitige Benachrichtigung der einzelnen Absteigequartiere und Itinerarstationen, seien dies nun königliche Pfalzen und Höfe, seien es Bischofsstädte, die von den Herrschern seit Heinrich II. verstärkt aufgesucht wurden und in denen der König und sein Gefolge Gäste des Bischofs waren. Die Gastungs- und Herbergspflicht stellte ein wesentliches Element der kirchlichen Servitien für den König dar, die Konrad II. mit gleicher Selbstverständlichkeit einforderte wie schon sein liudolfingischer Vorgänger. Häufige oder gar bevorzugte Aufenthaltsorte waren für ihn dabei die königlichen Pfalzen Goslar, Nimwegen und Tribur (heute Trebur, südlich von Frankfurt) sowie die bischöflichen Städte Worms, Straßburg, Basel, Augsburg, Regensburg und Paderborn.

Königsitinerar: Konrad II.

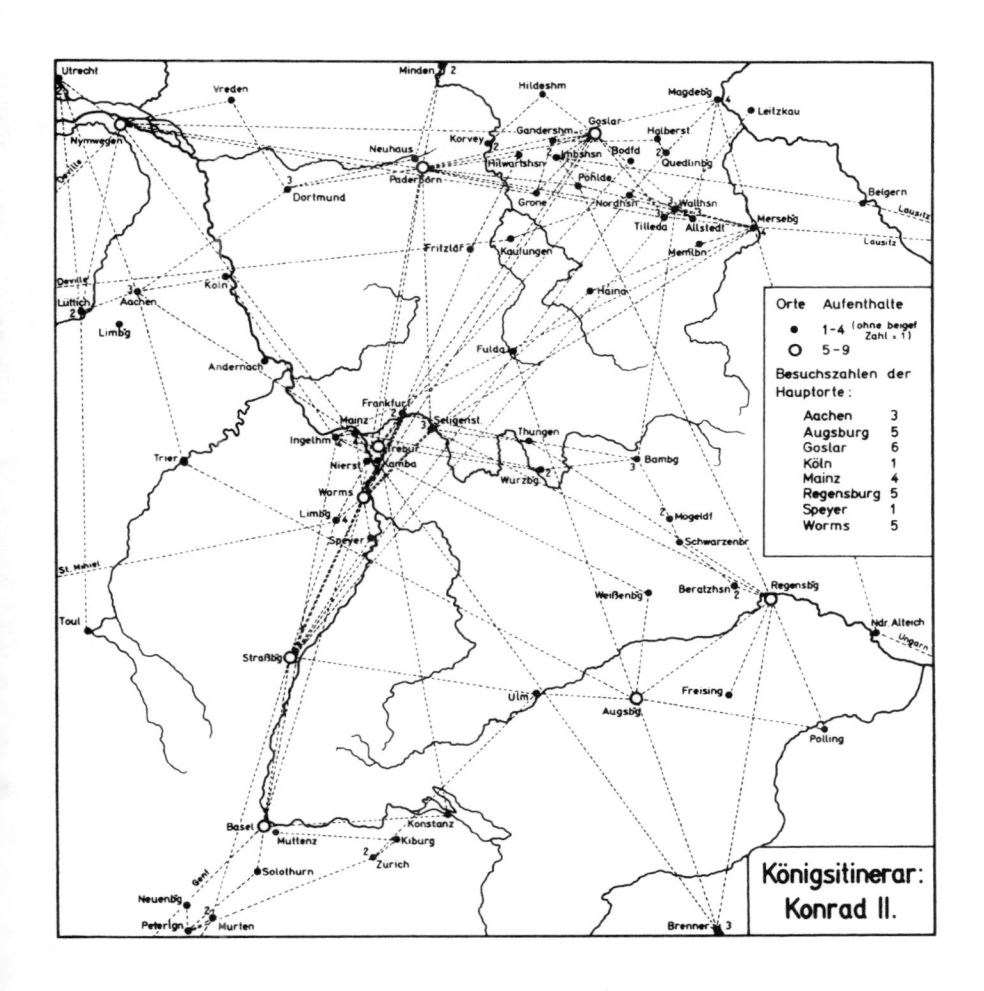

Das Verhältnis zu den östlichen Randstaaten des Reiches

Defensivpolitik

Das Verhältnis der ottonischen und salischen Herrscher zu ihren östlichen Nachbarn hat in der deutschen, aber auch in der polnischen, ungarischen und tschechischen Geschichtsschreibung reichen Nachklang gefunden, der freilich oft von nationalen Tönen und (Ver-)Stimmungen begleitet wurde. Mittlerweile sind die Dissonanzen leiser geworden, aber nach den Erfahrungen des 20. Jahrhunderts bleibt es eine heikle Aufgabe, das salische Kaisertum als ostmitteleuropäische Ordnungsmacht vorzustellen, weil dabei allzu leicht falsche Vorstellungen geweckt werden können. Allerdings gehörte der Osten nicht zu den bevorzugten Feldern von Konrads Politik, deren Spielraum hinsichtlich der hier immer deutlichere Gestalt annehmenden Staatswesen weitgehend durch Entscheidungen der beiden Vorgänger aus dem liudolfingischen Hause vorgegeben war. Defensiv und vornehmlich Reaktion auf bereits eingetretene Ereignisse waren dabei die Maßnahmen, die der Salier gegenüber Polen, Böhmen und Ungarn ergriff; offenkundig gründeten sie nicht in einem eigenen politischen Gestaltungswillen und dienten letztlich nur zur Behauptung und Sicherung des östlichen Vorfeldes.

Polen

Mächtige Reiche und Staaten ziehen herrschaftlich-politisch weniger entwickelte Regionen ihres territorialen Vorfeldes oft in ihre Einflußsphäre, indem sie die hier lebenden Völker tributpflichtig machen und unter Umständen sogar eine allmähliche herrschaftliche Expansion fördern. Das Frankenreich verfuhr mit den slawischen Gebieten jenseits seiner Ostgrenze entsprechend und erblickte dabei in der heidnischen Bevölkerung natürlich auch eine Aufgabe für die christliche Missionstätigkeit. Die ottonische Monarchie setzte diese Tradition fort und gewann dadurch gegenüber den sich seit dem 10. Jahrhundert langsam entwickelnden Staatswesen in Ostmitteleuropa einen zu verschiedenen Zeiten unterschiedlich stark ausgeprägten hegemonialen Rang; für die Herrschaftsbildungen der Piasten in Polen, der Přzemysliden in Böhmen und der Arpaden in Ungarn stellte sie dabei als Rückhalt wie auch als Widerpart ein nicht unwichtiges Orientierungsmoment dar. Um die Jahrtausendwende schließlich unternahm Otto III. mit jugendlichem Schwung einen großangelegten Versuch zur politischen Ordnung des östlichen Vorfeldes seines Reiches, der weitreichende Folgen zeitigen und vor allem die Ostpolitik seiner beiden Nachfolger nicht unwesentlich determinieren sollte.

Wie im Mittelalter üblich griffen hierbei weltliche und kirchliche Maßnahmen Hand in Hand. Mit der Einrichtung der Erzbistümer Gnesen im Jahre 1000 und Gran (Esztergom) im Jahre 1001 wurde durch das Zusammenspiel von Kaiser und Papst für die kirchlich bisher noch kaum organisierten Missionsgebiete in Polen und Ungarn eine eigene, vom Reich unabhängige kirchliche Struktur geschaffen, die nicht unwesentlich war für die Konsolidierung der weltlichen Herrschaft. Stephan ‚der Heilige' von Ungarn wurde in diesem Zusammenhang und ebenfalls mit päpstlich-kaiserlicher Unterstützung zum ersten ungarischen König erhoben, und für den Polenherzog Bolesław Chrobry (den Tapferen), den *populi Romani amicus et socius* (Freund und Verbündeten des römischen Volkes) und *cooperator imperii* (Helfer des Kaiserreichs), scheint ähnliches geplant gewesen zu sein, nur kam der Plan hier nicht zur Ausführung, weil Otto III. zu früh starb. Der junge Liudolfinger bezweckte mit seiner Erhebungspolitik zweifellos keine völlige Loslösung der neuen Königsherrschaften aus der Einflußzone des Imperiums; er ging vielmehr von einem kooperativen Miteinander der neuen Regna und des Kaiserreichs aus sowie nach byzantinischem Vorbild von der Fiktion einer gleichsam internationalen Königsfamilie, innerhalb der der imperiale Vorrang und die kaiserliche Führungsrolle gewahrt bleiben sollten. Wenn sich diese Vorstellung schließlich auch nicht verwirklichte, so förderte Otto III. mit seiner ‚Ostpolitik' doch entscheidend die Formung und Stabilisierung einer vom Reich unabhängigen arpadischen und piastischen Herrschaft.

Wie wichtig die kaiserliche Politik an der Jahrtausendwende für die Entstehung souveräner Staatswesen gewesen ist, lehrt ein Blick auf die böhmische Entwicklung, die völlig anders als die polnische und die ungarische verlief. Das Herzogtum Böhmen, dessen Bischofskirchen erst unter Karl IV. 1344 zu einer eigenen Kirchenprovinz mit Prag als

Metropole zusammengefaßt wurden, zuvor aber, und dies seit 972/73, der Mainzer Provinz angegliedert waren, blieb, wenn auch mit deutlich anderem Status als die übrigen Herzogtümer, in den Reichsverband einbezogen, und der Herzog war als Vasall des Kaisers ein Reichsfürst.

Der überraschende Tod Ottos III. vereitelte 1002 nicht nur die Verwirklichung der kaiserlichen Pläne und den Aufbau eines hierarchisch geordneten Staatensystems im Reichsverbund, er brachte unter Heinrich II. vor allem auch einen Kurswechsel der Politik. Während das Verhältnis des neuen Königs, dessen Schwester Gisela mit Stephan dem Heiligen verheiratet war, gegenüber Ungarn freundschaftlich und stabil blieb, kam es zu heftigen Auseinandersetzungen mit Bolesław Chrobry, der sich anschickte, ein bis nach Kiew ausgreifendes Großreich zu bilden. Der Polenherzog hatte Heinrich II. zwar noch am 25. Juli 1002 in Merseburg gehuldigt, aber bald danach ergriff er die Initiative und überzog den östlichen Reichsrand mit Krieg. Über Jahre und mehrere Feldzüge hinweg zog sich der damit ausgebrochene Konflikt hin; aber obwohl der fromme Liudolfinger sogar ein durch Brun von Querfurt heftig gescholtenes Bündnis mit den heidnischen Liutizen gegen den christlichen Polenherrscher einging, mußte der Kaiser 1018 im Vertrag von Bautzen Bolesławs zu Lasten des Reiches errungene Erfolge hinnehmen und den Verlust der Lausitz und des Milzener Landes akzeptieren. Da die gegen Kiew gerichtete Politik des Piasten ebenfalls von Erfolgen gekrönt wurde, vollzog sich im ersten Viertel des 11. Jahrhunderts östlich der Reichsgrenze eine gewaltige Machtballung, die zweifellos die Aufmerksamkeit der Reichsregierung auf sich ziehen mußte. Trotz aller Erfolge aber wagte Bolesław Chrobry zu Lebzeiten Heinrichs II. nicht den Griff nach der Krone, obschon Otto III. sie ihm bereits im Jahre 1000 in Aussicht gestellt haben dürfte. Erst nach dem Tode des letzten Liudolfingerkaisers vollzog der Polenherzog den letzten Schritt und ließ sich, vermutlich auf Ostern 1025, zum König krönen – unter Mißachtung der Rechte König Konrads, wie Wipo ausdrücklich anmerkt[123]. Ohne Zweifel mußte der Salier auf diesen als Affront empfundenen Aufstieg des aus Warte des Reiches abhängigen Herzogtums zu einem Königreich reagieren; doch entband ihn das Schicksal von dem Zwang, allzu rasch handeln zu müssen, denn Bolesław starb schon am 17. Juni 1025.

Sein mit Richeza, der Enkelin Ottos II. und Tochter des lothringischen Pfalzgrafen Ezzo, verheirateter Sohn Mieszko II. vermochte zwar, indem der ältere Halbbruder Bezprym übergangen wurde, das Erbe des Vaters ungeschmälert anzutreten und sich widerspruchslos die polnische Krone aufs Haupt setzen zu lassen; aber wenige Jahre später begann die Macht des Piasten zu bröckeln und zerfiel bald danach ganz – wodurch Konrad aller polnischer Sorgen praktisch ohne größeres eigenes Zutun ledig wurde. Zunächst war Mieszko noch in die Offensive gegangen und 1028 ohne ersichtlichen Grund in das östliche Grenzgebiet von Sachsen eingefallen. Vielleicht wegen der polnischen Gefahr, aber wahrscheinlich auch wegen besonderer Interessen der ekkehardinischen Markgrafen ist damals das Bistum Zeitz nach Naumburg, dem auf diese Weise zur Bischofsresidenz werdenden Begräbnisort Ekkehards I., verlegt worden. Da ein erster Vergeltungsschlag Konrads 1029 erfolglos blieb, wiederholte Mieszko 1030 seine Attacke und provozierte damit einen erneuten Einfall des Saliers, der 1031 immerhin zur Rückgabe der Lausitz und des Milzener Landes sowie jener Gefangenen führte, die von den Polen ein Jahr zuvor in Sachsen gemacht worden waren.

Zweifellos hatte Mieszko den Bogen und seine Kräfte überspannt und sah sich nun einer äußeren Koalition und inneren Opposition gegenüber, die ihm zum Verhängnis wurden. Hatte 1029 schon der böhmische Herzog Udalrich die Gelegenheit genutzt, um Mähren zurückzugewinnen, so erschien nach dem aus polnischer Sicht wenig rühmlichen Friedensschluß mit dem Reich 1031 auch noch der Großfürst Jaroslaw von Kiew im Land. In seiner Begleitung befand sich Bezprym, der bei der Thronfolge 1025 übergangen worden war und in der Kiewer Rus Zuflucht gefunden hatte. An ihn fiel nun die Herrschaft und er verzichtete, um Konrad für sich zu gewinnen, sofort auf die Königswürde. Diesem Beispiel folgte im Juli 1033, um zu retten, was überhaupt noch zu retten war, auch Mieszko, der nach der Ermordung seines Halbbruders noch einmal kurz an die Macht gelangte. Konrad teilte bei dieser Gelegenheit Polen in drei Herrschaftsgebiete, von denen er eines zusammen mit der Oberhoheit über die beiden anderen an Mieszko verlieh. Diesem verblieb jedoch keine Zeit mehr für einen Neuanfang: Er starb im Mai 1034.

Sein Tod löste eine heidnische, auch gegen das Reich gerichtete Reaktion aus und stürzte das Land ins Chaos. Seine rheinische Witwe, die Ezzonin Richeza, mußte Polen verlassen; ihr Sohn Kasimir I. wurde 1037 ebenfalls vertrieben, doch konnte er wenige Jahre später zurückkehren und sich mit Hilfe Heinrichs III. als Herrscher behaupten. Polen jedoch war und blieb für längere Zeit als Machtfaktor ausgeschaltet. Ein böhmischer Einfall führte schließlich nicht nur zum Verlust von Schlesien, sondern auch zur Überführung der Gebeine des polnischen ‚National'heiligen Adalbert von Gnesen nach Prag; und Knut der Große von

England und Dänemark konnte Pommern besetzen. Hauptsächlich durch die Gunst der Umstände erledigte sich für den Salier mithin ein Problem, mit dem noch sein Vorgänger während seiner gesamten Regierungszeit nicht wirklich fertigzuwerden vermochte.

Ungarn

Weniger glücklich hingegen konnte der Konflikt beigelegt werden, der 1030 mit Ungarn ausbrach und die unter Heinrich II. freundschaftlichen Beziehungen zu dem arpadischen Königtum beendete. Die Hintergründe dieser Auseinandersetzung bleiben dunkel. Daß Stephan der Heilige das Herzogtum Bayern für seinen Sohn Emmerich, der über seine Mutter Gisela ein Enkel Heinrichs des Zänkers gewesen ist, gefordert und damit den Streit vom Zaun gebrochen haben könnte, wie eine frühneuzeitliche Nachricht behauptet, ist wohl unwahrscheinlich. Eher ist mit von bayerischer Seite geschürten Grenzstreitigkeiten als auslösendem Moment für Konrads militärische Aktion zu rechnen, die trotz allen Aufwandes zu einem völligen Fehlschlag führte. Der Kaiser selbst kümmerte sich seither kaum mehr um das ungarische Problem und überließ die Lösung seinem Sohn, der als bayerischer Herzog ohnehin für die Grenzhut im Südosten verantwortlich war. Dieser schloß daher 1031 ohne Wissen des Vaters, aber auf Ratschlag seines Erziehers, des Bischofs Egilbert von Freising, Frieden und überließ dabei dem ungarischen König wohl auch den Landstrich zwischen Fischa und Leitha. Konrad hat dieses Ergebnis schließlich akzeptiert und sich nicht weiter mit der ungarischen Frage beschäftigt, die nach seinem Tode jedoch von Heinrich III. erneut mit aller Vehemenz gestellt werden sollte. Eine ungarische Gefahr drohte dem Reich nach dem Friedensschluß von 1031 trotz der grundsätzlichen Verschlechterung des Verhältnisses zur Arpadendynastie allerdings auch nicht, weswegen der Kaiser sich ohne Bedenken anderen Aufgaben zuwenden konnte.

Böhmen

Auch das Verhältnis zu Böhmen war nicht völlig unbelastet, da sich Herzog Udalrich nicht immer als zuverlässiger Gefolgsmann erwies. Als der Přemyslide im Sommer 1033 der Ladung zu dem Merseburger Hoftag keine Folge leistete, entsandte Konrad seinen Sohn mit Heeresmacht nach Böhmen. Das erste militärische Unternehmen des jungen Königs endete mit einem vollen Erfolg und der Unterwerfung des Herzogs. Im Spätherbst 1033 vergab Konrad das Herzogtum an Udalrichs Bruder Jaromir, während Mähren an Udalrichs Sohn Břetislaw fiel. Doch schon im April 1034 fand eine Teilrestitution zu Gunsten Udalrichs statt, der eine Hälfte des Herzogtums zurückerhielt und sich mit seinem Bruder in die Herrschaft teilen mußte. Ähnlich wie in Polen sollte also auch in Böhmen die Macht geteilt und dadurch geschmälert werden. Doch war dieses Arrangement auch hier nicht von Dauer. Noch 1034 starb Udalrich, der zuvor seinen Bruder Jaromir hatte blenden lassen. Da der blinde Herzog auf seine Herrschaft verzichtete, wurde der Weg frei für Břetislaw, der dem Salier im Mai 1035 in Bamberg huldigte und Geiseln stellte. Dabei ist zugleich wohl auch die böhmische Unterstützung für Konrads Zug gegen die Liutizen vereinbart worden. Anders als sein Vater erfüllte der neue Herzog seine Pflicht gegenüber dem Salier und lieferte durch die Teilnahme am Kampf gegen die Elbslawen einen Beweis seines Wohlverhaltens: Die Oberhoheit des Kaisers gegenüber dem böhmischen Herzog kam damit wieder voll zur Geltung.

Die Liutizen

Mit den Liutizen ist der letzte Herrschaftsverband aus dem östlichen Vorfeld des Reiches genannt, der noch kurz betrachtet werden muß. Unter Heinrich II. Verbündete gegen Bolesław Chrobry, stellten die Liutizen, die noch 1028 Hilfe gegen Mieszko II. erbaten, ein beachtenswertes Machtpotential dar, solange das polnische Königtum stark war und in Opposition zur salischen Monarchie stand. Diese Konstellation änderte sich allerdings, als die piastische Herrschaft in der ersten Hälfte der dreißiger Jahre in die Krise geriet und das polnische Staatswesen schließlich im Chaos versank. Es dürfte daher nicht von ungefähr kommen, wenn der erste Konflikt mit den heidnischen Slawen, den die Quellen für Konrads Regierungszeit notieren, in das Jahr 1033 fiel.

Ausgebrochen war er durch eine sächsisch-slawische Auseinandersetzung, in deren Verlauf der Graf Liudger zusammen mit einer beachtlichen Schar von Kriegern den Tod gefunden hatte. Konrad ließ den Fall untersuchen und durch ein Gottesurteil entscheiden, das zu Gunsten der heidnischen Liutizen ausfiel. Weniger dieser Umstand als die Tatsache, daß man überhaupt ein Gerichtsverfahren durchführte und nicht von vornherein von der Schuld der Liutizen überzeugt gewesen ist, spricht dafür, daß die Ursache für den Streit wohl eher auf sächsischer Seite gelegen haben dürfte. Damit deutet sich eine Parallele zu dem Konflikt mit Ungarn an, der offenbar auch vom Reichsgebiet, in diesem Fall von Bayern aus angestoßen worden war. Der Kaiser jedenfalls akzeptierte den Ausgang des Zweikampfs und verzichtete auf Maßnahmen gegen die Liutizen. Allerdings verstärkte er die Grenzhut, indem er eine ansehnliche Besatzung in die Burg Werben an der Elbe legte. Offenbar gelang es ihm aber nicht, den Frieden im Grenzgebiet wieder völlig herzustellen und zu sichern.

Etwa anderthalb Jahre später, im Mai 1035, mußte der Salier nämlich doch noch das Heer gegen die Liutizen aufbieten, weil diese inzwischen Werben eingenommen hatten. Der Feldzug wurde mit böhmischer Unterstützung und aller Härte geführt, scheint aber trotzdem kein voller Erfolg gewesen zu sein, da ein Jahr später eine weitere Expedition nötig war. Nun erst, im Spätsommer 1036, scheinen die Liutizen endgültig niedergeworfen und zur Zahlung des von Konrad erhöhten Tributes gezwungen worden zu sein. Nach Wipo[124] soll sich Konrad in den Gefechten gegen die Liutizen nicht nur persönlich durch Tapferkeit ausgezeichnet, sondern auch als *ultor fidei*, als Rächer des Glaubens, bewiesen haben, indem er gefangenen Slawen die Augen ausstechen und Hände und Füße abhacken oder auch *varia morte* – durch unterschiedliche Mittel – umbringen ließ, weil die Heiden ein hölzernes Christusbild auf ähnliche Weise traktiert hatten. Ansonsten begnügte er sich damit, die Oberhoheit des Reiches wieder durchgesetzt zu haben, während er an eine Wiedereinrichtung der ottonischen, im Slawenaufstand von 983 untergegangenen Bistümer Brandenburg und Havelberg offenbar nicht dachte.

Konrad und der Osten

Die Bilanz von Konrads Ostpolitik ist mithin keinesfalls glänzend und weist, trotz aller Erfolge im einzelnen, auch deutliche Negativposten auf. Gegenüber Ungarn konnte der Frieden nur durch Gebietsabtretungen gewonnen werden; die Wiedererlangung der Hoheit über Polen wurde vor allem der Gunst der Umstände verdankt. Insgesamt allerdings konnte der Salier zufrieden sein. Das östliche Vorfeld des Reiches war gesichert; Polen, Liutizen und Böhmen erkannten den kaiserlichen Vorrang an und erbrachten Leistungen und Tribute für die salische Herrschaft. Mehr wollte Konrad offenbar auch nicht, denn einen besonderen Drang nach Osten verspürte er kaum.

Vielmehr wird eher ein Desinteresse an diesem Raum spürbar. Konrad tat hier nur, was nötig war, und überließ die Erledigung der ungarischen wie auch der böhmischen Probleme weitgehend seinem Sohn. Eine missionspolitische Initiative ergriff er ebensowenig, wie er die Reorganisation der ottonischen Bistümer an der Havel betrieb. Der gesamte Osten jenseits der Reichsgrenze, der ihm auf seinen sämtlichen Feldzügen unwirtlich und unwegsam erschien und dessen Gelände so beschaffen war, daß seine Gegner in Ungarn, Polen und Transelbien es zu seinem und seines Heeres Schaden virtuos auszunutzen vermochten, zog Konrads Aufmerksamkeit allein aus Gründen des Grenzschutzes, der Vorfeldsicherung und der Gewinnung von Tributen wie der Durchsetzung von Abhängigkeiten auf sich. Wie sehr er in diesen ungastlichen Gegenden eine herrscherliche Pflicht erfüllte und wie wenig er dabei weiterreichende politische Ambitionen verfolgte, wird dem Salier vielleicht nie bewußter gewesen sein als in den Momenten, in denen er auf seinen Zügen durch das Slawenland – *in paludibus usque femora*[125] – bis zu den Oberschenkeln im Morast versank. 1032 brach Konrad daher auch sofort den Feldzug gegen Mieszko II. ab, als er vom Tode König Rudolfs erfuhr und die burgundische Nachfolge akut wurde. Nichts verdeutlicht besser, wo die eigentlichen Interessen des Saliers lagen.

Der Erwerb Burgunds

Thronfolgeanspruch

Die burgundische Thronfolge beschäftigte Konrad II. seit seinem ersten Regierungsjahr. Sie stand, zumindest teilweise, im Hintergrund des Konfliktes mit dem Stiefsohn Ernst, und sie bewog den Salier zu einer zielstrebigen Politik gegenüber dem Nachbarreich und seinem Herrscher Rudolf III., der sich nach dem Tode Heinrichs II. zunächst ja von allen gegenüber dem liudolfingischen Neffen eingegangenen Verpflichtungen entbunden fühlte. War Konrad – anders als sein Vorgänger – auch kein Verwandter des burgundischen Königs und verfügte er daher über kein erbrechtliches Argument, das für Heinrich II. im übrigen niemals als ausreichend für seine burgundische Nachfolge betrachtet worden ist, so konnte er doch als Rechtsnachfolger des Liudolfingers auf der Erfüllung der getroffenen Absprachen bestehen. Indem er die von seinem Vorgänger für das ottonische Königtum erworbenen Rechte einforderte, stellte er sich in die liudolfingische Tradition und führte dabei zweifellos auch das schon seit etwa hundert Jahren bestehende, in lehnrechtlichen Formen begründete Verhältnis der beiden Königtümer ins Feld. Mit der im Sommer des Jahres 1027 in Basel vollzogenen lehnrechtlichen Auftragung Burgunds an den Salier und der gleichzeitig zu dessen Gunsten getroffenen Nachfolgeregelung, die ausdrücklich auch den Thronfolger Heinrich einbezog[126], erreichte Konrad sein Ziel: Sein Rechtsanspruch war nun gesichert. Um ihn einzulösen, brauchte man nur noch den Tod des Burgunders abzuwarten. Allerdings wird der Salier von Anfang an mit den Ansprüchen anderer Prätendenten und daher ebenfalls mit möglichen Konflikten gerechnet haben.

Odo von der Champagne

Rudolf III. starb am 6. September 1032, fünf Jahre nach der Baseler Übereinkunft; er wurde in Lausanne beigesetzt. Die Nachricht von dem Geschehen erreichte Konrad im Felde, während einer militärischen Expedition gegen Mieszko II. von Polen, die er schleunig abbrach, um seine

Die verwandtschaftlichen Beziehungen zu Burgund

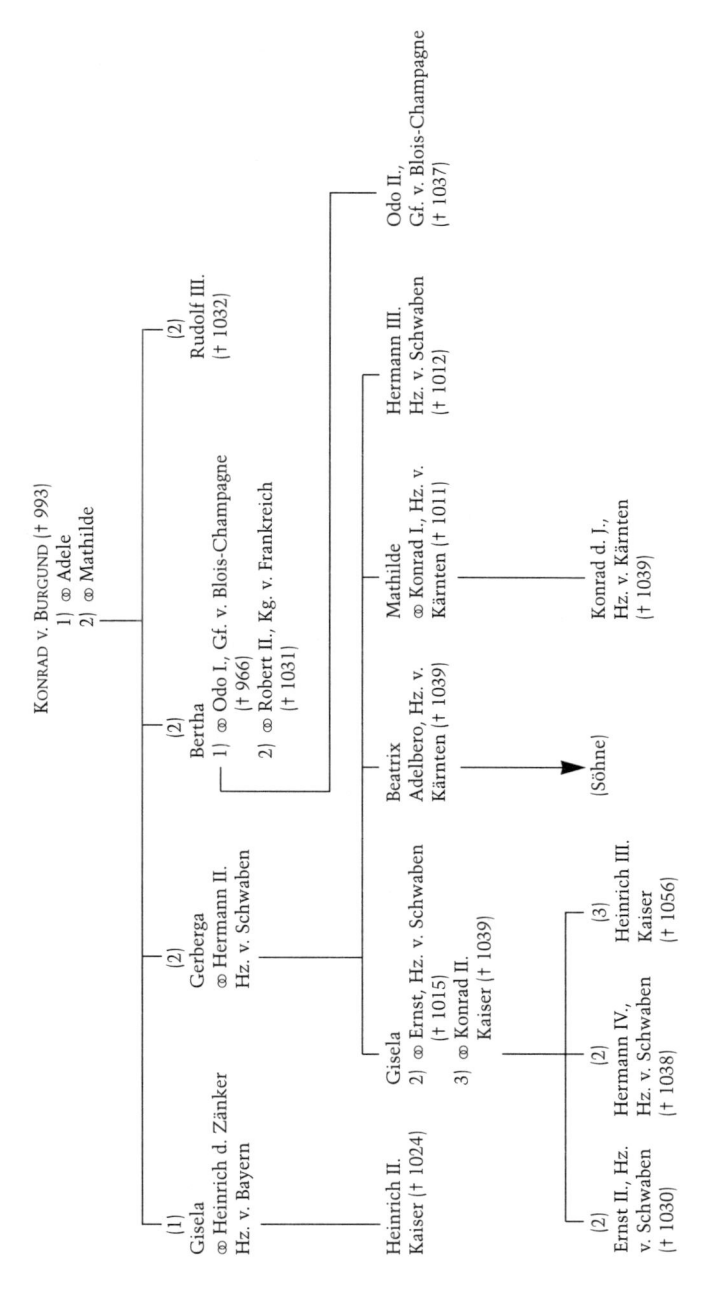

KONRAD V. BURGUND († 993)
1) ⚭ Adele
2) ⚭ Mathilde

(1) Gisela ⚭ Heinrich d. Zänker, Hz. v. Bayern

(2) Gerberga ⚭ Hermann II. Hz. v. Schwaben

(2) Bertha
1) ⚭ Odo I., Gf. v. Blois-Champagne († 966)
2) ⚭ Robert II., Kg. v. Frankreich († 1031)

(2) Rudolf III. († 1032)

Heinrich II. Kaiser († 1024)

Gisela
2) ⚭ Ernst, Hz. v. Schwaben († 1015)
3) ⚭ Konrad II. Kaiser († 1039)

Beatrix ⚭ Adelbero, Hz. v. Kärnten († 1039)

Mathilde ⚭ Konrad I., Hz. v. Kärnten († 1011)

Hermann III. Hz. v. Schwaben († 1012)

Odo II., Gf. v. Blois-Champagne († 1037)

(2) Ernst II., Hz. v. Schwaben († 1030)

(2) Hermann IV., Hz. v. Schwaben († 1038)

(3) Heinrich III. Kaiser († 1056)

(Söhne)

Konrad d. I., Hz. v. Kärnten († 1039)

burgundischen Interessen zu verfolgen. Unverzüglich wandte er sich nach Westen, begann die Vorbereitungen für einen Zug nach Burgund und feierte Weihnachten in Straßburg. Rudolf hatte in Erfüllung der Abmachung von 1027 auf dem Sterbebett angeordnet, dem Kaiser die königlichen Insignien, besonders die Krone, zu überbringen, und damit einen Akt befohlen, der den Heimfall des Lehens symbolisierte, aber auch als Designation des Nachfolgers gedeutet werden konnte. Als Konrad nach Burgund aufbrach, befand er sich daher im Besitz wichtiger Herrschaftszeichen, denn ein ansonsten kaum bekannter burgundischer Adliger namens Seliger hatte den letzten Willen Rudolfs erfüllt und die Königsinsignien überbracht.

Trotz dieses Symbolaktes und des ihm zugrundeliegenden Rechtsverhältnisses blieb – wie erwartet – die salische Nachfolge nicht unangefochten. Verwandte, die mit Hilfe des Erbrechtes einen Anspruch geltend machen konnten, gab es ja genug: Konrad den Jüngeren etwa, als Sohn der Mathilde ein Urenkel des burgundischen Königs Konrad († 993) oder die Söhne Adalberos von Kärnten, die über ihre Mutter Beatrix ebenfalls Urenkel jenes Herrschers waren. Auch der Thronfolger selbst, Heinrich III., stand durch seine Mutter Gisela in gleicher Deszendenz und war (wie sein schon verstorbener Halbbruder Ernst) ebenfalls ein Urenkel des burgundischen Konrad. Doch hat niemand von ihnen einen Erbanspruch erhoben, wie auch Konrad II. selbst sein Anrecht auf Burgund offenbar niemals durch einen Hinweis auf seine Ehe mit Gisela, der Enkelin eines Burgunderkönigs, und auf die von daher begründbaren Rechte seines Sohnes zu untermauern versucht hat[127]. Ein erbrechtliches Argument dürfte für ihn unerheblich gewesen sein – grundsätzlich, aber vielleicht auch deshalb, weil ein anderer es mit besserem Recht vortragen konnte: der Graf Odo II. von Blois-Champagne, der über seine Mutter Bertha ein Enkel Konrads von Burgund und als Neffe näher mit Rudolf III. verwandt gewesen ist als alle übrigen möglichen Prätendenten. Er war daher auch der einzige wirkliche Rivale des Saliers.

Odo zählte zu den mächtigen Magnaten im westfränkisch-französischen Reich. Seine zahlreichen Besitzungen legten sich wie ein lockerer Kranz um die Krondomäne der Kapetinger. In seiner Hand vereinigte er neben der Champagne eine stattliche Reihe von Grafschaften, unter anderen: Blois, Tours, Chartres, Provins. Einige von ihnen wie Troyes, Meaux und Châlons hatte er durch einen günstigen Erbfall erworben. König Robert II. ist zeitweilig sogar sein Stiefvater gewesen, weil sich der Kapetinger um die Jahrtausendwende für einige Jahre in kirchenrechtlich anfechtbarer und daher von kirchlicher Seite bekämpfter Ehe mit Odos verwitweter Mutter verbunden hatte.

Der mächtige und vom Erbglück bislang begünstigte Dynast aus der Champagne nutzte nach Rudolfs III. Tod die Gunst der Stunde und handelte noch rascher als Konrad II. Noch Ende des Jahres 1032 rückte er in Burgund ein und nahm vornehmlich im Westen große Teile des Königreichs in Besitz. Im Süden fand er ebenfalls Anhang. Hier, in Marseille und Arles, wird er in einigen Urkunden sogar als König bezeichnet. Aber auch im eigentlichen Kernbereich der rudolfingischen Herrschaft errang er Erfolge: Neuenburg und Murten fielen in seine Hand. Als Odo die Belagerung von Vienne begann, trat auch der Erzbischof Leodegar auf seine Seite und stellte sich sogar für die Königskrönung zur Verfügung, die jedoch unterblieb.

Dies überrascht angesichts der herrschaftslegitimierenden Bedeutung des Weiheaktes und wirft die Frage nach Odos Zielen auf. Wipo berichtet (im 29. Kapitel seiner Darstellung) von einem umlaufenden Gerücht, nach dem Odo gar nicht habe König werden wollen; vielmehr soll er erklärt haben, lieber immer der Herr des Königs sein zu wollen: *semper magister esse regis vellet*. Das legt den Gedanken nahe, er habe lediglich eine dominierende Stellung an der Seite des neuen Königs angestrebt, und würde die Zurückhaltung bei der Krönung erklären. Andererseits wird sich Odo keine Illusionen über Konrads Einstellung zu einer solchen Position gemacht haben. Ihm blieb daher wohl gar nichts anderes übrig, als aufs Ganze zu gehen – und sei es letztlich auch nur mit dem Plan, größere Teile des Königreichs an sich zu bringen und diesen Besitz zu behaupten. Das hätte in der Tat zu einer überragenden Stellung führen können, wenn auch wohl weniger gegenüber dem Salier als gegenüber dem Kapetinger Heinrich I., der seinem Vater Robert II. 1031 auf dem Thron gefolgt war.

Peterlingen

Wie Odos Pläne freilich auch immer ausgesehen haben mögen, sie scheiterten bald an Konrad II. Dieser erschien in der zweiten Januarhälfte 1033 in Burgund und zog über Basel und Solothurn nach Peterlingen (Payerne), wo er sich am 2. Februar, an Maria Lichtmeß, dem Fest, an dem Otto der Große 962 in Rom zum Kaiser gekrönt worden war, zum König wählen und in der cluniazensischen Prioratskirche krönen ließ. Einzelheiten dieses Aktes sind nicht überliefert; noch nicht einmal der Name des Koronators ist bekannt. Die Bedeutung des Ereignisses jedoch ist unbestritten: Durch die Wahl bot der Salier den Großen die Möglichkeit, ihren Konsens auszudrücken zu der auf Königsebene getroffenen Nachfolgeregelung und zugleich an deren Verwirklichung mitzuwirken; und durch die Krönung präsentierte er sich als gottgewollter neuer Herr des Reiches.

Dabei mußte es zunächst allerdings auch bleiben. Die Eroberung von Neuenburg und Murten mißlang nämlich – behindert durch die außergewöhnliche Strenge des Winters, die Wipo zu einem verlorengegangenen Gedicht anregte. In diesen, dem Kaiser gewidmeten hundert Versen scheint er anschaulich und drastisch die Not der Menschen und Tiere beschrieben zu haben, die der furchtbare Frost hervorrief, etwa wenn die Hufe der Pferde bei Nacht am Boden anfroren oder der Reif alt und jung gleichermaßen bärtig und weißhaarig aussehen ließ[128]. Konrad jedenfalls floh die Unbilden der Natur und zog sich ins (damals) schwäbische Zürich zurück, wo er die Königinwitwe Ermengard empfing und die Huldigung weiterer burgundischer Großer entgegennahm. Unter den Magnaten, die, da Anhänger Odos offenbar wichtige Verbindungsstraßen gesperrt hatten, zumindest zum Teil den im Winter äußerst beschwerlichen Weg über Italien hatten nehmen müssen, befand sich auch der Graf Humbert Weißhand, der am Hofe Rudolfs III. eine bedeutende Rolle gespielt hatte und zum Ahnherr des savoyardischen Grafen- und späteren italienischen Königshauses wurde. Sein (wie auch der Königinwitwe) Erscheinen brachte die Kontinuität zwischen der rudolfingischen und salischen Herrschaft deutlich zum Ausdruck und wird dem Kaiser gleichzeitig den engeren Anhang des verstorbenen Königs zugeführt haben.

Kampf gegen Odo

Mit seinen Handlungen im kalten Winter des Jahres 1033 hatte Konrad deutliche Zeichen gesetzt, Legitimität betont und begründet sowie den Erwerb Burgunds in Angriff genommen; aber das Reich war damit noch nicht gewonnen, der Rivale aus der Champagne noch nicht überwunden. Um diesen auszuschalten, wandte sich der Salier daher direkt nach Westen und suchte den Grafen in seinen französischen Besitzungen heim. Bei Deville an der Maas traf er Ende Mai den kapetingischen König Heinrich I., der den Grafen von der Champagne schon 1027 beim Tode seines älteren Bruders als Gegner seines Thronrechtes kennengelernt hatte und der die Macht und den Ehrgeiz seines Vasallen nur mit Sorge betrachten konnte. Die beiden Monarchen schlossen nun ein Bündnis gegen Odo. Heinrich wird dabei die Rechte des Saliers am Königreich Burgund ausdrücklich anerkannt haben. Zur Bekräftigung dieses Bundes dürfte gleichzeitig auch die Verlobung zwischen dem Kapetinger und Konrads noch junger Tochter Mathilde gefeiert worden sein; doch verhinderte ein Jahr später der vorzeitige Tod der salischen Prinzessin die Verwirklichung des Eheprojektes. Auch Konrad machte also die bittere Erfahrung des Verlustes von kaum den Kinderschuhen entwachsenen Sprößlingen; eine weitere Tochter, Beatrix, starb ebenfalls sehr früh.

Im Spätsommer des Jahres 1033 führte der Kaiser dann den Schlag, zu dem er im Frühjahr ausgeholt hatte. Über Lothringen, vorbei an Saint-Mihiel an der Maas fiel er im August/September in die Stammlande des Grafen ein und verheerte sie in einem Ausmaß, das Odo zur Unterwerfung und zu dem durch Geiseln verbürgten Versprechen einer Räumung Burgunds zwang. Dieser Friede, den der lothringische Herzog Gozelo und der Metzer Bischof Dietrich mit angebahnt hatten, war freilich faul und hielt nicht. Odo dachte gar nicht daran, Burgund aufzugeben, und führte sogar einen Vergeltungsschlag gegen Lothringen. Konrad sah sich deshalb gezwungen, im folgenden Sommer erneut einen Feldzug zu unternehmen. Während dieses Unternehmens, wenn nicht gar schon ein Jahr zuvor, ist wohl auch jener Schatz vergraben worden, der 1965 in Corcelles-près-Payerne gefunden wurde: 1118 Münzen aus 26 verschiedenen, meist mittelrheinischen Prägestätten sind damals von unbekannter Hand und aus unbekanntem Anlaß, aber zweifellos vor dem Hintergrund der verworrenen und bedrohlichen Zeitverhältnisse verborgen worden.

In einer großangelegten Zangenbewegung zerrieb der Kaiser 1034 den Widerstand seiner burgundischen Gegner. Er selbst stieß dabei von Basel aus in das Rhônetal vor und brach hier die gegnerischen Burgen, während der Markgraf Bonifaz von Canossa-Tuszien und der Mailänder Erzbischof Aribert von Italien her über den Großen St. Bernhard anrückten und unter der wegekundigen Führung Humbert Weißhands bis in die Kernlandschaft des burgundischen Reiches vordrangen. Bei Genf, wo auch Odo seine Truppen zusammengezogen haben dürfte, vereinigten sich dann beide Heere. Diese beeindruckende Machtdemonstration ließ die Opposition verstummen, zwang Odo, der wie im Vorjahr in der Champagne wiederum keine offene Feldschlacht wagte, zur Flucht aus dem Land und brachte die Unterwerfung der letzten noch in Distanz verharrenden Magnaten, unter denen sich auch der Graf Gerold von Genf und der Erzbischof Burchard III. von Lyon befanden. Am 1. August 1034 konnte Konrad ihre Huldigung in Genf entgegennehmen. Wer sich jetzt nicht unterwarf, mußte das Land verlassen. Auf dem Rückmarsch in das Elsaß fiel schließlich auch noch die stark befestigte Burg Murten, deren Besatzung gefangen abgeführt wurde: Konrad war nun in der Tat der Herr Burgunds und sollte es – ebenso wie eine lange Reihe seiner Nachfolger – auch bleiben. Ohne weitere Anstrengungen fand er seit dem August 1034 in sämtlichen Teilen des burgundischen Reiches Anerkennung, auch – wie Urkunden aus den folgenden Jahren zeigen – in jenen Regionen, die sich zunächst für Odo von Blois-Champagne entschieden hatten.

Der Huldigungsakt von Genf bildete daher den Abschluß von Konrads Erhebung zum König von Burgund, die knapp anderthalb Jahre zuvor in Peterlingen mit der Wahl und Krönung begonnen hatte. Entsprechend feierlich ist er gestaltet worden. Der 1. August, Petri Kettenfeier, ist immerhin ein Fest des Genfer Dompatrons, des hl. Petrus. 1034 zog Konrad daher an diesem Tage unter der Krone in das Gotteshaus ein und nahm die Huldigung der unterworfenen Großen entgegen. Das Tragen der Krone zeigte deutlich, daß er schon (burgundischer) König war; der Huldigungsakt freilich konnte auch als Wahl verstanden werden, vollzogen von jenen, die 1033 – aus welchen Gründen auch immer – noch kein Votum für den Salier abgegeben hatten. In diesem Sinne ist daher eine Nachricht zu deuten, die von einer in Genf vorgenommenen Königswahl spricht[129]: als Hinweis auf ein die Thronerhebung abschließendes Geschehen.

Odos Ambitionen waren damit endgültig gescheitert. In Burgund hat er sich nach 1034 offenbar nicht mehr blicken lassen. 1037, als Konrad II. sich in Italien in einer schwierigen Situation befand, wandte er sich jedoch gegen Toul und fiel schließlich, in geheimem Einverständnis mit dem gegen den Salier konspirierenden Arnulf von Mailand, noch einmal in Lothringen ein und führte damit sein Ende herbei. Gozelo, seit 1033 als Herzog Gesamtlothringens zu umfassender Grenzhut (und wohl auch zur Sicherung der burgundischen Flanke) verpflichtet, erfüllte das vom Kaiser in ihn gesetzte Vertrauen voll und ganz. Bei Bar-le-Duc trat er dem Grafen entgegen und brachte ihm am 15. November eine vernichtende Niederlage bei; Odo selbst wurde auf der Flucht erschlagen. Ein unruhiges Leben fand ein unrühmliches Ende.

Das burgundische Königtum

Die letzten Aktionen des umtriebigen Grafen haben Konrads Stellung in Burgund nicht wirklich erschüttert, zumindest verlautet nach 1034 nichts von irgendwelchen Unruhen. Der rasche Erfolg des Saliers, der Burgund in kaum zwei Jahren nach dem Tode Rudolfs III. fest in seine Gewalt zu bringen und dauerhaft mit dem Imperium zu verbinden vermochte, wirft freilich die Frage nach den Bedingungen auf, die ihn ermöglichten. Die aus dem Auflösungsprozeß des karolingischen Großreiches hervorgegangenen Königreiche Nieder- und Hochburgund, seit etwa 932/33 zu einem einzigen Herrschaftsverband zusammengeschlossen, der später *regnum Viennense* und *Arelatense* oder Arelat genannt werden sollte, haben niemals unter einer starken Königsgewalt gestanden. Der eigentliche Herrschaftsbereich der Rudolfinger blieb weitgehend auf den hochburgundischen Raum beschränkt und umfaßte vor allem das Gebiet um den Genfer See. Hier, im Wallis und in der Waadt, lagen die wichtigsten Pfalzen und Königsklöster (wie die alte Abtei Saint-Maurice d'Agaune und das Cluniazenserpriorat Peterlingen), um diesen Kernraum gruppieren sich auch die Bistümer, die der königlichen Kirchenhoheit unangefochten unterstanden. Besonders zu nennen sind Genf, Lausanne und Sitten. Ansonsten vermochten die Herrscher lediglich in fünfzehn von insgesamt siebenunddreißig (zu sieben verschiedenen Kirchenprovinzen gehörenden) Bistümern Königsrechte wahrzunehmen. Die königliche Autorität war mithin schwach und konnte nicht annähernd das ganze Reich auch nur halbwegs gleichmäßig durchdringen. In seiner Chronik[130] kommentiert daher der andere Verhältnisse gewohnte Thietmar von Merseburg die burgundischen Zustände unter Rudolf III. mit spürbarem Befremden und verzerrt sie dabei fast schon zur Karikatur: Der König, weich und weibisch (*mollis et effeminatus*), besitze allein Titel und Krone (*nomen et corona*), sei aber ansonsten vom Willen der Magnaten abhängig; die Bistümer verleihe er den von den Fürsten gewünschten Kandidaten, die daher vor allem den Großen gehorchten, während im Land der *furor malignorum*, das Wüten der Böswilligen, zusammen mit dem Willen herrsche, die Macht des Königs schwach zu halten.

Die Schwäche der Königsgewalt führte zu äußerst heterogenen Herrschaftsverhältnissen im Reich, zum Aufstieg von Adelsfamilien, die immer selbständiger wurden, sich dem Königtum entzogen und schließlich weitgehend unabhängige, der Reichsgewalt lediglich noch nominell untergeordnete Herrschaftsgebiete schufen. An dieser Entwicklung, die von den salischen und staufischen Herrschern im 11., 12. und 13. Jahrhundert keinesfalls aufgehalten worden ist, waren etwa die Grafen von der Provence, von Maurienne, von Mâcon-Besançon und von Vienne (Albon) beteiligt, durch deren Wirken sich im Laufe der Zeit die Fürstentümer Provence, Savoyen, (burgundische) Freigrafschaft (Franche Comté) und Dauphiné herausbildeten. Dieser Prozeß war im frühen 11. Jahrhundert schon längst im Gange und hatte schon damals zu königsfernen und -freien Zonen, vor allem im Süden, geführt.

Die innere Schwäche des burgundischen Königtums bewirkte bereits früh eine Anlehnung an die Liudolfinger, die seit Otto dem Großen eine spürbare Schutzherrschaft ausübten und die lehnsherrliche Oberhoheit ausgestalteten. Diese bildete letztlich die Rechtsgrundlage für den Erwerb Burgunds durch Konrad II. und hatte schon früher gelegentlich zu Eingriffen geführt. Als sich das Aussterben des rudolfingischen Königshauses abzeichnete, war das burgundische *regnum* daher schon längst auf das ostfränkisch-deutsche Reich hin ausgerichtet und an die Königsmacht aus dem Norden gewöhnt. Dies begünstigte zweifellos den raschen Erfolg des Saliers. Aber anderes kam hinzu. Die komplexen Machtverhältnisse in Burgund selbst verhinderten nämlich Thronambitionen eines einheimischen Großen, von denen sich offenbar keiner stark genug fühlte, selbst nach der Krone zu greifen. So blieb, da das burgundische Reich in seinem bestehenden Umfang innerhalb eines Jahrhunderts als eigene Größe etabliert war und ein Erlöschen des Königtums nicht in Erwägung gezogen wurde, nur eine auswärtige Lösung, die vor allem den Anhang Rudolfs III. durch dessen Vertrag mit dem Salier auf Konrad II. verwies.

Widerstände gegen eine Entscheidung im Sinne des verstorbenen Königs erwuchsen dagegen in den Fernzonen burgundischer Königsherrschaft – aber nicht nur dort, wie das Beispiel des Genfer Grafen lehrt. Sie regten sich, abgesehen von je speziellen Gründen, wohl vor allem aus Furcht vor einer starken, die bestehenden Machtverhältnisse verändernden Königsgewalt; sie konnten in größerem Maße aber nur wirksam werden durch einen Exponenten, der aufgrund der beschriebenen innerburgundischen Herrschaftskonstellation ebenfalls von außen kommen mußte. Odo, der ambitionierte Graf von Blois-Champagne, konnte somit zum Hoffnungsträger der Opposition werden, die ihn freilich rasch fallenließ, als sich seine hoffnungslose militärische Unterlegenheit zeigte und Konrad II. zu erkennen gab, das überkommene Mächtesystem in den Fernzonen der burgundischen Königsherrschaft nicht verändern zu wollen. Vier Faktoren waren es demnach vor allem, durch die sich die schnelle Anerkennung des salischen Königtums in Burgund erklären läßt: die längst vorhandene Orientierung an der ottonisch-salischen Monarchie, das Fehlen innerburgundischer Thronprätendenten, die überlegene Macht des Saliers und das Vertrauen der ursprünglichen Bedenkenträger in die Beharrungskraft der bestehenden Verhältnisse.

Geringe Urkundenproduktion

In der Tat scheint sich Konrad mit der allgemeinen Anerkennung seiner Herrschaft durch die burgundischen Großen begnügt und ansonsten alles so belassen zu haben, wie er es vorfand. Sicherlich, er wird seine Anhänger belohnt und die allzu widerborstigen Gegner bestraft haben, aber von all dem findet sich keine Spur in den Quellen. Urkunden für burgundische Empfänger scheint er kaum ausgestellt zu haben; überliefert ist nur eine einzige, die Besitzbestätigung für das Erzbistum Vienne, die er am 31. März 1038 weit weg von Burgund im spoletinischen Spello ausstellen ließ[131]; erschließen läßt sich eine weitere für den Erzbischof Hugo von Besançon[132]. Das ist schon alles und steht im deutlichen Gegensatz zu der Urkundenproduktion, die regelmäßig einsetzte, wenn der Kaiser italischen Boden betrat; es entspricht jedoch der Tatsache, daß Konrad noch keine eigene Urkundenabteilung für Burgund einrichtete. Gerade dadurch aber entsteht der wohl nicht unbegründete Eindruck einer weitreichenden Zurückhaltung Konrads in burgundischen Angelegenheiten.

Solothurn

Im Herbst 1038 war der Salier wieder in seinem neuen Reich. In Solothurn hielt er Hof und versammelte die Großen des Landes um sich zur politischen Beratung und zur Rechtsprechung. Zum ersten Mal nach langer Zeit habe er „Burgund" hier, wie es Wipo vollmundig ausdrückt[133], „das seit so langer Zeit ungewohnte und beinahe zugrundegegangene Recht kredenzen" lassen – eine Formulierung, die ebenso wie die allgemeine Situation den Gedanken nahelegt, in Solothurn könnten wichtige Maßnahmen zur Sicherung des Rechtes und seiner Pflege sowie zur Stabilisierung der politischen Ordnung getroffen worden sein. Genaueres erfährt man allerdings nicht, denn die Quellen schweigen.

Nur über ein Ereignis, das hochbedeutsam war und am vierten Tag der

Versammlung stattfand, werden wir etwas ausführlicher unterrichtet; Konrad nutzte nämlich die Gelegenheit, ließ sich, vor allem aber seinem Sohn, noch einmal die Treue schwören und übertrug dabei auf Bitten und mit Zustimmung der Fürsten das *regnum Burgundiae* an den Thronfolger. Mit einem feierlichen Gottesdienst wurde dieser Akt beschlossen. Ob in seinem Rahmen auch eine Krönung stattfand, wird nicht berichtet. Doch ist dies wahrscheinlich. Das Peterlingener Vorbild von 1033 spricht immerhin dafür – die (sich freilich erst noch ausbildende) Praxis der folgenden Jahrhunderte, in denen allein Friedrich Barbarossa (1178) und Karl IV. (1365) sich eigens zum König von Burgund krönen ließen, allerdings eher dagegen. Wie es aber auch immer gewesen sein mag: Zwei von jenen drei überlieferten Urkunden, die von Konrad nach dem Solothurner Tag und vor seinem Tod noch ausgestellt wurden, bezeichnen Heinrich III. ausdrücklich als *rex Burgundionum*[134].

Über den Sinn der Solothurner Handlung ist viel gerätselt worden und die Meinungen über sie gehen auseinander. Doch braucht man das solenne Geschehen weder als Beginn von Heinrichs tatsächlicher Mitherrschaft[135] zu deuten noch als das Ende einer Regentschaft, die Konrad seit 1033 anstelle seines Sohnes geführt habe und nun durch ein väterliches Oberkönigtum ersetzt wurde[136]. Alle Maßnahmen, die Konrad ergriffen hat, um den Erwerb Burgunds zu sichern, zeigen deutlich, daß er sich als Nachfolger Rudolfs III. verstand; und es ist nicht einzusehen, warum der Kaiser seinen schon 1028 zum König gekrönten Sohn nicht bereits 1033 zum burgundischen Herrscher erhoben und sich selbst lediglich eine Oberherrschaft vorbehalten haben sollte, wenn dies wirklich seine eigentliche Absicht gewesen wäre. Der Huldigungsakt von Solothurn und die mögliche Krönung dienten vielmehr vor allem zur Sicherung der Nachfolge des jungen Saliers in einem neuerworbenen Herrschaftsbereich und besaßen darüber hinaus einen zusätzlich legitimierenden Effekt für die salische Herrschaft in Burgund, denn Heinrich war ja, anders als sein Vater, ein Abkömmling der alten Königsdynastie. Da er kurz vor den Ereignissen von Solothurn auch das durch den Tod seines Halbbruders Hermann erledigte Herzogtum Schwaben übertragen bekommen hatte, war Heinrich zweifellos auf das beste gerüstet, die Interessen seines Hauses im *regnum Burgundiae* zu wahren. Wie unabhängig er dabei hat schalten und walten können, läßt sich nicht mehr erkennen, weil die Quellen darüber schweigen und Konrad II. schon wenige Monate nach seinem Fortgang aus Burgund starb; aber daß Heinrich nunmehr im Sinne einer gleichberechtigten Mitherrschaft weitgehend unabhängig vom väterlichen Willen hat handeln können (oder hätte regieren sollen), ist doch eher unwahrscheinlich. Andererseits wurde er nicht von den Regierungsgeschäften ferngehalten, sondern war vom Vater schon früh mit wichtigen Aufgaben betraut und auf diese Weise mit dem politischen Alltag vertraut gemacht worden. Im Rahmen dieser Herrschaftsteilhabe sind Heinrichs Zuständigkeiten 1038 sicherlich ausgedehnt worden.

Motive für den Erwerb Burgunds

Wie wenig sich an Heinrichs Stellung gegenüber dem Kaiser nach seiner Erhebung zum burgundischen König änderte, belegt auch die Tatsache, daß der Thronfolger zusammen mit oder kurz nach seinem Vater das neuerworbene Reich verließ. Konrad sollte nicht mehr, Heinrich erst 1042 hierher zurückkehren. Schon früh zeichnete sich ab, daß Burgund für die neuen Herrscher nur ein Nebenland in der nun zusammengefügten und lange Dauer gewinnenden Trias von Königreichen unterschiedlichen Charakters besaß. Deutschland, Italien und Burgund bildeten künftig als tatsächlichen Herrschaftsbereich der mittelalterlichen Kaiser das Imperium, dessen Krone freilich nur in Italien erworben werden konnte und dessen Machtbasis in Deutschland lag. In Burgund hingegen erbten die Salier und ihre Nachfolger lediglich die eingeschränkte Macht der Rudolfinger, deren Grundlagen sie letztlich nicht ausbauten. Selten drangen sie über die Grenzen des eingeengten, auf den hochburgundischen Raum bezogenen Wirkbereichs ihrer Vorgänger hinaus; und offenbar teilnahmslos schauten sie den Herrschaftsbildungen und dem Aufstieg adliger Familien in den königsfernen und -freien Zonen des Regnum zu. Man begnügte sich in weiten Bereichen mit einer nominellen Königsherrschaft – und anderes scheint auch von Konrad II. nie beabsichtigt gewesen zu sein.

Da der Machtzuwachs demnach gering war und der materielle Nutzen, der aus dem Königreich Burgund gezogen werden konnte, unbedeutend blieb angesichts des unter dem letzten Rudolfinger dahingeschmolzenen Krongutes, da zudem von burgundischen Einkünften des Königtums selten etwas zu hören ist, militärische Unterstützung aus dem rudolfingischen Regnum kaum zu erwarten gewesen sein kann und die starke, in manchen Regionen besonders des Südens praktisch unabhängige Stellung des Hochadels die Wirkmöglichkeiten des Königs äußerst stark beschnitt und da dies alles im Reich bekannt gewesen sein muß, wie das Zeugnis Thietmars von Merseburg lehrt[137], stellt sich die

Frage, warum Konrad überhaupt den Erwerb Burgunds angestrebt und energisch betrieben hat. Die historische Forschung sieht den eigentlichen Wert der Angliederung Burgunds an das Imperium in der Beherrschung der Westalpenpässe, des Mont Cenis und des Großen St. Bernhard: Erst ihr Besitz habe die Herrschaft in Italien wirklich gesichert, weil Frankreich fortan für Jahrhunderte der Zugang zur Apenninenhalbinsel versperrt geblieben sei. Wenn diesem Urteil eine gewisse Berechtigung auch nicht abzusprechen ist, so kann es doch nur mit Wissen um die weitere Entwicklung, mit der Kenntnis der Geschichte der folgenden Jahrhunderte gefällt werden, und es ist nicht unbeeinflußt von dem dramatischen Übergang Heinrichs IV., Konrads Enkel, über die schneeverwehten Alpen im Winter des Jahres 1076/77 auf dem Weg nach Canossa, als die süddeutsche Fürstenopposition dem Salier die Ostalpenpässe versperrte. Konrad II. jedoch konnte nicht in die Zukunft blicken und geostrategisches Denken dürfte ihm eher fremd gewesen sein. Für ihn müssen daher andere Gründe ausschlaggebend gewesen sein, als er sich um die burgundische Herrschaft bemühte – Gründe, die niemand überlieferte und daher nur noch vermutet werden können.

Sie dürfen, wenn man in dem Salier nicht einen reinen Nachlaßverwalter seines Vorgängers und Vollstrecker der Pläne Heinrichs II. sehen will, wohl zunächst in einer Steigerung des kaiserlichen Ansehens gesucht werden. Natürlich wird Konrad auch eine Intensivierung der königlichen Autorität im nördlichen Burgund, die seinem Sohn später für kurze Zeit gelingen sollte, beabsichtigt haben, aber das war wohl eher Folge als Hauptziel der Erwerbspolitik. Wenn hingegen Kaiserherrschaft unter anderem verstanden wurde als Herrschaft über mehrere Königreiche[138], dann bedeutete die Vermehrung der beherrschten *regna* seit 1032 nicht nur eine Vergrößerung der herrscherlichen Einflußzone, sondern vor allem auch eine spezielle Konkretisierung des Kaisertums und Steigerung der imperialen Würde. Hinzu kam noch ein anderer Effekt. Burgund ist ebenso wie das ottonische Reich und das *regnum Italiae* ein Produkt der Auflösung des karolingischen Imperiums gewesen. Indem das Staatswesen der Rudolfinger dem salischen Herrschaftsverband eingegliedert wurde, wuchsen daher unter dem Dach des Kaisertums karolingische Nachfolgestaaten zusammen, die einen Großteil der Fläche des untergegangenen Reiches Karls des Großen umfaßten. Das geschah zwar nicht im Zuge einer bewußt betriebenen Revindikationspolitik – Konrad II. wie alle seine Nachfolger haben die Souveränität des westfränkisch-französischen Königs niemals in Frage gestellt oder eine restaurative Eroberungsstrategie verfolgt –, führte aber trotzdem zu einer

Reduzierung der ehemals fünf auf nun nur noch zwei Repräsentanten nachkarolingischer Herrschaftsverbände. Wenn hinter dem von Wipo überlieferten Bonmot, daß an Konrads Sattel die Steigbügel Karls des Großen hingen, mehr als nur die Ansicht und Formulierfreude des Historiographen steht, dann konkretisierte es sich 1032/33 in besonderem Maße. Kaiserliches Selbstverständnis und karolingische Orientierung lieferten deshalb wohl die entscheidenden Motive für die salische Burgundpolitik.

Konflikte in Italien

Entwicklungen in Italien

Im Jahre 1036 wurde ein Erscheinen des Kaisers in Italien immer dringlicher. Konrads letzter Aufenthalt auf der Apenninenhalbinsel lag annähernd ein Jahrzehnt zurück, und inzwischen hatten politische und soziale Entwicklungen zu Eruptionen geführt, die die salische Herrschaft südlich der Alpen in ihren Grundfesten erschütterten. Es handelte sich dabei, wenn die Frontlinie auch nicht immer genau entlang der Trennlinie zwischen den einzelnen Gruppen verlief, im Grunde um Auseinandersetzungen zwischen Bischöfen, Markgrafen und Grafen, also den hochadeligen Lehnsherren, auf der einen und dem Vasallenadel auf der anderen Seite. Eine eigene Dynamik gewann die konfliktträchtige Situation einmal dadurch, daß es – anders als im Reich nördlich der Alpen – keine scharfe Scheidung zwischen Stadt und Land gab, sondern der grundbesitzende Feudaladel stadtsässig war und damit Teil der sich bildenden Bürgerschaften wurde; zum anderen war die Vasallenschaft nicht homogen, sondern sehr stark in sich selbst differenziert: Es gab – wenn man von Nuancierungen absieht – eine einflußreiche, über weitgestreuten Lehns-, aber auch Eigenbesitz verfügende Grundherrenschicht von Kastellbesitzern und deren weniger begüterte Vasallen, die (blickt man vom bischöflichen oder gräflichen Lehnsherrn aus) Aftervasallen, deren soziale Stellung, da ihre Lehen noch nicht erblich waren, keinesfalls abgesichert war und die deshalb unter einem starken Behauptungsdruck standen. In der sich nach Konrads Tod seit der Mitte des 11. Jahrhunderts ausbildenden Terminologie einer sich ständisch verfestigenden Gesellschaft wurden die Mitglieder dieser verschiedenen Gruppen oder *ordines*, wie es im Mittelalter hieß, als Capitane (*capitanei*) und Valvassoren (*valvassores*) bezeichnet. Beide Ordines zusammen bildeten in Italien schließlich den Ritterstand.

Dieses Ergebnis des seit der ausgehenden Karolingerzeit spürbaren Prozesses war unter Konrad II. freilich noch nicht abzusehen; vielmehr stand der Vasallenadel seit der Jahrtausendwende in einem Behauptungskampf: die kleineren Vasallen wegen ihrer unsicheren rechtlichen und sozialen Stellung und die großen, weil sie in steigendem Maße von einer Revindikationspolitik besonders der bischöflichen Lehnsherren betroffen waren. Die meisten Bischöfe waren im Verlauf des 10. Jahrhunderts zu Stadtherren geworden; ihnen war die Gerichtsbarkeit und die Verfügung über die Königsrechte, über die Regalien wie Münze und Zoll, zugefallen. Grundgelegt worden war diese Entwicklung bereits vor der Übernahme der italischen Königswürde durch Otto den Großen, als im *regnum Italiae* heftig um die Herrschaft gerungen wurde und die Bischöfe während dieser Auseinandersetzungen gräfliche Rechte über ihre Kathedralstadt und den contado, das zur Stadt gehörende Territorium, verliehen bekamen. Freilich waren sie nicht die alleinigen Nutznießer der herrscherlichen Freigebigkeit; die städtische, zum Teil adelige Führungsschicht profitierte ebenfalls davon. Teile von ihr vermochten nämlich nicht nur in unmittelbaren Kontakt zum Königtum zu treten, sondern auch Einfluß auf die Bischofswahl, also auf die Bestellung ihres Lehnsherrn, zu gewinnen. Außerdem übten sie als Vasallen der Bischöfe die von diesen erworbenen Hoheitsrechte selbst aus und erhielten dadurch einen nicht geringen Anteil an der Herrschaft.

Die Ottonen hatten die Förderung des italischen Episkopats fortgesetzt. Auf der Kirche beruhte ganz wesentlich ihre Herrschaft im Süden der Alpen, und auch Konrad II. zog aus der Treue der Bischöfe entscheidenden Nutzen bei seinem ersten Italienzug. Dieses Machtmittel verfügbar zu halten, mußte daher ein wichtiges Anliegen des Saliers sein; er nutzte deshalb günstige Gelegenheiten, um auf besonders wichtige Bischofsstühle Männer seines Vertrauens, vor allem Prälaten aus seinem nordalpinen Reich zu setzen, und war damit in den Kirchenprovinzen Aquileja und Ravenna sowie in Tuszien leidlich erfolgreich, während der Mailänder Kirchenverband weitgehend resistent blieb gegen eine solche Einflußnahme. Der Salier stärkte auch die Stellung der Bischöfe weiter, indem er die von seinen Vorgängern verliehenen Privilegien bestätigte oder erweiterte. Daneben gelang es ihm allerdings auch, den markgräflichen Adel Ober- und Mittelitaliens, der in den Anfängen seiner Regierung fast geschlossen in Opposition gestanden hatte, allmählich auf seine Seite zu ziehen. Das geschah nicht (wie liberal empfindende, an der nationalen Größe des Staates orientierte und laizistisch eingestellte Historiker des 19. Jahrhunderts meinten), um sich von der Abhängigkeit von den Bischöfen zu befreien, sondern um einen vernünftigen Ausgleich mit dem weltlichen Hochadel zu finden und ihn als zusätzliche Stütze der eigenen Herrschaft zu gewinnen. Natürlich gestattete eine solche Annäherung unter Umständen auch eine härtere Haltung bei Konflikten mit dem Episkopat und sollte sich daher während des zweiten Italienzuges für Konrad auszahlen. Aber zu meinen, der Salier habe innerhalb eines Jahrzehnts die Grundlagen seiner Politik völlig verändert und diese nunmehr mit den Markgrafen gegen die Bischöfe (und nicht mehr mit dem Episkopat gegen die Fürsten) betrieben, wäre verfehlt. Im Gegenteil! Die Bischöfe boten neben den Markgrafen, die zunehmend auch verwandschaftliche Beziehungen über die Alpen hinweg knüpften, weiterhin den entscheidenden Rückhalt für die salische Herrschaft in Italien; nicht zuletzt auf der Stärke der von ihren Vasallen gebildeten Kontingente beruhte die Macht des Herrschers. Daher mußte dieser auch alles daransetzen, die seine Machtgrundlage zerstörenden Konflikte zwischen den Lehnsherren und dem Vasallenadel beizulegen.

Gefördert worden waren die Spannungen durch ein revindikatorisches Bemühen der Bischöfe, durch ein Streben nach Rückerwerb oder Einzug verliehener oder entfremdeter Güter und Rechte, das gegen Ende des 10. Jahrhunderts einsetzte, Rückhalt am ottonischen Königtum fand und zu einer Einschränkung der Stellung der von diesen Aktivitäten betroffenen Vasallen führen mußte. Das erzeugte zwangsläufig Unruhe, die sich mancherorts gelegentlich sogar zum Aufruhr steigerte. Zusätzliche Nahrung fand der Unmut in der Lehnsmannschaft durch die rechtliche und soziale Unsicherheit der Aftervasallen, die als Lehnsträger kleineren Zuschnitts unter Umständen ebenfalls von den gegen ihre Herren gerichteten Revindikationsmaßnahmen getroffen wurden. Der allgemeine Mißmut äußerte sich schließlich Ende 1035/Anfang 1036 in einem großen Aufstand, der, nachdem es zuvor schon in Brescia und Cremona zu Unruhen gekommen war, in Mailand ausbrach, wo die tatkräftige Machtpolitik Erzbischof Ariberts das Faß zum Überlaufen gebracht hatte, es dem Metropoliten zunächst aber gelungen war, die aufrührerischen Vasallen aus der Stadt zu vertreiben. Trotzdem gewann der Aufstand rasch an Boden, denn die Unterlegenen erhielten den Beistand anderer Vasallenverbände und die Empörung erfaßte weite Teile Oberitaliens. Der militärische Erfolg, den die aufrührerischen Lehnsträger schließlich in einem Treffen bei Campo Malo (zwischen Mailand und Lodi) über das durch andere Bischöfe und Fürsten verstärkte Heer des Erzbischofs errangen, machte den Ernst der Lage für die traditionellen Stützen der salischen Herrschaft mehr als deutlich. Beide Parteien erwarteten nun eine Klärung vom Kaiser, an den zuvor schon die aufständischen Vasallen appelliert hatten – nicht ohne zu betonen, daß sie sich ihr Recht selbst verschaffen würden, wenn er nicht persönlich nach Italien komme.

Die historische Forschung hat sich angewöhnt, diesen überregionalen

Aufruhr lombardischer Lehnsträger als ‚Valvassorenaufstand' zu charakterisieren. Sie kann dabei auf den Begriff *valvasor* oder *vasvasor* zurückgreifen, den die Quellen bei diesem Anlaß selbst verwenden. Allerdings fördert sie damit auch ein Mißverständnis, insofern wenige Jahre nach den dramatischen Ereignissen die Festlegung des Begriffsinhalts von *valvassor* im Sinne von Aftervasall und kleiner Lehnsträger stattfand. Vor dieser Einengung konnte der Terminus aber auch Mitglieder jener Gruppe charakterisieren, die später Capitane genannt wurden. Konrad II. spricht daher auch von *vasvasores maiores et minores*. Es wäre deshalb falsch, in diesem Aufstand allein eine Empörung der *minores* gegen Bischöfe, Grafen und (künftige) Capitane zu sehen. Vielmehr nahmen an ihm aus den genannten Gründen auch die *maiores* (also die späteren Capitane) teil und verliehen ihm damit erst seine Brisanz. Natürlich – es wurde schon betont – erhoben sich beide Gruppen nicht geschlossen gegen Bischöfe und Fürsten, gab es doch genügend Lehnsträger gerade größeren Zuschnitts, die Nutzen aus der schwierigen Situation ihrer Standesgenossen zu ziehen vermochten; aber die Menge der Aufständischen muß nach Wipos Zeugnis beträchtlich gewesen sein, sollen sie bei Campo Malo doch durch die bloße Wucht ihrer Massen gesiegt haben[139]. Um so dringlicher erschien für den Kaiser eine Bereinigung des von den Valvassoren aus Sorge um ihren Rechts- und Sozialstatus ausgelösten Konfliktes, drohte dieser sich doch zu einer politischen Krise des salischen Herrschaftssystems auszuweiten.

Heinrichs III. Hochzeit mit Gunhild

Nähere Informationen über die Zustände in Italien hat der Kaiser spätestens im Juni 1036 in Nimwegen durch den Markgrafen Bonifaz von Canossa-Tuszien erhalten. Hier, am Niederrhein, feierte die kaiserliche Familie das Pfingstfest (6. Juni) und die Hochzeit (29. Juni) des Thronfolgers mit Gunhild, der Tochter Knuts des Großen, mit der Heinrich seit dem Bamberger Maihoftag des Vorjahres verlobt war. Die Verbindung mit dem angelsächsisch-dänischen Königshaus ist Konrad sehr wichtig gewesen. Um sie zu ermöglichen, trat er Schleswig und das zwischen Eider und Schlei gelegene Gebiet an Knut ab. Allerdings verlor dieses Bündnis rasch an Wert, da der künftige Schwiegervater des Thronfolgers am 12. November 1035, also noch vor dem Eheschluß, überraschend starb und das Nordreich seinen Schöpfer nicht lange überdauern sollte. Unbeeinflußt von dieser Entwicklung fand die Hochzeit trotzdem statt, und Bonifaz von Canossa-Tuszien nahm an den Feierlichkeiten teil.

Ob Gunhild, die nach der Trauung den der deutschen Zunge geläufigeren Namen Kunigunde annahm, schon vor dem Eheschluß zur Königin gekrönt worden ist, lassen die Quellen nicht deutlich erkennen[140]. Wipos Darstellung legt dies zwar nahe[141], doch erscheint aufgrund anderer Berichte auch eine umgekehrte Reihenfolge der Ereignisse als möglich. Wipos Schilderung könnte zudem von dem Ablauf der Feierlichkeiten bei Heinrichs III. zweiter Hochzeit im Jahre 1043 beeinflußt worden sein. Damals hat der König in der Tat seine künftige Gemahlin Agnes von Poitou einige Tage vor der Vermählung zur Königin salben lassen und sie damit gleichsam auf die Ebene der Geweihten gehoben, bevor er den Bund fürs Leben mit ihr schloß. Mit dieser eigentümlichen Abfolge der feierlichen Handlungen, die offenbar einem besonderen Verständnis des sakralen Königtums Ausdruck verleihen sollte, wurde Heinrichs zweite Hochzeit zum Vorbild für die Eheschlüsse seines Sohnes und Enkels und selbst noch für die 1156 gefeierte zweite Heirat Friedrich Barbarossas mit Beatrix von Burgund.

Wie weit die 1043 wirksam gewordenen Vorstellungen Heinrichs III. von dem angemessenen Verlauf der Hochzeit eines Stellvertreters Gottes auf Erden schon 1036 die Feierlichkeiten prägten, muß – wie gesagt – offen bleiben. Sicher ist nur, daß Gunhilds Krönung am 29. Juni 1036 stattfand und wahrscheinlich vom Kölner Erzbischof Pilgrim, dessen Anwesenheit in Nimwegen zumindest für den 5. Juli 1036 belegt ist, vorgenommen wurde. Spätestens während des langen Aufenthalts in Nimwegen reifte aber wohl auch der Entschluß, ein zweites Mal nach Italien zu ziehen. Damals werden daher die Vorbereitungen für diese Expedition in Angriff genommen worden sein. Ein halbes Jahr später befand sich der Kaiser dann auf dem Weg nach Süden.

Erzbischof Aribert von Mailand

Der Aufbruch muß im Dezember erfolgt sein. Während die Kaiserin zusammen mit ihrem Sohn und ihrer Schwiegertochter 1036 Weihnachten in Regensburg feierte, beging Konrad das Fest in Verona. Von hier zog er Anfang des neuen Jahres nach Mailand, und zwar über Brescia und Cremona, über jene Orte also, die ebenfalls von schweren Unruhen erschüttert waren. Der Empfang in der lombardischen Metropole durch den Erzbischof und die Einwohner der Stadt geschah in der gewohnten feierlichen Form. Nichts schien auf etwa Ungewöhnliches hinzudeuten. Doch noch am selben oder – was wahrscheinlicher ist – am folgenden Tag brach ein Aufruhr los.

Anlaß für die Zusammenrottung der Bürger soll das Gerücht gewesen sein, der Kaiser habe dem Metropoliten das ein gutes Jahrzehnt zuvor gewährte Recht, den Bischof von Lodi investieren zu dürfen, wieder entzogen. Offenbar sahen die Mailänder durch eine solche Maßnahme ihre eigenen Interessen bedroht. Mochten sie auch mit ihrem Erzbischof im Streit liegen und den Kaiser sogar auffordern, ihre Schwureinung anzuerkennen, eine Minderung der Position ihrer Stadt und Kirche waren sie dennoch nicht gewillt hinzunehmen. Ihr Selbstverständnis als Bürger der lombardischen Metropole zogen sie nicht zuletzt aus der Verehrung für den Patron der Mailänder Kirche, den hl. Ambrosius, der sich im 4. Jahrhundert nicht gescheut hatte, Theodosius dem Großen (379–395) energisch ins Gewissen zu reden, und bei dem Versuch erfolgreich gewesen ist, diesen mächtigen Kaiser, den letzten Herrscher über das ungeteilte römische Reich, zur Kirchenbuße zu bewegen. Der Hintergrund für ihre Vermutung einer Schmälerung der Mailänder Rechte und der Urheber des Gerüchtes bleiben allerdings unbekannt. Ob dies und damit der städtische Aufruhr tatsächlich auf Aribert selbst zurückgingen, wie der Kaiser wohl letztlich vermutet hat, ist durchaus unsicher und wohl eher sogar unwahrscheinlich, da der Erzbischof kaum einen Anlaß hatte, den Zorn des Herrschers zu erregen. Außerdem begleitete er den Salier nach Pavia, wo in der zweiten Märzhälfte ein Hoftag stattfand, auf dem alle anstehenden Probleme besprochen und nach Möglichkeit geregelt werden sollten.

Hier kam es dann allerdings zum Bruch zwischen Konrad und Aribert. Ob der Salier mit der Absicht nach Italien gezogen war, den Erzbischof in die Schranken zu verweisen, ist keinesfalls sicher und eher sogar unwahrscheinlich. Der Mailänder Metropolit hatte sich immerhin große Verdienste um die salische Herrschaft in Italien erworben und dem Kaiser noch im Sommer 1034 zusammen mit Bonifaz von Canossa-Tuszien ein italisches Aufgebot zugeführt und damit die burgundischen Ambitionen des Saliers entscheidend gefördert. Er wird deshalb 1037 mit einer Unterstützung seiner Position durch Konrad gerechnet haben. Der Kaiser hingegen dürfte eher an eine grundsätzliche Bereinigung der Probleme in Oberitalien gedacht haben, was allerdings keine unbedingte Stellungnahme gegen den Metropoliten bedeuten mußte – wohl aber eine nur begrenzte Erfüllung der erzbischöflichen Erwartungen bedeuten konnte. Ob der Salier darüber hinaus von weiterreichendem Mißtrauen gegenüber dem mächtigen Nachfolger des hl. Ambrosius erfüllt gewesen ist, läßt sich dabei nicht ausmachen. Der bald ausbrechende Konflikt, die verschiedenen Stufen der Eskalation, die er erreichte, und die Maßnahmen, die Konrad gegen Aribert ergriff, erwecken allerdings nicht den Eindruck, als ob von Anfang an der Sturz des Metropoliten geplant gewesen sei. Vielmehr scheint das kaiserliche Handeln ganz wesentlich von den konkreten Konfliktsituationen bestimmt worden zu sein, von besonderen Augenblicken und spezifischen Entwicklungen, in denen sich der Salier zur Anwendung immer schärferer Mittel gegen den widerborstigen Geistlichen veranlaßt sah.

Als auf dem Hoftag von Pavia Klagen gegen Aribert laut wurden, lieh Konrad diesen nicht nur sein Ohr, sondern forderte den Erzbischof schließlich sogar zur Wiedergutmachung begangenen Unrechts auf. Zahlreiche Rechtsverletzungen wurden dem Metropoliten vorgeworfen, unter anderen vor allem von dem *comes* Hugo, wohl dem Mailänder Grafen aus der Familie der Otbertiner. Bei den Rechtsbeugungen, derer sich Aribert schuldig gemacht haben soll, handelte es sich allem Anschein nach und hauptsächlich um Vorfälle beim Erwerb von Gütern und Rechstiteln. Zumindest legt dies die Antwort nahe, mit der der Erzbischof das Wiedergutmachungsansinnen des Saliers nach einer kurzen Bedenkzeit schroff zurückwies: Was er bei seinem Amtsantritt an Besitz der Mailänder Kirche vorgefunden oder seither selbst hinzugewonnen habe, gedenke er zu behaupten; er wolle davon auf niemandes Befehl oder Bitten hin auch nur ein Jota fahrenlassen. Das waren deutliche Worte. Als die anwesenden Fürsten Aribert ermahnten, wenigstens den Kaiser von dieser Erklärung auszunehmen und sein Gebot zu achten, beharrte der Metropolit auf seinem Standpunkt. Damit jedoch beging er ein Majestätsverbrechen, denn das erzbischöfliche Diktum und die hinter diesem stehende Gesinnung bedeuteten unzweifelhaft eine Mißachtung der kaiserlichen Gerichtsgewalt. Konrad reagierte daher auch schnell und hart, ließ Aribert auf der Stelle als treubrüchigen Hochverräter verhaften, übergab ihn dem Patriarchen Poppo von Aquileja und dem Herzog Konrad von Kärnten zur Bewachung und befahl, das zu Unrecht erworbene Gut herauszugeben. Der Bruch war vollzogen, er sollte nicht mehr zu heilen sein.

Wenn Wipo erklärt, Konrad habe an Ariberts Verhalten erkannt, daß dieser die ganze italische Verschwörung angezettelt habe[142], dann ist dies eine krasse Fehlinterpretation – sicherlich des Historiographen, weniger wohl des Kaisers. Der Mailänder ist zweifellos Ziel und nicht Anstifter des Valvassorenaufstandes gewesen, und es fällt schwer anzunehmen, Konrad habe dies nicht bemerkt. Aber der Auftritt des Metropoliten hatte allen Anwesenden, mit dem Salier an ihrer Spitze, die Brisanz des erzbischöflichen Selbstbewußtseins vor Augen geführt, die Mißachtung der kaiserlichen Majestät, die Sühne forderte. Wenn Konrad auch kaum mit der Absicht nach Italien aufgebrochen war, den Mailänder Oberhirten zu stürzen, so ließ ihm dessen Weigerung, die herrscherliche Gerichtshoheit anzuerkennen, keine andere Wahl, als gegen den notorischen Hochverräter und Majestätsverbrecher einzuschreiten. Eine Verurteilung des Erzbischofs wegen Untreue jedoch scheint in Pavia nicht vorgenommen worden zu sein; Konrad begnügte sich zunächst mit der Inhaftierung des Widerborstigen und hielt sich damit alle Optionen offen. Freilich gewann der Konflikt bald eine eigene Dynamik, die selbst der Kaiser nicht mehr völlig in den Griff bekam.

Von Pavia, wo es aus verständlichen Gründen nicht möglich gewesen war, alle anstehenden Probleme zu lösen, begab sich der Salier nach Piacenza; in seiner Begleitung befand sich der verhaftete Erzbischof. Wie es seinem Rang entsprach, ist die Behandlung des Gefangenen trotz seines unerhörten Gebarens zuvorkommend und die Haft leicht gewesen, auch wenn sich Aribert selbst wenige Jahre später in anderem Sinne äußerte. Die Bewachung war jedenfalls so nachlässig, daß dem Erzbischof eine Flucht gelang, wie man sie ansonsten nur als besonderes Spannungsmoment in einschlägigen Abenteuerromanen geschildert findet. Eines Abends, wohl noch vor Erreichen Piacenzas, spätestens jedoch nach Ankunft in der Stadt, legte sich der Mönch Albizo, der in der engsten Umgebung des Erzbischofs belassen worden war und wohl von hier aus recht ungeniert die Flucht seines Herrn vorbereiten half, anstelle Ariberts zu Bett und zog sich die Schlafdecke über den Kopf, um die Wachen zu täuschen. Der Metropolit jedoch entwich – wahrscheinlich in den Kleidern des Mönchs und mit tief ins Gesicht gezogener Kukulle – aus dem kaiserlichen Lager, schwang sich auf ein für ihn bereitgehaltenes Pferd und jagte, den Po überquerend, zurück nach Mailand, wo ihn die Bürger mit ungestümem Jubel begrüßten und sich um ihn scharten zur Verteidigung ihrer Stadt gegen den Salier. Mochten sie noch vor einigen Monaten gegen den Erzbischof gemurrt haben, nun wurde er zur Galionsfigur ihres Selbstverständnisses als Mailänder, zum Schützer der städtischen Eigenständigkeit und zum Wahrer der großen ambrosianischen Tradition.

Für den Kaiser bedeutete Ariberts Flucht zweifellos einen schweren Schlag. Den Mönch Albizo, der seinem Widersacher zur Flucht verholfen hatte, ließ er festsetzen, doch kam auch dieser – zu einem unbekannten Zeitpunkt, aber wahrscheinlich erst nach Konrads Tode – frei und wurde von Aribert schließlich zum Abt von San Salvatore in Tolla bei Piacenza erhoben. Poppo von Aquileja, dessen Wachsamkeit der Mailänder Erzbischof anvertraut worden war und auf den nun der Verdacht fiel, den Amtsbruder begünstigt zu haben, zog es vor, vom Hofe zu fliehen. Er wich wohl mehr vor dem Zornesmut, für den Konrad bekannt war, vor dem zu erwartenden Wutausbruch des Kaisers als wegen eines heimlichen Einverständnisses mit dem Mailänder Metropoliten, den er zwar nur nachlässig bewacht, aber kaum absichtlich befreit hat. Im August 1037 konnte es daher auch zu einer Aussöhnung der alten Gefährten kommen, als Konrad nach Aquileja zog, wo ihn Poppo barfuß im Büßergewand empfing und die erflehte Verzeihung erhielt.

Ende März 1037 sah die Lage allerdings noch anders aus. Über Nacht hatte Konrad ein wichtiges Faustpfand verloren und war nicht mehr der unumschränkte Herr der Situation; außerdem mußte er ein konspiratives Zusammengehen der Oberhirten von Mailand und Aquileja befürchten. Unversehens in schwierige Verhältnisse geraten, entfaltete der Salier umgehend seine bekannte Tatkraft, entbot seinen nördlich der Alpen verbliebenen Sohn mit frischen Truppen zu sich, scheint auch schon Verbindung mit dem Papst aufgenommen zu haben, verkündete ein allgemeines Aufgebot an die italischen Großen zum Kampf gegen Mailand und verhängte die Reichsacht über den flüchtigen Metropoliten. Diese Maßnahme wurde wohl erst jetzt, nach der Flucht, und nicht schon – wie gelegentlich erwogen worden ist[143] – bei der Gefangennahme Ariberts ergriffen; sie stellte mithin eine Reaktion auf die veränderte Lage dar und richtete sich als Zwangsinstrument gegen einen Gegner, der sich auf freiem Fuß befand und nun als vogelfrei und friedlos galt (während sie gegen einen schon verhafteten Delinquenten wenig Sinn machte).

Während die herbeibefohlenen Truppen sich allmählich formierten und anrückten, begab sich Konrad nach Ravenna, um hier Ostern zu feiern. Zweifellos war dieser Festtagsort, wo der Kaiser vom 10. bis 18. April 1037 bezeugt ist und Privilegien für drei ravennatische Abteien und ein venezianisches Kloster ausstellen ließ, mit Bedacht gewählt: Gebhard von Ravenna war damals der einzige Metropolit Oberitaliens, auf den sich der Salier uneingeschränkt verlassen konnte. Nachdem sich Konrad der Treue des Ravennaten versichert hatte, zog er, weitere Privilegien gewährend, nach Mailand zurück, um die Belagerung des gutbefestigten Ortes aufzunehmen. Nach dem 7. Mai errichtete er sein Lager etwa drei Meilen vor der Stadt und begann, das Umland zu verwüsten.

Dabei errang er durchaus Erfolge, aber eine blutige Schlacht, die sich am 19. Mai aus einem Aufmarsch seines Heeres zum Sturm auf die Stadt und einem Ausfall der Mailänder entwickelte, blieb unentschieden. Mailand trotzte der kaiserlichen Armee, obwohl der Salier die Belagerung durch den ganzen Mai fortsetzte. Allerdings konnte die Militärtechnik im 11. Jahrhundert ohnehin keinen Belagerungserfolg garantieren – und dies schon gar nicht, wenn die Verteidiger genügend motiviert waren und geschickt geführt wurden. Genau dies traf aber auf die Einwohner Mailands zu, die im Kampf gegen den Kaiser auch ein Ringen um größere Unabhängigkeit vom otbertinischen Stadtherrn sahen. Die Bürger stellten daher bei der Verteidigung ihrer Stadt einen wesentlichen Rückhalt für den Erzbischof dar und bildeten damit einen politischen Faktor, der für den Salier noch völlig unbekannt war, mit dem er deshalb (aber auch noch mancher seiner Nachfolger) nicht richtig zu rechnen vermochte. Konrad mußte daher und mit Rücksicht auf die gefährliche Sommerhitze, die immer stärker fühlbar wurde, die Belagerung abbrechen, als Mailand nach mehreren Wochen des Eingeschlossenseins immer noch nicht gefallen war. Als vorsichtiger Heerführer verteilte er – wie schon auf seinem ersten Italienzug – die Truppen während der heißen Monate auf kühlere Gebirgsgegenden und machte damit deutlich, wie wenig der Mailänder Fall für ihn abgeschlossen war.

Des Kaisers Rückzug war trotzdem ein Prestigegewinn für seine Gegner, und dies um so mehr, als er mit einem metereologischen Ereignis in Zusammenhang gebracht wurde, das zwar für die Jahreszeit und den lombardischen Raum keinesfalls ungewöhnlich ist, in einer wundergläubigen Zeit jedoch als Zeichen des Himmels gedeutet werden konnte: mit einem heftigen, eine Weile andauernden und dabei auf einen kleinen Raum beschränkt bleibenden Unwetter. Am 29. Mai feierte Konrad, geschmückt mit der Krone, wie bei solchem Anlaß üblich, das Pfingstfest zusammen mit seinem Sohne und etlichen Fürsten in einer kleinen Kirche bei Corbetta (westlich von Mailand). Im Verlauf des Gottesdienstes wurde der Elekt Bruno von Minden von seinem Metropoliten, dem Kölner Erzbischof Hermann II., zum Bischof geweiht und las dann das Hochamt. Während dieser festlichen Handlungen brach aus heiterem Himmel ein heftiges Gewitter los. Blitz und Donner tobten so entsetzlich, daß einige der Anwesenden Sinn und Verstand verloren und erst nach einer geraumen Zeit wieder fanden; andere sowie zahlreiche Tiere wurden vom Blitz erschlagen. Wie ein Wunder erschien das furchtbare Unwetter vielen, da es nur auf engem Raume wütete und schon in geringer Entfernung nicht mehr bemerkt worden ist. Als Grollen des Himmels wurde das Toben des Wetters und das Tosen des Donners daher bald gedeutet; und selbst ein enger Vertrauter des Saliers will im hellen Zucken der Blitze gar die Gestalt des hl. Ambrosius erkannt haben, den wegen des Angriffs auf seine Stadt und seinen Nachfolger erzürnten Mailänder Kirchenvater.

Wie sehr Konrad selbst von dem Geschehen beeindruckt war, läßt sich nicht leicht sagen. Seine nüchterne Art wie sein kaiserliches Selbstvertrauen als Stellvertreter Gottes auf Erden haben ihn vielleicht vor einer übertriebenen Deutung des Unwetters gefeit, aber die psychologische Wirkung des metereologisch bedingten Unheils auf sein Gefolge wie auch der mächtig herannahende Sommer haben den Kaiser schließlich doch zur Aufhebung der Belagerung Mailands bewogen – nicht jedoch ohne vorher einen weiteren Schlag gegen Aribert von Mailand zu führen. Da der Kaiser den Mailänder Stuhl nach allem Vorgefallenem als vakant betrachtete, erhob er einen neuen Erzbischof: einen Geistlichen der Mailänder Kirche mit dem beziehungsreichen Namen Ambrosius, der auch in Konrads Kapelle Dienst getan hatte und nun die Interessen seines kaiserlichen Herrn durchsetzen sollte. Allerdings stellten sich die Mailänder gegen ihn und verhinderten die Inbesitznahme der Kirche des hl. Ambrosius durch den Kandidaten des Saliers; sein erzbischöfliches Amt vermochte dieser daher niemals wirklich auszuüben.

Aribert und Odo von der Champagne

Die bereits in anderem Zusammenhang erörterte[144], schon auf zeitgenössische Kritik gestoßene Absetzung eines Geistlichen ohne Synodalurteil wird leichter verständlich, wenn man sie im Kontext der sich entfaltenden Auseinandersetzung zwischen Kaiser und Mailänder Metropoliten betrachtet und sie als letzte Stufe eines sich permanent eskalierenden Konfliktes versteht. Ohne feste Absichten gegen Aribert nach Italien aufgebrochen, sah sich Konrad in Pavia einer unerhörten Widersetzlichkeit gegenüber, die zur Inhaftierung des Erzbischofs führte. Diese Maßnahme bedeutete noch keine Absetzung; und es blieb offen, wie der Kaiser mit dem unbotmäßigen Geistlichen zu verfahren gedachte. Vielleicht wollte er ihn ähnlich wie Burchard III. von Lyon in Gefangenschaft halten, ohne über den Bischofsstuhl erneut zu verfügen. Erst Ariberts geglückte Flucht und die erfolgreiche Behauptung der mailändischen Stellung sowie die damit jeweils eingetretene Verschlechterung der Lage für Konrad erzwangen nach Ansicht des Saliers ein härteres Vorgehen: zunächst die Ächtung, dann die Absetzung des Erzbischofs, zu der sich Konrad als Wahrer des Reichsrechtes angesichts des offenkundigen und hartnäckigen Widerstandes des Mailänders aus eigener Machtvollkommenheit zweifellos berechtigt wähnte, auch wenn das Kirchenrecht für einen solchen Fall ein anderes Procedere vorschrieb. Deutlich wird aber auf jeden Fall, wie sehr Konrads scharfes Einschreiten gegen Aribert jeweils aus der konkreten Situation heraus Gestalt annahm, wenn man so will, aus der Not der Verhältnisse erwuchs und nicht unwesentlich der mißlichen Tatsache zu verdanken war, des Gegners nicht mehr habhaft werden zu können. Ob darüber hinaus auch schon weitere verräterische Umtriebe des Erzbischofs ruchbar geworden waren und die Verbitterung des Kaisers steigerten, läßt sich allerdings nicht sagen.

Natürlich blieb Aribert nicht untätig, nahm – wohl am ehesten nach dem Ende der Mailänder Belagerung – mit Konrads Rivalen um das burgundische Reich, mit Odo von der Champagne, den er noch drei Jahre zuvor selbst zu bekämpfen geholfen hatte, Verbindung auf und zettelte mit den Bischöfen von Piacenza, Cremona und Vercelli, also mit einem Teil seiner Suffragane, eine Verschwörung gegen den Kaiser an. Diese ist jedoch rechtzeitig von der verwitweten Markgräfin Bertha von Turin, der Schwiegermutter Herzog Hermanns von Schwaben und Stiefsohnes Konrads II., entdeckt worden. Ihr gelang es nicht nur, Briefe Ariberts an Odo von der Champagne abzufangen, sondern auch ein konspiratives Treffen von deren Gesandten auszuheben und damit die weitverzweigte Verschwörung aufzudecken. Konrad konnte daher rechtzeitig handeln und rasch gegen die drei Bischöfe vorgehen, die sich noch an seinem Hofe aufhielten. Er ließ sie von den Fürsten als überführte Hochverräter schuldig sprechen und schickte sie dann über die Alpen in die Verbannung.

Ariberts Pläne sind dadurch empfindlich gestört worden; sie scheiterten endgültig am 15. November 1037 mit Odos Niederlage in der Schlacht von Bar-le-Duc und dem Tode des Grafen auf der Flucht. Trotzdem erneuerte Konrad die Belagerung Mailands nicht mehr. Der Fall des Mailänder Metropoliten war für ihn zwar noch keineswegs erledigt, aber Sommer, Herbst und Winter 1037 nutzte er zunächst dazu, Oberitalien zu durchziehen, Urkunden für italische Bistümer und Klöster auszustellen, vielleicht sogar durch eine Gesandtschaft unter der Führung des Thronfolgers das gespannte Verhältnis zu Venedig zu verbessern und vor allem um die Unterwerfung Poppos von Aquileja entgegenzunehmen. In Parma, bei seinem ehemaligen Kanzler Hugo, verbrachte er Weihnachten, diesmal im Kreise der gesamten Herrscherfamilie, doch nicht völlig in Frieden; denn am Abend des Festes brach, wie so häufig auf Italienzügen, aus geringfügigem Anlaß ein Aufstand der Bürger aus, der den Kaiser und sein Gefolge in heftige Bedrängnis brachte. Erst als der Rest des Heeres, der vor den Toren der Stadt lagerte, durch den Feuerschein der auf Konrads Befehl in Brand gesteckten Häuser alarmiert worden war und zur Hilfe eilte, konnten die Empörer niedergerungen werden. Zu ihrer Bestrafung ließ der Kaiser die Stadt plündern und einen Teil der Mauern schleifen. Wie schwer die Zerstörungen waren, läßt sich freilich nicht sagen. Da der Salier noch bis zum Jahresende in Parma Hof hielt, wird er – trotz aller Härte seiner Strafe – wohl kein Trümmerfeld hinterlassen haben.

Constitutio de feudis

Das Jahr 1037 ist für den Kaiser sehr wechselhaft, aber keinesfalls ohne Erfolge gewesen. Einen der wichtigsten ermöglichte zweifellos ein Rechtsakt, den Konrad am 28. Mai, noch während der Belagerung Mailands, vollzogen hat, als er ein Lehnsgesetz[145] verkündete, das entscheidend zu einem Ausgleich der sozialen Spannungen in der oberitalischen Feudalgesellschaft beitragen sollte und zu einer Beruhigung jener Konflikte, die den zweiten Italienzug des Kaisers erforderlich gemacht hatten. Bereitliegende Sprengstoffe für kommunale Auseinandersetzungen sind dadurch zwar nicht auf Dauer entschärft worden, wohl aber erhielten alle Lehnsträger Rechtssicherheit für ihren Lehnsbesitz.

Konrads *constitutio de feudis* regelte erstmals Fragen der Lehnsmaterie in allgemeiner reichsgesetzlicher Form. Grundtenor war dabei die Vermeidung und Eindämmung von Willkürhandlungen der großen Lehnsherren, der Bischöfe, Äbte, Äbtissinnen, Markgrafen, Grafen und sonstiger Herren, die über Reichsgut oder Kirchenbesitz verfügen konnten; als Nutznießer des Gesetzes erscheinen die *maiores* und *minores vasvasores*, also die späteren Capitane und Valvassoren, denen insgesamt die Erblichkeit ihrer Lehen zugestanden und darüber hinaus garantiert worden ist, daß ihnen dieser Besitz nicht ohne Urteilsspruch von Rechtsgenossen, von *pares*, also von anderen Vasallen gleichen Standes, entzogen werden dürfe. Grundsätzlich war dabei die Appellation an das Königsgericht möglich: Bei Streitfällen der *maiores* konnte der König persönlich angerufen werden, bei denen der *minores*, für die eine Reise an den Hof wohl als zu kostspielig erschien, wurde der Königsbote eingeschaltet. Die oberste Gerichtsbarkeit des Königs ist mithin keinesfalls in Frage gestellt und eher sogar noch gestärkt worden. Darüber hinaus durften über Lehnsgüter keine Tausch-, Leihe- und Pachtverträge mehr ohne Zustimmung der davon betroffenen Lehnsträger abgeschlossen werden, denen zugleich neben dem Allod auch der anderweitig, jedoch nicht als Lehen übertragene Besitz garantiert wurde. Außerdem verzichtete der Salier auf die Erhebung von Gastungsabgaben, auf das Fodrum von den neuerrichteten Adelsburgen und begnügte sich mit den herkömmlichen Leistungen.

Das Lehnsgesetz ist in einer ganz konkreten politischen Situation erlassen worden und sollte offenbar dazu dienen, dem Mailänder Erzbischof die Vasallen abspenstig zu machen. Unabhängig davon verfolgte es aber auch ein grundsätzliches Ziel: die Aussöhnung und den Ausgleich zwischen Lehnsherren und Lehnsleuten. Die Absicht, Herren und Vasallen Oberitaliens zur Eintracht zu bringen, wird in der kaiserlichen Urkunde direkt ausgesprochen, ebenso der mit ihr verfolgte Zweck: der ungeschmälerte Erhalt der militärischen Kraft der Vasallenschaft, die dem Senior wie auch dem Kaiser ergeben diente sollte. Damit entsprach das Gesetz voll und ganz den politischen Maximen, die der Salier auch nördlich der Alpen befolgte[146]. Es ermöglichte aber vor allem auch die Konsolidierung der Adelsherrschaften und stärkte damit Tendenzen, die der salischen Herrschaft anfänglich sogar nützlich geworden sein dürften. Schließlich förderte es, und das ist vielleicht seine wichtigste Folge, einen sozialen Prozeß, an dessen Ende sich der aus Capitanen und Valvassoren gebildete Ritterstand formierte und als spezifische Interessengruppe dem popolo, dem Volk, gegenübertrat.

Ostern in Spello

Auch 1038 nahm der Kaiser die Belagerung von Mailand nicht wieder auf. Vielmehr überquerte er mitten im Winter den Apennin und stieß im Frühjahr nach Unteritalien vor, um hier die kaiserliche Gewalt erneut zur Geltung zu bringen und die Herrschaftsverhältnisse neu zu ordnen. Auf dem Gebiet des spoletinischen Herzogtums, in Spello bei Foligno, beging Konrad am 26. März zusammen mit Papst Benedikt IX. das Osterfest. Es war das zweite Zusammentreffen mit dem neuen, seit 1032 amtierenden römischen Bischof, einem Neffen der beiden Vorgänger Benedikt VIII. und Johannes XIX., denn der Papst hatte den Kaiser schon im Vorjahr in Cremona aufgesucht, ohne daß bekannt ist, worüber sie bei dieser Zusammenkunft verhandelt haben. Natürlich muß über den Konflikt mit Aribert, in den Benedikt offenbar versuchte, vermittelnd einzugreifen, gesprochen worden sein; Näheres wissen wir freilich nicht.

Jedoch ist wiederholt bemerkt worden, daß sich der Papst in der gesamten Auseinandersetzung lange zurückgehalten und das Vorgehen des Saliers gegen einen hohen Geistlichen nicht sofort durch kirchliche Maßnahmen unterstützt habe. Andererseits ist es gar nicht sicher, ob ihn der Kaiser um Unterstützung gebeten hat oder diese überhaupt für nötig hielt. Immerhin hat der Kaiser nur wenige Jahre zuvor die engen Grenzen deutlich gemacht, in denen sich das Papsttum nach seinem Verständnis gegenüber der Reichskirche bewegen durfte. Als nämlich, wie Hermann von der Reichenau in seiner Chronik zum Jahre 1032 berichtet, sein angesehener Abt Bern von Johannes XIX. die Bestätigung des schon von Gregor V. und Otto III. verliehenen Rechts erwirkt hatte, gleich seinem Amtsbruder aus Fulda während der Meßfeier bischöfliche Insignien anlegen zu dürfen und dafür vom Papst als besondere Ehrengabe pontifikale Sandalen übersandt erhielt, schritt Konrad auf Bitten des zuständigen Diözesanbischofs Warmann von Konstanz ein. Dieser sah nämlich seine bischöfliche Stellung eingeschränkt, und Konrad zögerte keinen Augenblick, zugunsten des Bischofs und einer starken Diözesangewalt einzugreifen. Er zwang den Abt, das päpstliche Privileg zusammen mit dem Geschenk an Warmann auszuhändigen, der beide Gegenstände am Gründonnerstag des Jahres 1032 auf einer Synode verbrennen ließ. Wer eine päpstliche Entscheidung so wenig respektierte, wenn sie in die innere Ordnung der Reichskirche eingriff und zugleich dem eigenen Interesse an einem starken Episkopat zuwiderlief, der muß den Papst in einem Konflikt, den er selbst gar nicht als eine innere Angelegenheit der Kirche, sondern als einen die eigene Hoheit betreffenden Fall begriff, nicht unbedingt um Hilfe gebeten haben.

In Spello jedoch – ob gefragt oder ungefragt, bleibe dahingestellt – gab Benedikt, der anders als sein Vorgänger eine offensivere Süditalienpolitik betrieb und dabei auf kaiserlichen Rückhalt angewiesen war, seine Zurückhaltung auf, wenn er nicht gar erst hier von Konrad darum gebeten worden ist, und exkommunizierte nach dem Urteilsspruch der anwesenden Bischöfe den durch sein Paktieren mit Odo von der Champagne eindeutig als Hochverräter entlarvten Aribert. Danach trennten sich die Wege der beiden höchsten Gewalten wieder. Offenbar verspürte Konrad kein Verlangen, Rom aufzusuchen, wohin sich seine Gemahlin wohl in Begleitung des Papstes begab, um am Petrusgrab zu beten. Der

Kaiser zog inzwischen weiter nach Süden, bis an die Grenzen seines Reiches. Die politischen Geschäfte, die er hier zu erledigen hatte, erlaubten keinen Aufschub, da wieder einmal der italienische Sommer näherrückte und seine Gefahren für Gesundheit und Leben der andere klimatische Verhältnisse gewohnten Recken aus dem Norden drohten.

Capua und Benevent

In den südlichsten Zonen seines Herrschaftsgebietes, in die Konrad 1026 einen knapp dreiwöchigen Abstecher unternommen hatte, um die kaiserliche Oberhoheit zu demonstrieren, waren schon kurz nach seiner Abreise durch den alten, von ihm jedoch als Fürsten anerkannten Unruhestifter Pandulf IV. von Capua erneut Turbulenzen erzeugt worden. Mit skrupelloser Gewalt, unter der nicht nur seine weltlichen Nachbarn, vor allem Neapel, Gaeta und Benevent, sondern besonders auch Montecassinos Mönche schwer zu leiden hatten, betrieb Pandulf die Expansion seines Herrschaftsbereiches und eröffnete dadurch den normannischen Kriegern, die auf beiden Seiten militärisch aktiv wurden und manchmal im Parteiwechsel ihren Vorteil suchten, ein weites Betätigungsfeld. Einer von ihnen war Rainulf, der in der 1030 erbauten, zwischen Neapel und Capua gelegenen Burg Aversa sein Machtzentrum fand und dem unter diesen günstigen Bedingungen sowie mit Hilfe einer umsichtigen Heiratspolitik ein beachtlicher Aufstieg glückte.

Diese explosive Situation, in der fast der gesamte Hochadel der Region gegen Pandulf IV. von Capua stand, machte 1038 ein Eingreifen des Kaisers, der schon aus der Ferne freilich vergebliche Verhandlungen mit dem Fürsten aufgenommen hatte, dringend erforderlich. Von Spello aus rückte Konrad daher im April über Troja, Montecassino, wo er den von Pandulf eingesetzten Abt Basilius vertrieb und wohin er wenig später den Abt Richer von San Leno bei Brescia, einen ehemaligen Mönch aus Niederaltaich in Bayern, als Vorsteher entsandte, nach Capua vor. Hier feierte er am 14. Mai zusammen mit der Kaiserin, die inzwischen wieder zu ihm gestoßen war, das Pfingstfest und trug dabei die Krone – eine beeindruckende Manifestation der kaiserlichen Hoheit und Macht mitten im Herrschaftszentrum des flüchtigen Pandulf. Als dieser sich nicht dem Hofgericht stellte, erklärte Konrad ihn seines Fürstentums ledig und verbannte ihn wegen Hochverrats. Danach verlieh er Capua an Waimar IV. von Salerno, den er nach einer späteren, freilich wenig glaubwürdigen Nachricht dabei sogar adoptiert haben soll[147]. Auf Waimars

Bitte hin erhielt der Normanne Rainulf anschließend die Grafschaft Aversa, die dem Fürstentum Salerno zuvor unterstellt worden war, als Lehen.

Wenn sich der Kaiser vielleicht auch persönlich an diesem Investiturakt beteiligte, so wurde Aversa doch kein Reichs-, sondern ein salernitanisches Lehen. Bedeutsam war freilich, daß damit zum ersten Mal eine normannische Herrschaft von Reichs wegen anerkannt worden ist. Die Etablierung der Normannen in Süditalien hatte damit jenseits der tatsächlichen Machtverhältnisse einen wichtigen Fortschritt gemacht: In das kaiserliche Lehnssystem dieses Raumes, gebildet vor allem durch die fürstlichen Reichslehen Benevent, Capua und Salerno, waren die Normannen nun indirekt einbezogen (und sollten hier im Verlauf der nächsten Jahrzehnte an Einfluß und Stärke beständig und letztlich unaufhaltsam zunehmen).

In Capua blieb Konrad noch bis Ende Mai, bevor er nach Benevent, wo er mindestens bis zum 8. Juni verweilte, weiterzog und schließlich den Rückmarsch entlang der adriatischen Küste, also auch diesmal Rom meidend, nach Norden antrat. Mit den an der Südgrenze des Reiches erzielten Erfolgen konnte er zufrieden sein: Sein Eingriff in Montecassino bewirkte eine Konsolidierung der monastischen Verhältnisse, man hat sogar von einer Wiedergeburt des Klosters gesprochen[148], weitere kirchliche Angelegenheiten konnten geordnet werden, und die kaiserliche Oberhoheit erstrahlte wieder im Glanz allseitiger Anerkennung. Pandulf IV. mußte nach Byzanz ins Exil gehen. Allerdings vermochte er 1042 zurückzukehren und 1047 von Konrads Sohn und Nachfolger Heinrich die Wiedereinsetzung als Fürst von Capua zu erwirken – nichts zeigt deutlicher die schicksalhaften Wechselfälle mancher fürstlichen Karrieren des 11. Jahrhunderts und die nur sporadische und daher wenig dauerhafte Erfolge bewirkende Machtentfaltung des westlichen Kaisertums im südlichen Italien.

Eine Seuche dezimiert nicht nur das Heer

1038 hielt sich der Salier wesentlich länger im Mezzogiorno auf als 1027, immerhin mehr als zwei Monate und offenbar länger als ursprünglich geplant, denn der Rückmarsch des Heeres fiel nun in den gefürchteten Hochsommer, den der Kaiser bisher so sorgsam gemieden hatte. Wie klug diese Haltung gewesen war, sollte sich bald zeigen. Im Juli befiel nämlich eine Seuche das Heer und forderte zahlreiche Opfer.

Unter den Toten befanden sich auch Gunhild-Kunigunde, die atlantisches Klima gewöhnte, junge und zarte Gemahlin Heinrichs III., und der Stiefsohn des Kaisers, der Herzog Hermann IV. von Schwaben, die am 18. und 28. Juli verstarben. Angesichts der hohen Verluste sah sich Konrad gezwungen, den Rückmarsch zu beschleunigen. An eine militärische Aktion gegen Mailand war unter diesen Umständen ohnehin nicht mehr zu denken. Der Salier entschloß sich daher, wenn diese Entscheidung nicht gar schon früher gefallen war, Italien zu verlassen. In Trient mußte wegen der großen Hitze der Leichnam seines Stiefsohnes, der eigentlich nach Konstanz hatte überführt werden sollen, beigesetzt werden, während die einbalsamierte Königin, die ihrem Gemahl eine kleine Tochter namens Beatrix hinterließ, die letzte Ruhe im salischen Hauskloster Limburg an der Haardt fand. Beide Verstorbenen erhielten am Trienter Dom eine kaiserliche Gedenkstiftung[149].

Am 11. August war Konrad in Brixen. Einige Zeit zuvor, in Ravenna, hatte er allerdings noch die italienischen Fürsten eidlich zu jährlichen Heerfahrten gegen Mailand verpflichtet. Die Großen Italiens haben den kaiserlichen Auftrag im Frühling des nächsten Jahres auch tatsächlich zu erfüllen versucht und sich mit ihren Truppen vor die lombardische Metropole gelegt. Doch zogen sie wieder ab, als die Nachricht von Konrads Tod eintraf. Aribert kam daher noch einmal davon. Er vermochte sich in Mailand zu behaupten und ist schließlich sogar von Heinrich III., der die kirchenrechtlich anfechtbare Absetzung des Metropoliten ohnehin kritisiert hatte, wieder als Erzbischof anerkannt worden. Die ehemalige Machtfülle freilich war dem stolzen Kirchenfürsten verlorengegangen und konnte auch nicht mehr zurückgewonnen werden.

DRITTER TEIL
Pompe Funèbre

Podagra

Die Heimat empfing den Kaiser in Frieden. In Bayern hatte zwar eine Hungersnot geherrscht, aber zu politischen Wirren war es während der langen Abwesenheit nicht gekommen. Im Herbst 1038 konnte Konrad daher wichtige Maßnahmen in aller Ruhe vollziehen: die Übertragung des schwäbischen Herzogtums an den Thronfolger und die Repräsentation und Sicherung der salischen Herrschaft in Burgund. Dann begab sich der Kaiser nach Sachsen und feierte mit großem Gepränge Weihnachten in Goslar, wo sich zahlreiche Fürsten um ihn scharten und Gesandte der benachbarten, also slawischen, Stämme die fälligen Tribute entrichteten. Den größten Teil des Winters scheint der Hof im östlichen Sachsen verbracht zu haben. Nur wenige Geschäfte, die der Kaiser während dieses Aufenthaltes tätigte, sind jedoch überliefert. Am 2. Februar 1039, auf Maria Lichtmeß, war Konrad in Allstedt; dann zog er weiter an den Niederrhein und verbrachte die Fastenzeit, die am 28. Februar begann, aber auch noch Ostern (15. April) und Christi Himmelfahrt (24. Mai) in Nimwegen. Etwa drei Monate verweilte der Herrscher mithin an diesem Ort: Sein Lebensrhythmus verlangsamte sich unverkennbar.

Podagra laborando[150] war der Kaiser gezwungen, so langen Aufenthalt in Nimwegen zu nehmen, also der Gicht wegen, die ihn offenbar schon länger plagte, denn der Mailänder Chronist Arnulf berichtet, freilich erst einige Jahrzehnte später, Konrad sei schon fußkrank und mit schmerzenden Gelenken aus Italien heimgekehrt: *eger pedibus et cunctis debilis artubus*[151]. Was genau sich hinter dieser Diagnose verbirgt und ob noch andere Krankheiten die Beschwerden des Zipperleins vermehrten, lassen die spärlichen Nachrichten natürlich nicht erkennen; aber das Podagra ist in früheren Jahrhunderten gerade in wohlhabenderen Kreisen nicht selten vorgekommen, da es, soweit es nicht erblich bedingt war, sehr stark auf Ernährungsgewohnheiten zurückgeht. Hervorgerufen wird es durch eine erhöhte Ablagerung kristalliner Harnsäure in den Gelenken, in denen sich dadurch Gichtknoten bilden, und gefördert wird es nicht zuletzt durch starken Fleischgenuß und erhöhten Alkoholkonsum.

Zum Ausbruch eines Gichtanfalls kommt es meist nachts oder frühmorgens, häufig nach einer Abkühlung oder besonderen Anstrengung und nicht zuletzt nach reichlichem Genuß alkoholischer Getränke; er beginnt dabei zumeist im Gelenk der großen Zehe. Die Gicht, die zum Anschwellen des befallenen Gelenks, zu dessen Rötung, zu Frösteln, Fieber und außerordentlichen Schmerzen führt und – falls unzulänglich oder gar nicht behandelt – chronisch wird und in immer kürzeren Intervallen auftritt, kann weitere Beschwerden und Krankheiten (wie der Zerstörung der Knochen oder Schrumpfnieren, Verkalkung der Blutgefäße, Verdauungsstörungen mit kolikartigen Schmerzen, Herzjagen und selbst eine Vergrößerung des Herzens) hervorrufen, die das Gesamtbefinden schwer beeinträchtigen. Ob auch Konrad an solchen Folgen des Podagra litt und wie stark und über welchen Zeitraum hinweg sich das Krankheitsbild bei ihm ausgeprägt hat, ist freilich nicht überliefert; doch spricht die lange Ruhe, die er in Nimwegen einhalten mußte, für eine schon fortgeschrittene und schwerere Form der Erkrankung.

Tod des Kaisers

Ende Mai war der Kaiser so weit genesen, daß er von Nimwegen, wo er am 1. und 4. dieses Monats die beiden letzten (oder zumindest die beiden letzten erhaltenen) Urkunden seiner Regierung ausstellte, aufbrechen und zur Bischofsstadt Utrecht ziehen konnte, um hier am 3. Juni Pfingsten zu feiern. An diesem Ort erfüllte sich dann sein Schicksal – ebenso wie 86 Jahre später fast auf den Tag genau das seines Urenkels Heinrichs V. († 23. Mai 1125), mit dem das salische Herrscherhaus nach gut hundertjähriger Geschichte erlöschen sollte. Während des Festes selbst zeigte sich der Kaiser zusammen mit Frau und Sohn noch einmal im strahlenden Glanz sakraler Autorität und schritt beim Gottesdienst unter der Krone; doch schon bei der Festtafel verspürte er wieder Schmerzen, die er zunächst verbarg, um die frohe Stimmung der Feiernden nicht zu trüben. Rasch jedoch verschlechterte sich sein Zustand. Am folgenden Tag, am Montag, dem 4. Juni 1039, schickte er seine Gemahlin Gisela und den Thronfolger Heinrich während des Frühstücks (*prandium*), das freilich erst gegen Mittag eingenommen zu werden pflegte, aus dem Gemach, weil ihn die Krankheit zu hartnäckig quälte. Dieses Mal war der Anfall so heftig, daß er, was bei der Gicht freilich untypisch ist, dem Kaiser ein plötzliches Ende bereitete. Kaum konnten die herbeigerufenen Bischöfe dem sterbenden Herrscher noch den Leib und das Blut Christi reichen und die Beichte abnehmen, da hauchte dieser um die Mittagsstunde zwischen elf und zwei Uhr sein Leben aus –

im Angesicht des Kreuzes und weiterer Heiligenreliquien. So fromm, wie er gelebt hatte, schied Konrad aus dieser Welt.

Media vita in morte sumus: Mitten im Leben sind wir vom Tod umfangen – die zeitlos gültige Lehre dieses Verses war den meisten Sterblichen in einer Zeit wenig entwickelter ärztlicher Kenntnisse und Hilfsmittel zweifellos äußerst bewußt. Hohe Kindersterblichkeit, mangelnde medizinische Versorgung, problematische Lebensbedingungen, Hungersnöte, Krieg und bei den Frauen das Kindbettfieber oder die Auszehrung durch häufige Geburten und schwere körperliche Anstrengungen führten oft zum frühen Tode. Selbst die in ihrer Lebensführung bessergestellten Mitglieder fürstlicher Familien konnten diesem Schicksal nicht entgehen, wie allein schon ein flüchtiger Blick auf Konrads II. Familie lehrt: Die beiden Töchter Mathilde und Beatrix starben ebenso wie die Schwiegertochter Gunhild-Kunigunde sehr früh, die Stiefsöhne Liudolf (von Braunschweig) und Hermann (von Schwaben) 1038 in jugendlichem Alter, und ein Jahr später, am 20. Juli 1039, nur wenige Monate nach dem Kaiser verschied auch dessen gleichnamiger jüngerer Vetter, der Herzog von Kärnten und ehemalige Rivale um die Königskrone. Andererseits konnte trotz dieser geringen Lebenserwartung (sehr) alt werden, wer die besonders gefährdete Kindheit überlebte und sich auch später als robust erwies. Genügend Beispiele aus dem frühen Mittelalter, speziell auch aus dem 11. Jahrhundert, zeigen, daß die menschliche Lebenskraft grundsätzlich nicht schwächer war als in einer Zeit, in der eine wesentliche Verbesserung des medizinischen Wissens und Könnens, der Diagnostik und Therapeutik sowie vor allem der Technik mehr Menschen die Möglichkeit eröffnet, eine längere Lebensdauer zu erreichen.

Konrad II. war noch keine 50 Jahre alt, als er starb. Er erreichte damit den Durchschnitt des Sterbealters aller ostfränkisch-deutschen Herrscher von Heinrich I. († 936) bis Heinrich VI. († 1197), von denen freilich einige wie Otto der Große und Friedrich Barbarossa deutlich älter geworden sind und andere – etwa Otto II. und Otto III. – wesentlich jünger verschieden. Nach dem großen Enzyklopädisten des Mittelalters, dem 636 verstorbenen Isidor von Sevilla, dauerte bis zum fünfzigsten Lebensjahr die *iuventus*, die Jugendzeit als vierter Abschnitt eines sechsstufigen Lebensaltersystems, der *infantia* (bis sieben Jahre), *pueritia* (bis vierzehn Jahre) und *adolescentia* (bis 28 Jahre) vorangingen und *gravitas* (bis zum siebzigsten Lebensjahr) sowie *senectus* folgten. Die Wirklichkeit allerdings dürfte im Mittelalter anders ausgesehen haben als dieses traditionelle Lehrgebäude vermuten läßt: Wer fünfzig Jahre alt geworden ist, wird sich in der Regel nicht mehr in den besten Jahren, sondern eher schon alt gefühlt haben.

Ob dies auch für Konrad zutraf, wissen wir freilich nicht. Zwar war die Gesundheit des Kaisers 1038/39 angegriffen, aber ob auch schon ein deutlicher körperlicher Verfall eingesetzt hatte, ist keinesfalls sicher. Der Tod jedenfalls trat plötzlich und offenbar überraschend ein. Ein überraschender, ein schneller Tod aber war im Mittelalter – anders als heute – kaum erwünscht, da er keine Zeit mehr ließ, mit dem eigenen sündhaften Leben ins reine zu kommen und sich auf die Begegnung mit dem Schöpfer und seinem Gericht vorzubereiten. Die Glaubensgewißheit verhieß dem Christen zwar eine Existenz nach dem Tode, der daher nicht als Ende, sondern als Durchgang zu einem anderen Leben erschien; aber die Angst vor dem Sterben verringerte sich deswegen kaum. Zum einen kannte man ja Qual und Pein des Dahinscheidens, zum anderen jedoch wußte man nichts über das eigene Leben nach dem Tode und blieb es verborgen, ob man zu den Geretteten und Auserwählten oder zu den Verdammten und Verworfenen zählen würde. Gerade diese Ungewißheit aber machte es wünschenswert, um den bevorstehenden Hingang zu wissen und die letzten Wochen, Tage und Stunden des Lebens ganz auf die Sicherung des Seelenheils zu verwenden. Und dies scheint, wenn wir Wipo vertrauen dürfen, Konrad mit knapper Not gerade noch in üblicher Weise gelungen zu sein.

Des Kaisers Sterben geschah, dem Brauch der Zeit entsprechend, öffentlich: im Kreis der Familie und der Bischöfe aus seiner Umgebung. Konrad verhielt sich dabei, wie sein ergebener Biograph anmerkt, besonnen, standhaft, beherzt und fest im Glauben – also so, wie er auch im Leben gewesen sei. Von Frau und Sohn nahm er unter wohlwollenden Ermahnungen Abschied, freilich ohne dabei sonst so beliebte und des Aufzeichnens würdige letzte Worte verkündet zu haben – zumindest sind keine überliefert oder im nachhinein erfunden worden. Zuvor hatte er seine Sünden bekannt, Vergebung erbeten und erhalten und die Kommunion in beiderlei Gestalt empfangen. Derart für die Reise ins Jenseits gerüstet, verbrachte er die restliche Lebensspanne, solange er bei Bewußtsein blieb, im inbrünstigen, tränenbegleiteten Gebet, im Kreis der herbeigeschafften Reliquien und im Angesicht des Kreuzes. Diese heiligen Gegenstände waren wie die segenspendende Anwesenheit der hohen Geistlichkeit für den Sterbenden nicht nur Unterpfänder des Heils, das er erhoffte, sondern zugleich auch apotropäische Mittel zur Abwehr finsterer, dämonischer, satanischer Mächte, die versuchen konnten, die sich vom Leib lösende Seele einzufangen und in die ewige Verderbnis zu führen. Obwohl das Ende rasch kam, vermochte Konrad seinen Abschied von der Welt also entsprechend den Vorstellungen seiner Zeit zu gestalten und den Übergang von diesem in ein anderes, als besser erhofftes Leben aufs beste vorbereitet anzutreten.

Trauer im ganzen Reich?

Der Tod des Kaisers stürzte weder das Reich noch die salische Herrschaft in eine Krise. Der Thronfolger war bereits geweihter König und hatte schon längst Regierungserfahrung sammeln können; die Regierungsgeschäfte wurden daher durch keine Nachfolgefrage belastet und allenfalls durch die Trauer des Hofes unterbrochen. Nach dem Hofhistoriographen Wipo soll diese Trauer tief und allgemein gewesen sein, erwähnt er im vorletzten Kapitel seines Buches doch *tantas lamentationes universorum*. Diese kleidete er außerdem selbst in bewegende Worte, indem er eine *cantilena lamentationum*, einen Trauergesang auf den Verstorbenen dichtete und seiner Darstellung von Konrads Herrschaft als Abschluß anfügte. In dieser Klage, deren letzten Strophen allerdings verlorengegangen sind, stellt Wipo den Tod des Kaisers in den Zusammenhang des Hinscheidens weiterer Familienmitglieder, der Schwiegertochter Gunhild-Kunigunde, des Stiefsohnes Hermann und des Vetters Konrad des Jüngeren, und exemplifiziert dabei zugleich an einem knappen Ereignisabriß des salischen König- und Kaisertums noch einmal die Tugenden des Herrschers: den ausgeprägten Gerechtigkeitssinn und die erprobte Tüchtigkeit, die vor allem für den Frieden im Reich sorgte. Ein solcher Herr, der das Recht liebte (*legis amator*), ein solcher *dominator probus* und Sproß aus königlichem Hause (*regum sanguine genitus*) war nicht nur Haupt der Welt (*caput mundi*) und würdigste Verkörperung des Kaisertums (*sceptrum, regnum, imperium nulli erat plus congruum*), sondern ihm gebührt auch dauerhaftes Andenken (*memoria*) und strahlender Nachruhm (*praeclara fama*) sowie angemessene Trauer von allen. Wipo hebt seinen Gesang daher auch mit der Aufforderung an: *Qui vocem habet serenam, hanc proferat cantilenam* („Wer eine klare Stimme besitzt, möge in dieses Lied einstimmen!") und beschreibt etwas später den allgemeinen Schmerz (*dolet omnis homo forinsecus et in domo*) und das Seufzen der Menschen bei Tag und Nacht (*vigilando et per somnum*):

Pro quo dolet omnis homo   forinsecus et in domo.
Suspirat populus domnum   vigilando et per somnum.

Völlig anders stellt sich freilich dem unbekannten Verfasser der Hildesheimer Annalen[152] die Reaktion der Bevölkerung auf Konrads Hingang dar. Der Annalist, dem Salier offenkundig sehr zugetan und daher 1039 ein Mittrauernder, stellt nämlich voller Verwunderung die Hartherzigkeit und Gefühllosigkeit der Menschen fest, von denen beim Tod des Kaisers und Hauptes des ganzen Erdkreises, des *tocius orbis capud*, kein einziger (*nullus*) in Seufzer oder Tränen ausgebrochen sei. Natürlich ist der Widerspruch dieser beiden – und im übrigen auch einzigen – Berichte über die bewegte und über die fehlende Trauer des Volkes längst bemerkt und eifrig erörtert worden, ohne allerdings befriedigend gelöst worden zu sein. Zweifellos wird man die beiden Nachrichten nicht im Sinne eines schlichten Entweder-Oder gegeneinander ausspielen und dabei auch noch an der Unbedingtheit einer der beiden Aussagen festhalten dürfen; vielmehr ist bei ihrer Interpretation von unterschiedlichen Wahrnehmungsebenen, aber auch von abweichenden Darstellungsabsichten der Verfasser auszugehen. Während Wipo als Höfling die heftige Trauer äußerst stark betont, nutzt der Hildesheimer Mönch die Gelegenheit, um – eingebettet in erbauliche Betrachtungen über die Unerforschlichkeit von Gottes Ratschlüssen, die rasche Vergänglichkeit eines glanzvollen Herrscherlebens und die Sicherung des Seelenheils durch kirchliche Fürsprache – mit dem Menschengeschlecht (*humanum genus*) und seiner Härte und Fühllosigkeit abzurechnen. Beide Autoren besaßen aber zwangsläufig nur ein eingeschränktes Gesichtsfeld, weswegen es unmöglich ist, aus ihren isolierten Nachrichten ein Stimmungsbild für das gesamte Reich abzuleiten.

Ohne Zweifel wird sich bei manchem die Trauer über den Tod des Kaisers in Grenzen gehalten haben. Ein Herrscher, der, wenn es Not tat, energisch zupackte und seine Interessen mit aller Härte durchsetzte, hat nicht nur Freunde; und gerade in Sachsen könnte sich, berücksichtigt man die späteren Widerstände des heimischen Adels gegen die salische Monarchie, der Unmut schon früh Luft gemacht haben. Möglicherweise ist hier in der Mitte der dreißiger Jahre sogar ein Anschlag auf Konrad beabsichtigt gewesen (über dessen Hintergründe und Scheitern wir freilich keine nähere Kenntnis besitzen und von dem wir noch nicht einmal sicher zu sagen vermögen, ob er tatsächlich geplant gewesen ist[153]). Andererseits pflegt die Menschen beim Tode eines Herrschers Trauer oder doch zumindest Betroffenheit zu ergreifen, wenn der Verstorbene zu

Lebzeiten nicht abgrundtief verhaßt gewesen ist (wofür es bei Konrad keine Anzeichen gibt). Außerdem bleibt zu bedenken, daß vom Heimgang des Kaisers zunächst nur eine überschaubare Menge von Zeitgenossen Kunde erhalten haben kann und es einer gewissen Zeit bedurfte, bis die Todesnachricht in alle Winkel des Reiches vorgedrungen war: Die Königsfamilie, der Hof, die anwesenden Fürsten und Großen sowie die Bevölkerung des Sterbeortes und aus den Städten und Dörfern, die an der Strecke des Leichenzuges lagen, haben dem verblichenen Salier ohne Zweifel die gebührende Ehre erwiesen und Trauer bekundet; gerade diese Menschen aber dürfte Wipo im Blick haben, wenn er von den *tantas lamentationes universorum* spricht.

Simonie?

Keinesfalls jedoch können die beiden von einander abweichenden Schilderungen der Trauerstimmung im Reich aber so gedeutet werden, als ob ein Riß durch die Gesellschaft gegangen wäre, als ob die Geistlichen wegen einer angeblich unkirchlichen Gesinnung des Saliers dessen Ende zurückhaltend, die Laien hingegen voller Anteilnahme beklagt hätten[154]; denn die dieser Vorstellung zugrundeliegende Annahme einer stark ausgeprägten Weltlichkeit und entsprechend gering ausgebildeten Geistlichkeit des Kaisers, der grundsätzlich als „vollsaftiger Laie mit schwertkundiger Faust"[155] aufgetreten sei, hat sich schon längst ebenso als falsch erwiesen wie die in einem Quellenmißverständnis gründende Ansicht, der erste Salierkaiser sei ein Herrscher ohne Glauben, „un souverain sans fois" gewesen[156]. Eine solche Charakterisierung ist nicht nur völlig unangemessen für einen gesalbten König des Mittelalters, für den es mangelnde Glaubensstärke überhaupt nicht geben konnte, sondern sie widerspricht auch deutlich anderen Quellenzeugnissen, die zeigen, daß Zweifel an Konrads Frömmigkeit nicht erlaubt sind, und an deren Spitze gleich die vierte Urkunde steht, die der Salier am 11. September 1024, drei Tage nach seiner Mainzer Krönung, in Ingelheim ausstellen ließ[157]: Indem er nämlich an das Speyrer Domkapitel Besitz zu Jöhlingen übertrug, erfüllte er ein Gelübde, das er vor seiner Wahl geleistet hatte – geleistet offenbar in der Hoffnung auf die Königswürde und für einen Gott, dessen Willen er sich völlig anheimgegeben fühlte und den er zugleich trotzdem seinen eigenen Wünschen in naiv-vitaler Gläubigkeit geneigt zu machen suchte. Zudem verbrüderte er sich schon in seinem ersten Regierungsjahr mit der Wormser Domgeistlichkeit und schloß während seiner Herrschaft noch weitere *fraternitates* dieser Art: mit dem Domkapitel von Eichstätt, dem Damenstift Obermünster in Regensburg und dem Mönchskonvent von Montecassino, um sich im Leben wie im Tode die besondere Gebetshilfe dieser Institutionen für sich und seine Familie zu sichern[158].

Wenn die kirchliche Personalpolitik des Saliers und vor allem das Verhalten bei der Ein- und mehr noch bei der Absetzung von hohen Geistlichen gelegentlich schon bei Zeitgenossen auf Kritik stieß, so lag dies nicht daran, daß Konrad von der bewährten Praxis seines Vorgängers Heinrichs II., der immerhin 1146 von Papst Eugen III. zur Ehre der Altäre erhoben worden ist, abwich und simonistische Praktiken bei der Vergabe geistlicher Ämter einführte, sondern hauptsächlich daran, daß sein Handeln, das sich an den Maßnahmen des letzten Liudolfingers orientierte, noch im Blickfeld der Kirchenreformer aus der Mitte des 11. Jahrhunderts lag und deren Widerspruch aufgrund eines in Wandlung begriffenen Kirchen- und Simonieverständnisses herausforderte, obwohl der Salier im Prinzip nichts anderes machte als das seit den späten Ottonen Übliche. Allerdings scheint er im Unterschied zu Heinrich II. unbekümmerter gewesen zu sein im Umgang mit Geldzahlungen und -forderungen bei der Vergabe von geistlichen Ämtern. Während der Liudolfinger entsprechende Abgaben offenbar wieder den Reichskirchen zuleitete und, da er ja auf deren Wirtschaftskraft zurückgreifen konnte, auf diese Weise einen indirekten Nutzen aus ihnen zog, scheint Konrad, der, wie seine Zurückhaltung bei Schenkungen aus Königsgut belegt, in finanziellen Angelegenheiten ohnehin als eher haushälterische Natur auftrat, die ihm zufließenden Mittel ohne Bedenken selbst verwendet zu haben.

Aufsehen erregte dabei vor allem die Erhebung des vornehmen Geistlichen Udalrich zum Bischof von Basel im Jahre 1025. Selbst Wipo, der Höfling, spricht von der *simoniaca heresis*, die damals plötzlich aufgeflammt, aber ebenso schnell wieder erloschen sei[159]. Der König hatte nämlich eine beträchtliche Summe Geldes (*immensam pecuniam*) für die Vergabe des Bistums eingestrichen und damit die Aufmerksamkeit auf sich gezogen, wenn nicht gar einen Skandal beschworen. Nicht völlig klar ist freilich, welcher Vorwurf ihn genau traf: ob es die Einführung der simonistischen Praxis in Basel war, was jedoch eher unwahrscheinlich sein dürfte, oder ob es die Höhe der Geldzahlung gewesen ist. Konrad jedenfalls reagierte auf den Eklat, den er hervorgerufen hatte, mit einem Gelübde und erklärte reumütig, künftig kein Bistum und keine Abtei mehr gegen Geld vergeben zu wollen. Dies bedeutete aber wohl nur eine Rückkehr zu der von seinem Vorgänger geübten größeren Vorsicht bei Bischofserhebungen, denn der König und Kaiser blieb seinem Gelübde, das erst von seinem Sohn ohne Abstriche erfüllt worden ist, nur leidlich (*pene bene*) treu, wie sein ihm wohlwollender Biograph ausdrücklich anmerkt.

Konrad hat, daran gibt es keinen Zweifel, als Herrscher die unter den Ottonen ausgestaltete und von Heinrich II. energisch praktizierte Kirchenhoheit ohne Abstriche übernommen und verwirklicht. Dazu gehörte eine entschiedene Bistumsbesetzungspolitik, auch wenn der Salier bei den Personalvorschlägen gelegentlich dem Ratschlag anderer und vor allem – wie bei der Erhebung Bardos zum Nachfolger Aribos von Mainz – den Vorstellungen seiner Gemahlin folgte; dazu zählte aber auch der Rückgriff auf die materiellen Ressourcen der Kirchen. Konrad mag gerade dabei rücksichtsloser zugepackt haben als sein Vorgänger, der, in seiner Jugend zum Kleriker ausgebildet, eine stärkere Affinität zum innerkirchlichen Bereich und zu den besonderen Problemen und Sorgen der Geistlichkeit zu entwickeln vermochte; im Grundsatz jedoch ließen beide als Stellvertreter Christi und Gesalbte des Herrn nicht an ihren Rechten über die Kirche rütteln und setzten diese unerbittlich durch.

rex idiota?

Natürlich wurzeln gerade in der weltlichen Robustheit Konrads und der geistlichen Empfindsamkeit Heinrichs II. die Unterschiede im Regierungsstil der beiden Herrscher[160]. Der gebildete, für kirchliche Strömungen empfängliche Liudolfinger besaß nicht nur ein feineres Gespür für Kirchenangelegenheiten, sondern überhaupt einen inneren Bezug zur geistlichen Sphäre und ein deutliches Interesse an theologischen Problemen; seine häufige Anwesenheit bei Kirchweihen und auf Synoden, die auf diesen behandelten Probleme sowie die Gründung des Bistums Bamberg geben Zeugnis davon. Ganz anders dagegen der Salier! Ohne lateinische, und das meint: ohne höhere Bildung, ohne Kenntnis der *litterae*, wie selbst Wipo hervorhebt[161], erschien er dem zeitgenössischen Verfasser der Chronik von Novalese, einem Mönch aus dem oberitalienischen Kloster Breme, der im Lateinischen selbst nicht sicher war, als *per omnia litterarum inscius atque idiota*[162]: als unerfahren in allen Wissenschaften und unwissender, stümperhafter Mensch (*idiota*). Dieses harsche Urteil mag durch die vom Kaiser gegen eine stattliche Entschädigung vorgenommene, in Breme aber unbeliebte Übertragung der Abtei an den Bischof Alberich von Como mitbegründet gewesen sein und gewann seine Schärfe nicht zuletzt durch die Ablehnung dieser kaiserlichen Maßnahme; völlig unbegründet aber war es keinesfalls, wie Wipos Ausführungen zeigen. Wegen seiner mangelnden Bildung konnte Konrad keinen näheren Zugang zu geistlichen Diskussionen finden, und eine ganze Reihe kirchlicher Probleme mußten ihm fremd bleiben. Vielleicht fühlten sich die Kleriker deshalb stärker zu Heinrich II. als zu Konrad II. hingezogen; eine ausgeprägte Distanz zu dem Salier oder gar eine Ablehnung von dessen Kirchenhoheit lassen sich von einem solchen Sentiment her jedoch nicht ableiten.

Außerdem nahm der Salier seine Verantwortung gegenüber der Kirche ernst. Zwar neigte er im Gegensatz zu Otto III. oder seinem eigenen Sohn Heinrich III. nicht zu besonderen Frömmigkeits- und Bußübungen und wurde anders als Otto der Große und Heinrich II. auch nicht zum Bistumsgründer, aber dies hatte er mit anderen Herrschern des 10. und 11. Jahrhunderts gemein. Gerade Bistümer konnten nicht ohne Zahl errichtet werden, und nach der Etablierung des Bamberger Bischofssitzes waren die Möglichkeiten dazu weitgehend erschöpft. Konrad in dieser Hinsicht eine besondere Zurückhaltung, vielleicht sogar ein Versäumnis vorwerfen zu wollen, hieße sein kirchenhoheitliches Handeln mit der falschen Elle messen.

Er erreichte mit seinem kirchlichen Wirken vielleicht nur den Durchschnitt, weil ihm die ausgeprägten religiösen Neigungen und Motive seines Vorgängers wie seines Nachfolgers abgingen, aber er erreichte ihn: als Stifter des Klosters Limburg an der Haardt und Förderer der Speyrer Bischofskirche, deren Neubau er seit 1030 voller Elan betrieb, als Schirmherr der monastischen Bewegung seiner Zeit und umsichtiger Personalpolitiker, der vielleicht nicht so viele literarisch und kulturell aktive oder als Bauherren tätige Geistliche zu Bischöfen erhob wie Heinrich II., der aber die Funktionstüchtigkeit des Episkopats in einer Epoche des weltlich-geistlichen Synergismus wahrte und wichtige Vertreter kirchlicher Reformgedanken wie Brun von Toul (den späteren Papst Leo IX.), Gebhard von Ravenna oder den Lütticher Dekan und Scholaster (und späteren Bischof) Wazo unterstützte.

Auch der Mönchsreform stand er nicht fern. Zwar mag auf diesem Gebiet ebenfalls die innere Anteilnahme gefehlt haben, aber der religiösmoralischen Verpflichtung als Schützer und Förderer der Mönche, von denen er offenbar sogar mehr auf Bischofsstühle setzte als sein Vorgänger, entzog er sich nicht. Vielleicht pflegte er die Beziehungen zu den großen Klosterreformern nicht so innig, wie es Heinrich II. getan zu haben scheint, aber der Abt Odilo von Cluny und wohl auch sein Amtsbruder Wilhelm von Volpiano aus Saint-Bénigne in Dijon, der Gründer Fruttuarias, nahmen an der Kaiserkrönung teil und erfuhren seine Gunst. Gleich die erste Urkunde, die Konrad am 9. September 1024, am Tag nach seiner Krönung, ausstellte, bestätigte dem cluniazensischen Kloster Peterlingen auf Bitten Odilos Besitz und Rechte in seinem Reich[163]. Gemeinsam mit Dietrich II. von Metz und den lothringischen Äbten Richard von Saint-Vanne, der ebenfalls eine bedeutende Reformgestalt gewesen ist, Norbert von Moyenmoutier, Siegfried von Gorze und Poppo von Stablo förderte Konrad finanziell den unter der Ägide des Touler Bischofs Brun um 1030 begonnenen Neubau der durch eine Feuersbrunst schwer beschädigten Abtei Saint-Evre, die schon von Bruns Vorgänger Berthold (996–1019) dem Reformer Wilhelm von Volpiano unterstellt und damit cluniazensischem Geist geöffnet worden war. Und schließlich machte der Salier den noch von Heinrich II. zum Vorsteher von Stablo und Malmédy sowie von St. Maximin bei Trier erhobenen Poppo zum einflußreichsten Abt in seinem Reich und damit zu einer Art Beauftragten für das Klosterwesen.

Abt und Reformer: Poppo von Stablo

Poppo (978–1048)[164], der zunächst eine weltliche Karriere angestrebt hatte, war ein Schüler und Mitarbeiter Richards von Saint-Vanne und soll sich erst am Tag seiner Hochzeit für die monastische Lebensform entschieden haben und statt in das Brautgemach in die Mönchszelle geeilt sein. Erfahren besonders in Verwaltungsaufgaben, achtete er doch auch immer strikt auf die Einhaltung der Klosterzucht und setzte, wenn nötig, in den seiner Aufsicht anvertrauten Mönchsgemeinschaften die benediktinische Spiritualität kraftvoll durch. Schon bald nach der Wahl in Verbindung mit Konrad getreten, gewann er dessen Vertrauen rasch und erhielt neben dem salischen Hauskloster Limburg schließlich eine ganze Reihe königlicher (aber auch bischöflicher und adliger) Klöster – unter ihnen die traditionsreichen Abteien Echternach, Hersfeld, Weißenburg und St. Gallen – direkt oder, durch die Einsetzung von Schülern zu Äbten, indirekt unterstellt. Poppo vertrat ein stärker an westlichen, an cluniazenischen Normen orientiertes Mönchsideal, das neben Regeltreue vor allem auch eine straffere Organisation der monastischen Lebensverhältnisse anstrebte. Die *monachica consuetudo*, die ‚Klostergewohnheit', die der Abt verfocht und die die Benediktregel ergänzte, orientierte sich dabei offenbar, ohne daß wir freilich Genaueres wüßten, sehr deutlich am cluniazensischen Vorbild und rief mancherorts starke, doch vergebliche Widerstände hervor.

Poppos und seiner Jünger Wirken richtete sich aber nicht nur auf die innere, auf die disziplinarische und moralische Erneuerung der monastischen Gemeinschaften, sondern auch auf die Organisation und Sicherung des klösterlichen Besitzes. Gerade dieser Aspekt wird für Konrad von besonderem Interesse gewesen sein, da eine intakte Klosterwirtschaft die regelmäßigen Servitialleistungen der Reichsabteien garantierte. Inwieweit der Kaiser darüber hinaus auch noch der besonderen Klosterdisziplin, die Poppo propagierte, eine eigene Aufmerksamkeit schenkte, bleibt hingegen unklar. Zweifellos stand er dem Mönchsleben innerlich wesentlich ferner als sein kontemplativ begabter Vorgänger. Persönliches Engagement für die Ein- oder Durchsetzung eines reformwilligen Abtes in einem widerstrebenden Kloster läßt sich bei dem Salier nicht nachweisen, war nach dem erfolgreichen Wirken Heinrichs II. für das Reichsmönchtum vielleicht aber auch gar nicht mehr nötig. Aus dieser Zurückhaltung auf ein distanziertes Gewährenlassen der Reformer zu schließen, ist aber wohl nicht gerechtfertigt. Wenn Konrad den reformorientierten Poppo zum ersten Abt im Reich machte und damit dem einer strengen Observanz zuneigenden Mönch große Wirkmöglichkeiten eröffnete, wird dies nicht ohne Sympathie für die von diesem vertretene monastische Richtung geschehen sein: Gerade weil der Salier stärker als sein Vorgänger in klösterlichen Reform- und Disziplinfragen auf Beratung angewiesen war, bedurfte es der sorgfältigen Auswahl des Ratgebers; nur weil sich Poppo in dieser Aufgabe bewährte und die Erwartungen des Kaisers erfüllte, konnten ihm und seinem Kreis immer mehr Zuständigkeiten gewährt und eine regelrechte Konzentration der Klosterpolitik durchgeführt werden.

Synodaltätigkeit

Noch in einem weiteren kirchenpolitischen Bereich unterschied sich Konrad deutlich von seinem Vorgänger: bei seinen synodalen Aktivitäten. Natürlich saß auch er den großen Reichssynoden vor, in deren Zeremoniell wie etwa 1027 in Frankfurt die herausgehobene Position des Herrschers als *vicarius Christi* und Teilhaber bischöflicher Gewalt einen feierlichen Ausdruck fand. Aber die Zahl dieser Konzile ging unter dem Salier stark zurück und auch die auf ihnen behandelten Themen änderten sich: Waren unter Heinrich II. schon die zukunftsweisenden Probleme um die Klerikerreform angeschnitten worden, so ging es unter seinem Nachfolger hauptsächlich um Besitz- und Disziplinfragen oder, wie 1038 in Limburg, um den richtigen Termin des Beginns der Adventszeit. Damit wird offenkundig: Im Unterschied zu Heinrich II. hielt sich Konrad weitgehend aus innerkirchlichen Angelegenheiten heraus. Er betrieb keine zielgerichtete Synodalpolitik mehr und betrachtete die Synoden schon gar nicht als ein zentrales Mittel seiner königlichen Kirchenherrschaft[165].

Auch dieser Rückgang kirchlicher Tätigkeit kann zunächst als Folge von Konrads mangelnder Ausbildung begriffen werden. Die Erziehung und der Werdegang des Kaisers hatten keinen Raum gelassen für eine geistig-geistliche Schulung, die einen Zugang zu den subtilen Fragen um die Reform des Priestertums oder die tiefgründigen Probleme sakramentaler Heilsvermittlung hätte eröffnen können. Aber man griffe zu kurz, wenn man das Erlahmen königlicher Synodaltätigkeit nach dem Tode Heinrichs II. allein auf ein persönliches Desinteresse des ersten Salierherrschers zurückführen wollte, denn auch unter Heinrich III., Konrads tiefreligiösem und in theologischen Fragen geschultem Sohn, der in seinen geistlichen Neigungen wieder stärker Heinrich II. vergleichbar ist, änderte sich daran nichts mehr.

Heinrich II. und Konrad II.

Dieser Befund mahnt zweifellos zur Vorsicht bei dem Versuch, aus dem Vergleich zwischen Heinrich II. und Konrad II. und aus den Unterschieden in ihrer religiös-kirchlichen Haltung allzu weitreichende Folgerungen zu ziehen. Zweifellos war der Liudolfinger reicher in seinen religiösen Empfindungen, tiefer in seinem Verständnis für kirchliche Angelegenheiten und innerlich stärker beteiligt an theologischen, liturgischen, monastischen und kirchenreformerischen Problemen und wurde von der hohen Geistlichkeit vielleicht deshalb als einer der ihren betrachtet[166]. Ihn darum freilich als die bestmögliche Verkörperung des sakralen Königtums frühmittelalterlicher Prägung zu betrachten, also als den „ideale(n) König für das ottonisch-salische Reichskirchensystem"[167] schlechthin, heißt aber wohl doch, andere Herrscherpersönlichkeiten zu sehr abzuwerten, zumal das ‚System', an dessen Spitze sie standen, stark von synergetischen Konvergenzen geistlicher und weltlicher Kräfte und keineswegs ausschließlich von kirchlichen Vorstellungen bestimmt wurde. Schon allein deshalb kann die Feststellung nicht zutreffen, Konrad – dessen Todestag zudem in mindestens 26 Nekrologien und damit offenbar häufiger als bei jedem anderen Salier verzeichnet wurde[168] und dessen unter anderem in Fulda, Prüm, Mainz, Salzburg, Freising, Bamberg, Bremen, Paderborn und Montecassino in liturgischer Form gedacht worden ist – sei „eigentlich eine ,systemwidrige' Figur"[169] gewesen.

Auch wenn Heinrich ein König nach dem Geschmack der Geistlichen gewesen ist und ihm die Herzen von Bischöfen und Äbten zugeflogen sein sollten, Konrad war deshalb doch keinesfalls ein Herrscher gegen ihren Willen. Sie haben ihn 1024 nicht nur in ihrer Mehrheit gewählt, sondern es hat nördlich der Alpen niemals einen gravierenden Konflikt zwischen ihnen oder einem ihrer Repräsentanten und dem Salier gegeben. Das Murren Aribos von Mainz[170], der sich ohnehin in seinen großen Hoffnungen als erfolgreicher Königsmacher getäuscht sah und 1025 einmal klagte, von Konrad bei der Besetzung des Bistums Worms als zuständiger Metropolit übergangen worden zu sein, war nicht mehr als eine singuläre Mißfallensäußerung, während der Konflikt mit Aribert von Mailand und einem Teil seiner Suffragane kein reines Problem salischer Kirchenpolitik darstellte und schon gar nicht einen Prinzipienstreit um die königliche Kirchenhoheit bedeutete, sondern in starkem Maße ein Machtkampf gewesen ist, den unterschiedliche Auffassungen von Herrschaft grundierten. Im übrigen mochten die Bischöfe, auch wenn sie den für ihre geistlichen Belange aufgeschlossenen Heinrich II. sehr schätzten, mit einem König zufrieden gewesen sein, an dem sie – wie Warmann von Konstanz gegenüber Bern von der Reichenau – bei der Wahrung ihrer episkopalen Position einen starken Rückhalt hatten und der sich zudem nicht in innere, sprich: in theologische und liturgische Probleme einmischte und sich aus dem rein geistlichen Bereich heraushielt, der die innere Autonomie der Kirche wahrte und Streitfälle – wie 1038 den Adventsstreit – durch die Bischöfe selbst klären ließ.

Konrad mag zwar als betroffener Gläubiger 1038 über die divergierenden Bräuche in der Reichskirche irritiert gewesen sein und wie alle Christen, die davon Kenntnis hatten, schon allein aus Sorge um den eigenen Seelenfrieden und den richtigen und einheitlichen Vollzug der Liturgie in seinem Reich auf eine rasche Bereinigung der strittigen Angelegenheit gedrängt haben[171], aber er ließ die Bischöfe entscheiden und folgte ihrem Urteil, während Heinrich II. etwa auf der römischen Krönungssynode des Jahres 1014 höchstpersönlich und gegen die ursprüngliche Ansicht des Papstes durchsetzte, daß fortan auch in der römischen Kirche, wo dies bislang unüblich war, während der Meßfeier das Credo gesungen wurde[172]. Solche Eingriffe waren von Konrad nicht zu erwarten. Trotzdem hat er den Spielraum königlicher Kirchenhoheit voll ausgenutzt und vor allem die sakrale Dimension seiner Herrschaft zur Anschauung und zur Geltung gebracht. Gerade sie bildete ja ein wesentliches Element der frühmittelalterlichen Königsidee und einen stabilisierenden Faktor königlicher Regierungsgewalt.

milites

Die Ausrichtung der geistlichen Amtsträger auf das sakrale Königtum kann man als eine Konstante frühmittelalterlicher Geschichte bezeichnen, als einen epochenüberdauernden Grundzug, der gerade in ottonisch-salischer Zeit zur Ausgestaltung eines engen Verhältnisses beider Gewalten führte und der von Adelsrevolten wiederholt bedrängten Monarchie bedeutsamen Rückhalt gewährte. Gerade auf kirchliche Kräfte konnten sich Otto I. und sein gleichnamiger Sohn, aber auch Heinrich II. am ehesten verlassen, wenn Adelsgruppen sich gegen königliche Maßnahmen empörten. Auch Konrad hätte an den Bischöfen ohne Zweifel eine zuverlässige Stütze gegen Adelsoppositionen gefunden, doch ist er in dieser Hinsicht auf die geistliche Hilfe selten, in seinem nordalpinen Reich im Grunde gar nicht angewiesen gewesen. Während die Jahrbücher Heinrichs II. voll sind von Berichten über Fehden, Unruhen und manchmal langdauernden Widerständen des Adels gegen königliche Entscheidungen[173], herrschte unter Konrad meist Ruhe. Zwar ist auch Heinrichs Königtum nie ernsthaft durch adlige Oppositionen gefährdet gewesen, aber so spielend wie offenbar der Salier mit seinen fürstlichen Widersachern ist weder der bayerische Liudolfinger noch irgendeiner seiner königlichen Vorfahren aus Sachsen mit Empörungen fertig geworden. Dies kann nicht nur an den grundsätzlich günstigen Rahmenbedingungen der ersten Königsherrschaft eines Saliers gelegen haben, sondern ist anscheinend vor allem auf das gute Verhältnis zurückzuführen, das Konrad zum Adel in seinen Reichen zu gewinnen vermochte.

Kaum eine andere Reichsherrschaft des frühen und hohen Mittelalters ist von einer so breiten Zustimmung des Adels getragen worden wie die des ersten Salierkaisers. Das zeigt sich nicht nur an der Entscheidung der schwäbischen Grafen gegen ihren Herzog Ernst und für dessen Stiefvater, den König, oder an der Gewinnung des italischen Hochadels, der bis in die Anfänge der salischen Epoche hinein traditionell in Distanz zu den Königen aus dem Norden stand, das belegt auch der reibungslose Übergang der Regierungsgewalt von Konrad II. auf Heinrich III. Die ottonisch-salische Geschichte ist nicht gerade reich an unproblematischen Thronwechseln. In den rund zweihundert Jahren zwischen dem Aufstieg Heinrichs I. (919) und dem Tode Heinrichs V. (1125) fügten sich die Verhältnisse eigentlich nur zweimal zu einer günstigen Konstellation für eine problemlose Thronfolge: 973, als Otto II. an die Stelle seines verstorbenen Vaters trat, und eben nach dem Tode Konrads II. Aber der Ottone sah sich schnell einer Opposition des bayerischen und schließlich auch des Kärntner Herzogs gegenüber, während Heinrich III. zunächst auf keine adligen Widerstände stieß[174]. Letztlich war daher der Übergang der Herrschaft vom ersten auf den zweiten Salierkönig der einzig wirklich ungefährdete Thronwechsel im 10., 11. und frühen 12. Jahrhundert. Gerade dies kennzeichnet die konsolidierte Königsherrschaft frühsalischer Prägung in besonderem Maße.

Für die Interessen des Laienadels hatte Konrad anscheinend immer ein offenes Ohr. Die Zuneigung der Vasallen großen und kleinen Zuschnitts, besonders auch der unteren Ränge der Kriegerschaft, gewann er durch eine konsequente Lehnspolitik, die die Erblichkeit des Feudalbesitzes zum Ziel hatte. In Italien kam er dabei der gesamten Vasallenschicht durch die ‚Constitutio de feudis' entgegen, aber auch im Reich nördlich der Alpen betrieb er nach Wipos Zeugnis dieselbe Politik: Die Herzen der Krieger (*militum animos*) habe er sehr für sich eingenommen, weiß der Hofhistoriograph zu berichten[175], weil er den Entzug der im Familienbesitz befindlichen Lehen (*antiqua beneficia parentum*) verboten habe. Nutznießer dieser für Lehnsträger freundlichen Einstellung sind vielleicht die Nachkommen des sächsischen Grafen Udo von Katlenburg gewesen, über dessen Reichslehen (eine Grafschaft im Lisgau sowie ein Forst im Harz) der Salier verfügt haben soll[176], daß sie ungeteilt sowie in männlicher und weiblicher Deszendenz jeweils an jenen Erben fallen sollten, der das katlenburgische Allodialgut Einbeck erhielt. Die Reichslehen sind damit praktisch an den Eigenbesitz der Katlenburger gebunden und deren Erbrecht unterstellt worden. Indem Konrad das Erblichwerden von Lehen förderte, leistete er natürlich dem allgemeinen Feudalisierungsprozeß, der schon längst im Gange war, Vorschub und damit einer Entwicklung, die die Machtpositionen der Kronvasallen festigte und die zentrifugalen Kräfte des Lehnswesen stärkte. Langfristig bürdete er seinen Nachfolgern damit zweifellos eine

Hypothek auf. Er selbst jedoch kam in den vollen Genuß der Vorteile dieser Lehnspolitik, da sie ihm die Treue der Vasallen garantierte.

Die Sympathie, die die *milites* für den Salier hegten, gründete aber nicht nur in solchen Maßnahmen, sondern auch in der Persönlichkeit des Herrschers selbst und in der Fürsorge, die er den Kriegern ganz allgemein angedeihen ließ. Denn: Konrad war ein umsichtiger Heerführer, der seine Truppen keinen unnötigen Gefahren aussetzte, der – wie Weihnachten 1037 in Parma – auch in kritischen Situationen einen kühlen Kopf bewahrte, der – wie 1026 in Ravenna oder auf den Zügen gegen die Slawen – zu persönlichem Einsatz bereit war, der sich gelegentlich um verletzte Kämpfer wie um jenen Krieger, der 1026 in dem blutigen Handgemenge mit den aufständischen Ravennaten einen Fuß verloren hatte, selbst kümmerte und sie belohnte und der schließlich tapfere, im Gefecht gefallene Streiter seiner Sache besonders zu ehren verstand wie den jungen kriegerischen Grafensohn Berengar aus Schwaben, der 1027 bei römischen Straßenkämpfen ums Leben kam und auf des Saliers Geheiß hin im Atrium des Petersdomes nahe bei dem Grab des Kaisers Otto II. bestattet wurde. Etwa zwölfeinhalb Prozent seiner Urkunden für nördlich der Alpen wohnende Empfänger und damit deutlich mehr Verbriefungen im Vergleich mit anderen Herrschern, besonders auch im Verhältnis zu seinem unmittelbaren Vorgänger Heinrich, der noch nicht einmal auf drei Prozent kommt, ließ Konrad für Laien ausstellen[177]. Freigebig und mild, leutselig und furchtlos, freundlich und gütig erschien der Salier mithin seinen Getreuen[178]; und seine gegenüber Widersachern durchaus zur äußersten Härte fähige und bei entsprechenden Anlässen die ihr innewohnende sakrale Würde besonders betonende Persönlichkeit vermochte dadurch offenbar einen starken Zauber zu entfalten, der viele in seinen Bann zog.

Des Kaisers Fürsorge, gepaart mit dem Bestreben, das Recht zu schützen und Gerechtigkeit zu üben, galt aber auch Schichten unterhalb des Adels- und Vasallenstandes. Als Konrad 1035 anläßlich einer Schenkung für das von ihm gegründete Kloster Limburg ein Hofrecht für die neuen Besitzungen der Grundherrschaft aufzeichnen ließ[179], tat er dies, wie er selbst erklärte, um den Abt in seinen Rechten gegenüber den neuen Hintersassen zu sichern, aber auch, um diese vor sich in Zukunft möglicherweise steigernden Forderungen der Äbte zu bewahren. Vielleicht aufgrund ähnlicher Erwägungen hatte der Salier den Dienstleuten des im bayerischen Nordgau gelegenen Klosters Weißenburg, das ihm wahrscheinlich zuvor von seinem Stiefsohn Ernst übertragen worden war, schon 1029 ein besonderes Recht verbrieft[180], dessen ursprüngliche Gestalt freilich unbekannt ist, da es nur in einer von einem späteren Fälscher überarbeiteten Fassung überliefert ist.

Inwieweit Konrads ohnehin nur punktuell sichtbar werdende Sorge um die unteren Schichten mehr war als die bloße Komponente eines situationsbedingten Rechtsaktes, ob dahinter ein politisches Kalkül stand, etwa der Versuch, soziale Aufsteigergruppen an das Königtum zu binden, läßt sich nur sehr schwer entscheiden; doch sollte man mit solchen Deutungen grundsätzlich zurückhaltend sein. Dem aufblühenden Städtewesen Italiens jedenfalls und den sich als neuer politischer Faktor formierenden bürgerlichen Kräften scheint der Salier, der aus seiner nordalpinen Heimat ja noch völlig andere Verhältnisse gewohnt war, doch eher reserviert, wenn nicht gar, wie der Mailänder Fall zeigt, unbeholfen gegenüber gestanden zu haben. Seine Prägung hat er in einem rein feudalen Umfeld erfahren, und nur in diesem bewegte er sich sicher.

An dessen unterem Rande jedoch, im Bereich der großen geistlichen und weltlichen Grundherrschaften mit ihren differenzierten Hörigenverbänden hatten schon seit einiger Zeit bedeutsame soziale Prozesse eingesetzt, die zwar erst im weiteren Verlauf des 11. und vor allem im 12. Jahrhundert zur vollen Entfaltung gelangen und dabei zur Absonderung und zu einem gewaltigen Aufstieg einer bestimmten Gruppe aus der Schicht der Hintersassen, der Ministerialen nämlich, führen sollte, die sich aber wohl auch schon Konrad zunutze machte. Im frühen 11. Jahrhundert steckte diese Entwicklung noch in den Anfängen. Aus den hofrechtlich gebundenen Gruppen mit gemindertem Freiheitsstatus begann sich durch einen besonderen Dienst für den Grundherrn, vor allem durch Bekleidung der Hofämter oder durch die Übernahme lokaler Verwaltungsaufgaben, aber auch durch Waffendienste, ein Kreis von besonders qualifizierten und mit Vorrechten ausgestatteten Dienstleuten mit gehobenem Sozialprestige abzugrenzen, der sich schließlich zu einer Art Berufsstand formte und in großen Teilen sowie unter Rezeption adliger Normvorstellungen zusammen mit Adelsfamilien kleineren Zuschnitts zum Ritterstand verschmolz. So weit war es unter Konrad noch lange nicht. Die unfreien Dienstmannen, die zunächst allerdings nicht *ministeriales* hießen, sondern noch als *servientes*, *servi*, *famuli* oder *clientes* bezeichnet wurden, standen ihren Herren vielmehr anfänglich zur unbedingten Verfügung und konnten daher jederzeit wieder aus den ihnen übertragenen Ämtern entlassen oder an andere Orte versetzt und mit anderen Funktionen betraut werden. Mancherorts erhielten sie für die Dauer ihres besonderen Dienstes schon eine besondere

Ausstattung (sogenannte Dienstlehen), was diese Form des Herrendienstes natürlich besonders attraktiv machte.

Für das Königtum gewannen diese jederzeit verfügbaren, vielfältig einsetzbaren, aber auch noch lange Zeit absetzbaren sowie willkürlich versetzbaren Kräfte im Verlauf des 11. Jahrhunderts einen beachtlichen Wert für die Verwaltung des weitgestreuten Reichsgutes, als Besatzung der Königsburgen, für die alltägliche Hofhaltung und als militärisches Gefolge, da sie eine Quasibeamtenschaft darstellten, die, bis auch sie einem eigenen Feudalisierungsprozeß unterlag, für die Aufgaben und Ziele des Königs wirkungsvoller eingesetzt werden konnte als die aus Adligen und Freien gebildete Vasallität. Selbstverständlich vermochte Konrad, anders als seine Nachfolger, aus dieser noch in den Anfängen steckenden Entwicklung nur einen begrenzten Nutzen zu ziehen, dies aber scheint er, wenn die spärlichen Nachrichten nicht täuschen, mit einem gewissen Gespür für die sich damit eröffnenden politischen Möglichkeiten auch versucht zu haben. Wie anziehend der Königsdienst für die unfreien Aufsteiger jedenfalls erscheinen konnte, belegt der Übertritt von Mainzer *servientes* aus der Zuständigkeit des Erzbischofs Bardo unter die Hoheit Konrads[181], eines manchmal großzügigen Herrn, der seinem *servus* Pabo am 8. Mai 1034 immerhin eine Edelmannshufe (*unum nobilis viri mansum*) sowie einige Hörige zu freiem Eigen schenkte[182].

Tradition und Kontinuität: Karls des Großen Steigbügel

Wenn Konrad mit seiner Haltung zur sich formierenden Ministerialität vielleicht und durch eine vasallenfreundliche Lehnspolitik gewiß die spürbaren Tendenzen eines gesellschaftlichen Strukturwandels förderte, so stand seine Regierung insgesamt doch im Zeichen von Tradition und Kontinuität. Der Salier führte – abgesehen von Nuancen, die sein persönlicher Herrschaftsstil hervorrief – die ottonische Kirchenpolitik heinrizianischer Prägung uneingeschränkt fort, repräsentierte das in seiner sakralen Würde seit karolingischer Zeit immer filigraner und strahlender erscheinende Königtum trotz aller weltlichen Offenheit mit ungefährdeter Autorität und vollendete die burgundische Politik seines Vorgängers. Besonders begabt für die herrscherliche Aufgabe der Rechtspflege und erfolgreich in seinem Bemühen um den Ausgleich widerstreitender Interessen und um den Frieden in seinem Reich, verkörperte Konrad das frühmittelalterliche Königtum in der verpflichtenden Tradition seiner karolingischen und ottonischen Vorgänger. Deshalb war der Salier mit Sicherheit kein Neuerer, sondern hauptsächlich ein Fortsetzer und Bewahrer.

Wipo, der ohnehin die karolingische Herkunft von Königin Gisela sehr stark betont, während er Konrads ottonische Abstammung verschweigt und diese nur in seiner Totenklage auf den verstorbenen Kaiser verschleiert andeutet, indem er den Salier als Sproß eines königlichen Geschlechtes vorstellt, ein Hofhistoriograph also, der Wert auf die karolingische Tradition legte, vergleicht Konrad daher auch direkt mit Karl dem Großen[183]. Zum Nutzen des Reiches habe der Salier voller Tatkraft und unermüdlich gewirkt und dabei schnelle Erfolge erzielt, weswegen kein Herrscher seit dem großen Karolinger des Thrones würdiger gewesen sei als er. Deshalb sei auch das Sprichwort aufgekommen von Karls Steigbügeln, die an Konrads Sattel hingen, ein *proverbium*, das Wipo in seiner verlorenen Dichtung *Gallinarius* aufgriff und in den Vers goß: *Chuonradus Caroli premit ascensoria regis* – „Konrad reitet daher mit Karls, des Königs, Bügeln". Ob der Spruch zu Konrads Lebzeiten tatsächlich zu einem geflügelten Wort geworden ist und ob viele die hinter ihm stehende Vorstellung teilten, läßt sich freilich nicht mehr feststellen, wohl aber kann überprüft werden, ob der von Wipo gezogene Vergleich berechtigt ist.

Konrad als neuen Karl den Großen vorzustellen, heißt natürlich vor allem, das salische Königtum auf bestmögliche Weise zu legitimieren, galt Karl im Mittelalter doch als idealer Herrscher, als ein Vorbild, dem ein König nachzueifern hatte. Wipos Satz ist daher zunächst als ein Versatzstück der Herrscherpropaganda zu verstehen. Seine Aussage muß deshalb aber nicht a priori falsch sein. Vielmehr lassen sich zwischen den beiden Kaisern Parallelen ziehen – hinsichtlich einer erfolgreichen Rechts- und Friedenswahrung, der Befähigung zum Heerführer und der kraftvollen Verwirklichung expansiver Ziele. Damit sind dann allerdings auch schon die Gemeinsamkeiten erschöpft und die Unterschiede treten deutlicher hervor, Unterschiede freilich, die der moderne Historiker leichter erkennen kann als der mittelalterliche Historiograph.

Der Karolinger nämlich erfüllte nicht nur gewöhnliche Herrscherpflichten, er besaß darüber hinaus auch eine treibende, eine gestalterische Kraft, die auf vielen Gebieten spürbar wurde und die dem Salier völlig fehlte, die dieser freilich auch nicht benötigte, da er den von seinen Vorgängern angelegten und erprobten Pfaden in ungleich größerem Maße folgen konnte, als dies unter Karl dem Großen der Fall gewesen war. Dabei griff Karl nicht nur ordnend ein in die Rechtspflege und in das Gerichtswesen, in die Verwaltung des Königsgutes und in die Rekrutierung des Heeres, in weltliche und in geistliche Angelegenheiten, sondern er zeigte zugleich auch einen weitaus größeren Interessenhorizont und machte seinen Hof zu einem kulturellen und geistigen Zentrum, an dem er die großen Geister seiner Zeit versammelte. Mit den Mitgliedern dieser sogenannten Hofakademie pflegte der gelegentlich musensinnige Karl geselligen Umgang, eine regelrechte Tafelrunde, die der Entspannung diente, aber auch als Forum für einen wiß- und lernbegierigen Herrscher, der Diskussionen um weltliche und geistliche Probleme anregte und ebenso Fragen nach astronomischen Phänomen und nach dem Weltenende aufwarf[184]. Aus seiner Verantwortung für die gesamte Christenheit erwuchs die Sorge um eine ordentliche Verehrung Gottes, die als heilsnotwendig empfunden wurde, und schließlich ein Verbesserungs- und Erneuerungswille, der bald alle kulturellen Bereiche (vor allem die Liturgie, die lateinische Sprache, die Schrift, das Buchwesen und die Baukunst) erfaßte und in jenen Leistungen gipfelte, die man gewöhnlich mit dem nicht völlig zutreffenden Schlagwort von der ‚karolingischen Renaissance' charakterisiert, die im Grunde aber keine Wiedergeburt beabsichtigten, sondern viel stärker von dem Wunsch nach der rechten Norm angestoßen worden waren. Wesentliche Impulse gingen bei diesem Bestreben vom karolingischen Hof und seinem Mittelpunkt, von Karl dem Großen selbst, aus, der eben nicht nur auf gebahnten Wegen schritt, sondern eine impulsgebende Kraft, eine bewegende Potenz gewesen ist.

Eine solche Wirkung und Bedeutung hat weder Konrad noch sein Hof jemals, auch nicht im Ansatz, besessen. Zwar ist das 11. Jahrhundert eine prosperierende Zeit mit kulturellen Leistungen und mit einer besonders regen Bautätigkeit gewesen, und die Herrscherin zeigte durchaus geistige Interessen, wenn sie sich in St. Gallen gelegentlich um Abschriften von Werken Notker Labeos, des 1022 verstorbenen Klostergelehrten und Übersetzers lateinischer Texte ins heimische Idiom, bemühte, aber irgendeine künstlerische, kulturelle oder geistige Ausstrahlung ging vom Salierhof nicht aus. So etwas hätte den rein praktischen Interessen des Kaisers nicht entsprochen, der eben kein Karolus redivivus gewesen ist oder – um in Wipos Bild zu bleiben – der zwar die Steigbügel Karls des Großen besaß, aber nicht dessen Sattel und Zaumzeug und der schon gar nicht ritt wie der große Karolinger. Dieser liebte die Verse, wie Angilbert von Saint-Riquier bezeugt[185]; von Konrad hingegen wüßte man gerne, wie er die lateinischen Gedichte seines Kaplans Wipo aufnahm, ob er sie zum Vortrag bringen ließ oder ob eine Rezitation in Anwesenheit des lateinunkundigen Herrschers unterblieb, weil dieser sich dabei nur gelangweilt hätte.

Von dem großen Karl fällt mithin mehr Schatten als Glanz auf die Persönlichkeit des ersten Salierkaisers. Doch hält kaum ein anderer mittelalterlicher Herrscher einen Vergleich mit dem Erneuerer des westlichen Kaisertums aus, selbst Otto der Große nicht. Man sollte daher Wipos Bahnen verlassen und eine andere Meßlatte wählen, um, sie an Konrad anlegend, diesen zu würdigen, der auf seine Art zweifellos ein beeindruckender Herrscher gewesen ist: Kein Neuerer, kein ‚spiritus rector' und Impulsgeber, aber doch ein tüchtiger Lenker des Reiches, leutselig und hoheitsvoll, freigebig und besonnen, geistesgegenwärtig und voller Durchsetzungskraft, ein unerbittlicher Verfechter der eigenen Interessen, der gegen Widersacher äußerste Härte bewies und dennoch zu einem abgewogenen Urteil fähig war, ein geschätzter Richter und manchmal ein zornmütiger Mensch. Indem er sein Kontinuität stiftendes Königtum mit herkömmlichen Mitteln machtvoll verwirklichte, verschaffte er dem Reich und seinen Einwohnern Ruhe – in einem Maße, wie sie es nur selten kannten. Begünstigt wurde dieser Erfolg durch das Fehlen einer ernsthaften äußeren Bedrohung und vielleicht auch durch die relative Kürze der Regierungszeit von knapp 15 Jahren, die in eine Epoche ohne tieferreichende innere Spannungen und geistig-geistliche Kämpfe sowie ohne soziale Umbrüche fiel, die frei war von jenen schweren Erschütterungen, welche die Herrschaft seines Enkels kennzeichnen, sich aber schon während der Regierung seines Sohnes zu regen begannen. Konrads Königtum stellt daher, zumindest für sein nordalpines Reich, einen Ruhe-, wenn nicht gar einen Höhepunkt gefestigter und ungefährdeter Monarchie sakralen Zuschnitts dar. Äußere Bedingungen, innere Strukturen, ein kaum spürbarer Wandel in Kirche und Gesellschaft und eine Persönlichkeit mit Durchschlagskraft bewirkten gemeinsam diesen Zustand.

Letzte Rheinfahrt: Der Trauerkondukt

Doch Macht und Glanz der Welt vergehen. Dem Leichnam des Kaisers wurden, wie es Brauch war, die Eingeweide entnommen und im Utrechter Martinsdom beigesetzt, bevor der tote Salier seine letzte Reise antrat – wahrscheinlich einbalsamiert, auf jeden Fall aber prachtvoll eingekleidet und mit kostbaren Stoffen umhüllt. Im Utrechter Dom, wo er aufgebahrt worden sein wird, fanden wohl auch Trauerfeierlichkeiten und eine Totenmesse statt. Heinrich III. hat dieser Kirche und dem Domkapitel ein knappes Jahr später, am 21. Mai 1040, eine bedeutende Stiftung für das Seelenheil des Vaters gemacht[186] und auch sonst die Pflichten eines trauernden Sohnes erfüllt: In feierlichem Zuge wurden Konrads sterbliche Überreste rheinaufwärts in die Heimat geleitet. Am ehesten wird die Strecke auf dem Schiff zurückgelegt worden sein, doch gibt es darüber keine Nachrichten. Unterbrochen wurde die Rheinfahrt jeweils in den Bischofsstädten, die am Strom liegen: in Köln, Mainz und Worms, aber auch noch an anderen Orten, von denen allerdings allein Andernach erschlossen werden kann[187]; sie endete in den salischen Stammlanden: in Speyer. An jeder Wegstation trug man unter Anteilnahme der Bevölkerung den Verstorbenen in feierlicher Prozession zu den Hauptkirchen, in Wipos Worten: *per cuncta coenobia*, und sang in diesen – wenn nicht in allen, so doch in einigen – wohl auch die Sterbeliturgie. Für Köln kann der Weg des Trauerkonduktes sogar erschlossen werden, da er in etwa die Punkte berührt haben dürfte, an denen 36 Jahre später die Leiche von Erzbischof Anno II. vorbeigeführt wurde[188]; es waren dies innerhalb der Stadtmauern neben dem Dom: Groß St. Martin, Maria im Kapitol und St. Cäcilien und vor den Toren: St. Severin, St. Pantaleon, St. Gereon, St. Andreas, St. Ursula und St. Kunibert sowie vielleicht auch schon St. Aposteln. Mehrere Tage dauerte 1075 dieser Umzug, und wesentlich anders wird es auch 1039 nicht gewesen sein, selbst wenn Konrad nicht in alle diese Kirchen hineingetragen worden sein sollte. Nur langsam bewegte sich der Leichenzug deshalb auf seinen Bestimmungsort zu, wo am 3. Juli, einem Monat nach dem Tod des Kaisers, die Beisetzung stattfand.

Der Leichenzug mit den zahlreichen religiösen Zeremonien an seinen vielen Stationen, die Fürbitten und Opfergaben der Trauernden, die Prozessionen mit dem kaiserlichen Leichnam und dessen Aufbahrung in etlichen Kirchen brachten die sakrale Monarchie Konrads noch einmal zur besonderen Anschauung. Der feierliche Abschied von dem Kaiser gestaltete sich dabei zugleich aber auch zu einer Demonstration der Sakralität des Königtums wie der dynastischen Kontinuität. Der Thronfolger und künftige Kaiser, König Heinrich, gab seinem Vater nämlich nicht nur das letzte Geleit, sondern legte selbst Hand mit an und trug die Bahre (oder den Sarg) auf den eigenen Schultern mit, wenn man in eine Kirche einzog, und schließlich auch bei den Bestattungsfeierlichkeiten selbst. Dies war demutsvolle Ehrerbietung und echte Kindesliebe, *humilis devotio* und *caritas perfecta*, geschah aber auch aus frommer Ehrfurcht, die der Knecht dem Herrn (*servus domino*) schuldet. Demut aber wird von einem Herrscher gefordert, der in der Nachfolge Christi steht und zum Stellvertreter des Gekreuzigten auf Erden berufen ist.

Speyer: Stätte der letzten Ruhe

Speyer, neben der Stadt Worms, aus der sich die Salier allerdings hatten zurückziehen mußten, der zweite Bischofssitz im engeren Herrschaftsbereich der machtbewußten Familie – Speyer[189] erfuhr seit Konrad II. – nicht zuletzt als Sühneleistung für die Bluttat eines frühen Vorfahren – eine starke Förderung und stieg innerhalb eines Jahrhunderts von einer ‚Kuhstadt' (vaccina) zur Metropole Germaniens auf, wie zumindest der im normannischen Kloster Saint-Evroul schreibende Mönch Ordericus Vitalis den Ort in der ersten Hälfte des 12. Jahrhunderts charakterisiert[190]. *Metropolis* war die Stadt aber nicht aufgrund ihrer kirchlichen Bedeutung oder ihres urbanen Charakters, sondern allein als Grablege der salischen Herrscher, zu der sie im Verlauf des 11. Jahrhunderts und vor allem durch Heinrich IV. geworden ist. Konrad II. hingegen hatte die Kirche und den Neubau des Domes nicht gefördert, um ein Grabmonument für sich und alle seine Nachfolger zu errichten, nicht um eine königliche Nekropole für das Geschlecht der Salier zu schaffen, sondern als Stätte seiner eigenen letzten Ruhe. Zwar war ihm der dynastische Gedanke nicht fremd, der sich in der Errichtung einer Grabeskirche für sich selbst und sämtliche Nachfolger gespiegelt hätte, hatte er doch schon früh die Thronfolge des Sohnes gesichert und propagandistisch verkündet, aber im Angesicht des Todes ging es ihm wohl nicht um die Dynastie, sondern eher um die Begründung einer religiösen Gedächtnisstätte für die eigene Person und seine Gemahlin, um die Stiftung einer *memoria* für sich selbst und für Gisela. Die Größe der ursprünglichen Grabanlage ließ daher keinen Raum für nachfolgende Generationen, sondern besaß lediglich die Dimensionen für ein Stiftergrab. Als Stifter des neuen Domes fand Konrad hier dann auch am Dienstag, dem 3. Juli 1039, seine letzte Ruhestätte[191]. Seine Gemahlin Gisela überlebte ihn um knapp vier Jahre, in denen sie ihren politischen Einfluß einbüßte. Sie starb am 15. Februar 1043 in Goslar in dem trügerischen Glauben an Prophezeiungen, die ihr verheißen hatten, den eigenen Sohn zu überleben[192]; der überführte sie nun nach Speyer und ließ sie dort an der Seite des Gatten beisetzen.

Bis zum Beginn des 20. Jahrhunderts ruhte Konrad in seinem Grab, geschmückt mit einer schlichten Totenkrone aus Kupferblech. Bei seiner Bestattung ist offenbar der Brauch aufgekommen, dem verstorbenen Herrscher eine Krone mit in den Sarg zu geben, ein Sinnbild jenes Herrschaftszeichens, das er zu Lebzeiten getragen hat. Auch im Tode war der König mithin in seiner herausragenden Würde gekennzeichnet und verwies auf diese Art wie schon im Leben auf die Mitherrschaft Gottes, die sich nun jedoch in ganz besonderer Form konkretisierte. Der Königsgestus des Toten gibt damit der Hoffnung Ausdruck auf einen Platz zur Rechten Gottes und wird dabei zugleich zu einem letzten Zeichen für ein sakrales Königtum, das Konrad als Wahrer und Förderer des Friedens wie auch als Wohltäter der Menschen erfolgreich verkörperte: als *pacis arator et urbis benefactor*.

Die salische Königsdynastie

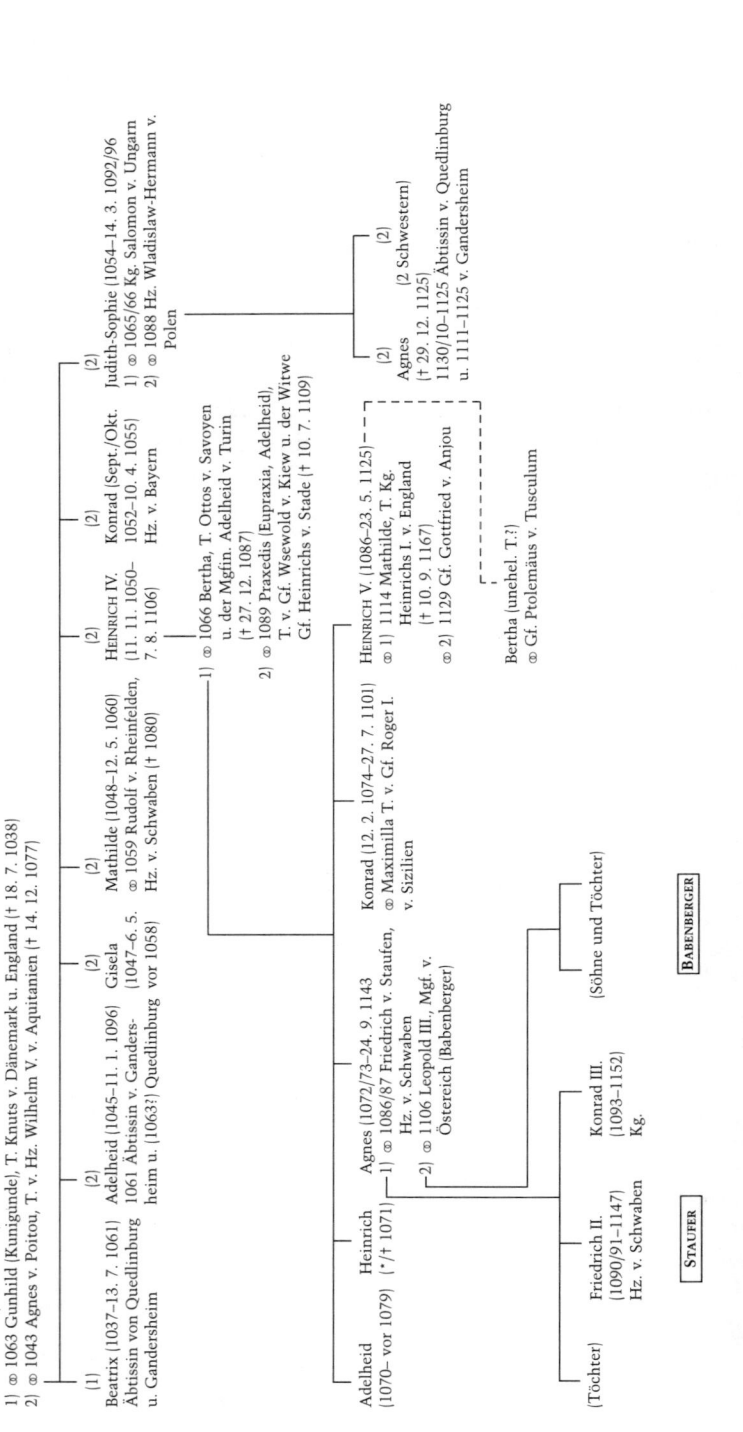

KONRAD II. d. Ä. (um 990–1039)
⚭ um 1016 Gisela († 1043)

HEINRICH III. (1017–1043)
1) ⚭ 1063 Gunhild (Kunigunde), T. Knuts v. Dänemark u. England († 18. 7. 1038)
2) ⚭ 1043 Agnes v. Poitou, T. v. Hz. Wilhelm V. v. Aquitanien († 14. 12. 1077)

[1] Beatrix (1037–13. 7. 1061) Äbtissin von Quedlinburg u. Gandersheim

[2] Adelheid (1045–11. 1. 1096) 1061 Äbtissin v. Gandersheim u. (1063?) Quedlinburg vor 1058)

[2] Gisela (1047–6. 5. 1058)

[2] Mathilde (1048–12. 5. 1060) ⚭ 1059 Rudolf v. Rheinfelden, Hz. v. Schwaben († 1080)

[2] HEINRICH IV. (11. 11. 1050–7. 8. 1106)
1) ⚭ 1066 Bertha, T. Ottos v. Savoyen u. der Mgfin. Adelheid v. Turin († 27. 12. 1087)
2) ⚭ 1089 Praxedis (Eupraxia, Adelheid), T. v. Gf. Wsewold v. Kiew u. der Witwe Gf. Heinrichs v. Stade († 10. 7. 1109)

[2] Konrad (Sept./Okt. 1052–10. 4. 1055) Hz. v. Bayern

[2] Judith-Sophie (1054–14. 3. 1092/96
1) ⚭ 1065/66 Kg. Salomon v. Ungarn
2) ⚭ 1088 Hz. Wladislaw-Hermann v. Polen

Adelheid (1070– vor 1079)

Agnes (1072/73–24. 9. 1143)
1) ⚭ 1086/87 Friedrich v. Staufen, Hz. v. Schwaben
2) ⚭ 1106 Leopold III., Mgf. v. Östereich (Babenberger)

Heinrich (*/† 1071)

Konrad (12. 2. 1074–27. 7. 1101) ⚭ Maximilla T. v. Gf. Roger I. v. Sizilien

HEINRICH V. (1086–23. 5. 1125)
⚭ 1) 1114 Mathilde. T. Kg. Heinrichs I. v. England († 10. 9. 1167)
⚭ 2) 1129 Gf. Gottfried v. Anjou

Agnes († 29. 12. 1125) 1130/10–1125 Äbtissin v. Quedlinburg u. 1111–1125 v. Gandersheim (2 Schwestern)

Bertha (unehel. T.?) ⚭ Gf. Ptolemäus v. Tusculum

(Tochter) Friedrich II. (1090/91–1147) Hz. v. Schwaben

Konrad III. (1093–1152) Kg.

(Söhne und Töchter)

STAUFER   BABENBERGER

218

STATT EINES VORWORTS

Wer sich mit der Vergangenheit beschäftigen und aus ihr Erkenntnisse ziehen wolle, möge, so soll es Empfehlungen geben, Biographien lesen. Aus diesem Diktum spricht unverkennbar die Achtung vor dem historischen Individuum, dessen Leben sich anschaulich oder gar ergreifend schildern läßt und das wohl gerade deshalb für den nichtprofessionellen Historiker von besonderem Interesse ist und ihm in der Tat die Tür zur Vergangenheit aufstoßen kann. In der Geschichtswissenschaft Deutschlands hingegen war in diesem Jahrhundert das Schreiben von Biographien lange Zeit nicht aktuell, denn man wandte sich verstärkt den prägenden Strukturen der Geschichte zu. Dieser strukturalistischen Geschichtsbetrachtung kommt gewiß hohe Bedeutung zu; unverkennbar aber stand sie auch öfter in der Gefahr, eine blut- und gesichtslose Kunst zu werden, da sie über die Grundlagen und Bedingungen, prägenden Faktoren und prozeßhaften Entwicklungen menschlicher Existenz den Menschen selbst aus dem Blick zu verlieren drohte. Da aber mittlerweile der Streit um den Vorrang von Struktur oder Persönlichkeit als die Geschichte gestaltender und vorantreibender Elemente dialektisch aufgehoben und damit aufgelöst scheint in der Einsicht einer wechselseitigen Beeinflussung dieser Elemente während ihres Einwirkens auf den Gang der Geschichte, rückte die Beschäftigung mit dem Menschen und allen seinen Lebensäußerungen, -umständen und -zuständen wieder stärker in das Zentrum des historischen Interesses.

Nicht zuletzt angestoßen durch prosopographische Studien wandte man sich schließlich auch wieder intensiver der Einzelpersönlichkeit zu. Nach einer längeren Vorgeschichte konnte daher 1996 mit Bezug auf Lucien Febvre (1878–1956), den Pionier und frühen Meister strukturgeschichtlicher Methode, der gleichwohl nie den Menschen aus dem Auge verlor, von dem „einfachen und legitimen Verlangen" gesprochen werden, das es von den Fachhistorikern über den Kreis der Fachgenossen hinaus seriös zu befriedigen gelte: von „dem Interesse" nämlich „der Menschen zu allen Zeiten an Menschen aus allen Zeiten"[193]. Dieses legitime Interesse aber sichert der Biographie ihren vornehmen Rang unter den verschiedenen Genera der Historiographie. Das angeführte Zitat setzt daher auch fort: „Darum aber" – wegen des Interesses von

Menschen an Menschen – „wird die Biographie, wird der biographische Versuch bei aller Notwendigkeit von Strukturgeschichte stets einen zentralen Platz in der historischen Literatur behaupten. Denn das Leitmotiv für jegliche Beschäftigung mit Geschichte ist und bleibt jene kurze, einfache und so schwer zu beantwortende Frage, die Lucien Febvre ... gestellt hat: ‚Et l'homme dans tout cela?'".

Freilich tut sich der Mediävist schwer als Biograph, der doch die Individualität der von ihm dargestellten Persönlichkeit beschreiben, Denken und Handeln, Fühlen und Leiden seines Helden anschaulich machen will, die Wirkungen des Individuums erfassen soll und gleichzeitig die diesen besonderen und einmaligen Menschen wie auch seine Entscheidungen formenden Kräfte, Strömungen, Einflüsse und Traditionen aufzudecken hat. Er versucht gleichsam die Quadratur des Kreises – denn: die Quellen, ihre Eigenart, disparat und bruchstückhaft wie sie sind, und das völlige Fehlen persönlicher Aufzeichnungen und Nachrichten gerade in frühmittelalterlicher Zeit verhindern von vornherein den Erfolg jeglichen biographischen Bemühens und gestatten allenfalls den Versuch der Annäherung an ein fernes, fremdes und letztlich schemenhaft bleibendes Leben. Dieser Versuch allerdings bleibt, so sehr er ein Wagnis ist, reizvoll und wichtig, denn er erlaubt es, unter Einbeziehung ‚struktureller' Hintergründe, soweit diese erkennbar sind, ein Bild zu entwerfen, dessen einzelne Teile in den Quellen zwar unterschiedlich fundiert sind[194], das in seiner Gesamtheit aber verschiedene Positionen miteinander verbindet und zusammenführt und auf diese Weise historische Zusammenhänge im Brennglas einer Persönlichkeit zu exemplifizieren sucht.

Kann mit diesem Versuch auch noch die Neugier auf eine fremde, weit entrückte und für viele mit phantastischen Zügen behaftete Welt befriedigt oder geweckt werden, dann darf er als geglückt gelten, und dies in besonderem Maße, wenn er einem breiteren Publikum nüchterne Einsichten anschaulich vermittelt, ohne das Mißfallen der Fachgenossen zu erregen, wenn er zudem das Fremde und Andersartige, gar das Exotische und Befremdliche bewußt macht, das aber trotz aller Distanz zum Heute mit diesem Heute durch eine lange Kette von Tradition und Entwicklung verbunden bleibt und zum Verständnis der Gegenwart beiträgt, da der Spiegel der Vergangenheit Konturen schärft und vertieft.

Den ersten Salierkaiser zum Gegenstand eines solchen Versuches zu wählen, erklärt sich daher nicht aus der Absicht, das immer noch grundlegende, immerhin schon über hundert Jahre alte Werk Harry Breßlaus in seiner umfassenden Materialfülle und seinem annalistischen Zuschnitt ersetzen zu wollen, sondern allein aus zwei einfachen Tatsachen: daß Konrad nämlich noch nicht häufig zu ‚biographischen Ehren' gekommen ist und – damit wohl zusammenhängend – daß seine Herrschaft nicht in eine an Erschütterungen reiche Umbruchsepoche fiel, sondern ungefährdet war und Kontinuität bedeutete. Konrads Königtum bietet damit die Gelegenheit, wenn nicht die Norm, so doch stärker das Übliche und Routinemäßige königlicher Herrschaft, gleichsam den Alltag eines Herrschers aus dem frühen 11. Jahrhundert zu betrachten.

Dazu, daß dies möglich wurde, bedurfte es vieler Hilfe, die Dank verdient. Vor allem gebührt er meinen Mitarbeitern in Leipzig, die die Last der Literaturbeschaffung unter schwierigen Bibliotheksverhältnissen trugen, sowie dem Verlag, der alle durch eine Reihe widriger Umstände bewirkten Verzögerungen der Manuskriptabgabe mit Langmut hinnahm.

ANHANG

Quellen:

Die erzählenden Quellen zur Regierungszeit Konrads II. sind in dem großen Editionswerk der ‚Monumenta Germaniae Historica' (**MGH**) herausgegeben, und zwar vor allem in den Reihen ‚Scriptores' (**SS**) und ‚Scriptores rerum Germanicarum' (**SS rer. Germ.**). Im einzelnen sind sie verzeichnet und besprochen in: W. WATTENBACH / R. HOLTZMANN, Deutschlands Geschichtsquellen im Mittelalter I. Neuausgabe besorgt von F.-J. SCHMALE (1967, mit Nachträgen in Teil III, 1971). Die Beschreibung der Amtszeit durch Konrads Kaplan Wipo, die ‚Gesta Chuonradi II imperatoris', gab H. BREßLAU in der dritten Auflage 1915 in den MGH SS rer. Germ. heraus; zusammen mit einer Übersetzung druckte sie W. TRILLMICH 1978 in: Ausgewählte Quellen zur deutschen Geschichte des Mittelalters. Freiherr vom Stein-Gedächtnisausgabe XI, 522–613. Konrads Urkunden sind ebenfalls in den MGH ediert: Die Urkunden Konrads II. (Conradi II Diplomata), hg. von H. BREßLAU unter Mitwirkung von H. WIBEL und A. HESSEL (1909) [künftig zitiert: **D K II** + Nr.]. Übersichtlich, chronologisch geordnet und leicht zugänglich zusammengestellt sind die Quellennachrichten in: Die Regesten des Kaiserreiches unter Konrad II. 1024–1039, neubearb. von H. APPELT (1951) [künftig zitiert: **R K II** + Nr.].

Allgemeine Literatur:

Den schnellsten Zugang zur Geschichte Konrads II. und seiner Zeit bieten die Handbücher: B. GEBHARDT, Handbuch der deutschen Geschichte. 9., neu bearb. Auflage hg. von H. GRUNDMANN, Bd. 1 (1970); TH. SCHIEDER, Handbuch der europäischen Geschichte, Bd. 1. Europa im Wandel von der Antike zum Mittelalter, hg. von TH. SCHIEFFER (1976); Handbuch der Kirchengeschichte, hg. von H. JEDIN, Bd. III. Die mittelalterliche Kirche. Erster Halbbd.: Vom kirchlichen Frühmittelalter zur gregorianischen Reform, von F. KEMPF, H.-G. BECK, E. EWIG, J. A. JUNGMANN (1973); Handbuch der deutschen Wirtschafts- und Sozialgeschichte I. Hg. von H. AUBIN und W. ZORN (1971); H. KELLENBENZ, Handbuch der europäischen Wirtschafts- und Sozialgeschichte, Bd. 2. Europäische Wirtschafts- und Sozialgeschichte im Mittelalter, hg. von J. A. VAN HOUTTE (1980), sowie die neueren Überblicksdarstellungen: F. PRINZ, Grundlagen und Anfänge. Deutschland bis 1056 (1985); H. KELLER, Zwischen regionaler Begrenzung und universalem Horizont. Deutschland im Imperium der Salier und Staufer. 1024 bis 1250 (1986); E. HLAWITSCHKA, Vom Frankenreich zur Formierung der europäischen Staaten- und Völkergemeinschaft. 840–1046. Ein Studienbuch zur Zeit der späten Karolinger, der Ottonen und der frühen Salier in der Geschichte Mitteleuropas (1986); H. K. SCHULZE, Hegemoniales Kaisertum: Ottonen und Salier (1991); DERS., Grundstrukturen der Verfassung im Mittelalter 3: Kaiser und Reich (1998); J. FRIED, Die Formierung Europas. 840–1046 (1991). – Das grundlegende Werk zu Konrads II. Regierungszeit ist immer noch: H. BRESSLAU, Jahrbücher des Deutschen Reichs unter Konrad II., 2 Bde. (1879/1884) [künftig zitiert: **Jbb.**]. Die neueste Darstellung von Konrads Königtum und Zeit ist erst nach dem Tode ihres Verfassers veröffentlicht worden und stammt von E. TRILLMICH, Konrad II. und seine Zeit, hg. von O. BARDONG (1991). Daneben vgl. K. HAMPE, Deutsche Kaisergeschichte in der Zeit der Salier und Staufer (^{12}1969); E. BOSHOF, Die Salier (^{3}1995), und ST. WEINFURTER, Herrschaft und Reich der Salier. Grundlinien einer Umbruchszeit (1991). Kurze Lebensabrisse des ersten Saliers verfaßten G. TELLENBACH, Kaiser Konrad II. (990–1039), in: Deutscher Westen – Deutsches Reich 1 (1938) 1–14; W. HUSCHNER in dem 1988 durch E. ENGEL und E. HOLTZ vom Zentralinstitut für Geschichte der Akademie der Wissenschaften der Deutschen Demokratischen Republik herausgegebenen Band ‚Könige und Kaiser des Mittelalters' (94–105); K. R. SCHNITH, Kaiser Konrad II., in: ders. (Hg.), Mittelalterliche Herrscher in Lebensbildern (1990) 184–192, und DERS., Kaiser Konrad II., in: ders./G. Hartmann (Hgg.), Die Kaiser (1996) 181–190. – An Spezialliteratur über Konrad II. sind neben den drei von ST. WEINFURTER herausgegebenen Bänden ‚Die Salier und das Reich' (²1992) zu nennen: TH. SCHIEFFER, Heinrich II. und Konrad II. Die Umprägung des Geschichtsbildes durch die Kirchenreform des 11. Jahrhunderts (1969 [erstmals 1951]); E. MÜLLER-MERTENS / W. HUSCHNER, Reichsintegration im Spiegel der Herrschaftspraxis Kaiser Konrads II. (1992 [dazu M. BORGOLTE, Geschichte als Wirklichkeitswissenschaft im Dunkel der Überlieferung, in: Göttingische Gelehrte Anzeigen 246 (1994) 96–110]); H. HOFFMANN, Mönchskönig und *rex idiota*. Studien zur Kirchenpolitik Heinrichs II. und Konrads II. (1993).

Spezialliteratur und Anmerkungen:

Um den wissenschaftlichen Apparat zu entlasten, soll im folgenden die wichtigste Literatur jeweils vor den Anmerkungen zu den einzelnen Kapiteln zusammengestellt und dann ebenso wie die schon vorstehend angeführten Werke nur noch in Ausnahmefällen gesondert zitiert werden. Die allgemeinen Werke werden dabei allein noch mit einem Kurztitel genannt, die übrigen zusätzlich versehen mit einem Hinweis auf die Anmerkung, in der sie mit sämtlichen bibliographischen Angaben verzeichnet sind.

Pacis arator et urbis benefactor, S. 9–10

Zu den Ausgrabungen im Speyerer Dom vgl. H. GRAUERT, Die Kaisergräber im Dome zu Speyer. Bericht über ihre Oeffnung im August 1900, in: Sitzungsberichte d. phil.-phil. u. d. hist. Klasse d. kgl. bayer. Akad. d. Wiss. zu München Jg. 1900 (1901) 539–617, bes. 541, 546, 549, 562, 572–577, 585f.; J. BAUMANN, Die Öffnung der Kaisergräber im Dom zu Speyer im Sommer 1900 (⁹1954), sowie H. E. KUBACH / W. HAAS (Bearb.), Der Dom zu Speyer. Textbd. (1972), 930–941, 1039 ff. – Zu den bildlichen Darstellungen und dem Aussehen Konrads II. vgl. Jbb. II 338; P. E. SCHRAMM, Die deutschen Kaiser und Könige in Bildern ihrer Zeit. 751–1190. Hg. von F. MÜTHERICH (1983) 104–108, 222–227, 386–395, 441f.; P. E. SCHRAMM / F. MÜTHERICH, Denkmale der deutschen Könige und Kaiser. Ein Beitrag zur Herrschergeschichte von Karl dem Großen bis Friedrich II. 768–1250 (1962) 170ff., 379.

1 SCHRAMM/MÜTHERICH 171 Nr. 149b.
2 Gesta Chuonradi II c. 3 und 40.
3 Zur Größe des frühmittelalterlichen Menschen allg. vgl. H. WURM, Sozialschichtenspezifische Körperhöhenentwicklung von der Völkerwanderung bis zum 17. Jahrhundert im Bereich des Deutschen Reiches unter besonderer Berücksichtigung der Adelsschicht, in: HOMO 34 (1983) 177–193; DERS., Über die Konstitution der Deutschen im Mittelalter, in: Burgen und Schlösser 26 (1985) 114–124, bes. 118; B. HERRMANN (Hg.), Mensch und Umwelt im Mittelalter (³1987); zur Größe der Salier im besonderen vgl. H. FUHRMANN, Einladung ins Mittelalter (⁵1997) 24; KUBACH/HAAS 1060–1068.

I. Teil: Der Aufstieg

Kamba: Die Königswahl, S. 13–41

Zur Königswahl allg. vgl. H. MITTEIS, Die deutsche Königswahl. Ihre Rechtsgrundlagen bis zur Goldenen Bulle (²1944); U. REULING, Die Kur in Deutschland und Frankreich. Untersuchungen zur Entwicklung des rechtsförmlichen Wahlaktes bei der Königserhebung im 11. und 12. Jahrhundert (1979); U. STUTZ, Der Erzbischof von Mainz und die deutsche Königswahl (1910); zur Wahl von 1024 im besonderen: M. LINTZEL, Zur Wahl Konrads II., in: ders., Ausgewählte Schriften II (1961) 289–300 [erstmals 1952]; E. HLAWITSCHKA, Die Thronkandidaturen von 1002 und 1024. Gründeten sie im Verwandtenanspruch oder in Vorstellungen von freier Wahl?, in: ders., Stirps regia (1988) 495–510 [erstmals 1985]; DERS., Untersuchungen zu den Thronwechseln der ersten Hälfte des 11. Jahrhunderts und zur Adelsgeschichte Süddeutschlands. Zugleich klärende Forschungen um „Kuno von Öhningen" (1987), und R K II m. – Zur salischen Familie vgl. H. SCHREIBMÜLLER, Die Ahnen Kaiser Konrads II. und Bischof Brunos von Würzburg, in: Herbipolis jubilans. 1200 Jahre Bistum Würzburg (1952/53) 173–233; H. GRAF, War der Salier Graf Otto von Worms, Herzog von Kärnten, (955–1004), unter Ausnützung der Schwäche der Reichsregierung ein Raffer von Reichsland und ein Räuber von Klostergut?, in: Blätter f. pfälzische Kirchengesch. u. rel. Volkskde. 28 (1961) 45–60; W. METZ, Miszellen zur Geschichte der Widonen und Salier, vornehmlich in Deutschland, in: Hist. Jb. 85 (1965) 1–27.

4 Vgl. dazu und zum Liudolf-Aufstand F.-R. ERKENS, Fürstliche Opposition in ottonisch-salischer Zeit, in: Archiv f. Kulturgesch. 64 (1982) 307–370, bes. 315–338 (wo die Quellen angeführt sind und weitere Literatur verzeichnet ist).
5 MGH Die Urkunden Konrad I., Heinrich I. und Otto I. Hg. von TH. SICKEL (1879–1884) 259 Nr. 178 (956 März 8).
6 Vgl. A. JAKSCH, Geschichte Kärntens bis 1335 I (1928) 139 ff., sowie C. FRÄSS-EHRFELD, Geschichte Kärntens I (1984).
7 MGH Die Urkunden Otto II. Hg. von TH. SICKEL (1888) Nr. 199.
8 MGH Die Urkunden Otto III. Hg. von TH. SICKEL (1893) Nr. 9.
9 Ebd. Nr. 43 (988 Mai 1), 118, 120, 121, 124, 130 (993 Juli 2).
10 Vgl. H. WERLE, Titelherzogtum und Herzogsherrschaft, in: Zs. f. Rechtsgesch. Germ. Abt. 73 (1956) 225–299, bes. 239–264.
11 Ebd. 258.
12 Zur Verfassungsstruktur des Reiches vgl. auch das Kapitel „Wesen und Praxis königlicher Herrschaft" (S. 119–149); zu den Herzogtümern vgl. H. WERLE, Herzog, Herzogtum, in: Handwörterbuch zur deutschen Rechtsgesch. 2 (1978) 119–127, und H.-W. GOETZ, Herzog, Herzogtum, in: Lexikon d. Mittelalters 4 (1989) 2189–2193 (wo weitere Literatur verzeichnet ist), sowie M. BECHER, Rex, Dux und Gens. Untersuchungen zur Entstehung des sächsischen Herzogtums im 9. und 10. Jahrhundert (1996), der davon ausgeht, daß sich ein Herzogtum Sachsen sensu strictu erst während der ottonischen Königsherrschaft herausbildete.
13 Vgl. E. HLAWITSCHKA, Die Anfänge des Hauses Habsburg-Lothringen (1969); W. MOHR, Geschichte des Herzogtums Lothringen III. Das Herzogtum der Mosellaner (11.–14. Jahrhundert) (1979).
14 Vgl. GRAF 58 ff.
15 Vgl. T. E. MOEHS, Gregorius V (996–999) (1972).
16 Vgl. die im Literaturvorspann zu diesem Kapitel angeführten Arbeiten von E. HLAWITSCHKA sowie DERS., ‚Merkst Du nicht, daß Dir das vierte Rad am Wagen fehlt?' Zur Thronkandidatur Ekkehards von Meißen (1002) nach Thietmar, Chronicon IV c. 52, in: K. Hauck/H. Mordek (Hgg.), Geschichtsschreibung und geistiges Leben im Mittelalter.

Festschrift f. H. Löwe z. 65. Geb. (1978) 281–311, sowie dazu H. HOFFMANN, Ottonische Fragen, in: Dt. Archiv für Erforschung des Mittelalters 51 (1995) 53–82, bes. 76–82.
17 Chron. V 25 = MGH SS rer. Germ. Nova series 9 (1935) 249.
18 MGH Die Urkunden Heinrichs II. und Arduins. Hg. von H. BREßLAU u. a. (1900–1903) Nr. 1.
19 Ebd. Nr. 11.
20 Ebd. Nr. 20.
21 Vgl. S. HIRSCH, Jahrbücher des Deutschen Reichs unter Heinrich II., Bd. 1 (1862) 229.
22 Vgl. ebd. 244–247.
23 Vgl. Anm. 59.
24 Vgl. JAKSCH (wie Anm. 6) 163 f.; K.-E. KLAAR, Die Herrschaft der Eppensteiner in Kärnten (1966) 83 ff.
25 Die ältere Literatur (etwa SCHREIBMÜLLER 211 ff.) sah darin einen Verstoß gegen das „gewöhnliche Erbrecht"; doch war um 1000 das Eintrittsrecht der Enkel noch keinesfalls fest verankert im Rechtsdenken der Zeit und seine Durchsetzung war letztlich vor allem eine Frage der Macht; vgl. dazu und zum folgenden T. SCHMIDT, Kaiser Konrads Jugend und Familie, in: Geschichtsschreibung und geistiges Leben (wie Anm. 16) 312–324.
26 R K II a.
27 R K II c; vgl. M. SCHUMM, Adelheid von Öhringen, die Mutter Konrads II. Um 970 bis um 1039, in: Schwäbische Lebensbilder 6 (1957) 5–15.
28 Die These, daß Konrad gar nicht der Sohn des Saliers Heinrich, sondern ein Nachkomme Kaiser Ottos III. gewesen sei, der zu Adelheids Freundeskreis gehört habe – vgl. dazu M. UHLIRZ, Waren Kaiser Konrad II. und dessen Sohn, Kaiser Heinrich III., Nachkommen Theophanus?, in: Zs. f. die Gesch. des Oberrheins 105 (1957) 328–333; W. OHNSORGE, Waren die Salier Sachsenkaiser?, in: ders., Konstantinopel und der Okzident (1966) 227–251 [erstmals 1958] –, ist nicht akzeptabel; vgl. dazu K.-A. ECKHARDT, Theophanu als Ahnfrau, in: ders., Genealogische Funde zur allgemeinen Geschichte (^{2}1963) 91–124.
29 Vita Burchardi episcopi c. 7 = MGH SS 4 (1841) 835.
30 Gesta Chuonradi II c. 6: ... enim litteras ignoraret ...
31 Vgl. Anm. 29 und R K II d.
32 Die ältere Forschung hat u. a. gerade wegen des Berichtes der Vita Burchardi angenommen, die Konrad d. Ä. benachteiligende Erbteilung des Großvaters sei Ausdruck oder Ursprung dieses Zerwürfnisses gewesen und habe in dem späteren König Ressentiments gegen seine Verwandten geweckt; in Wirklichkeit aber ist von einem solchen Gegensatz nichts zu spüren: Vgl. dazu die in Anm. 25 angeführte Literatur.
33 Zu Gisela vgl. G. WUNDER, Gisela von Schwaben, Gemahlin Kaiser Konrads I., † 1043, in: ders., Lebensläufe 2 (1988) 153–168; W. HUSCHNER, Kaiserin Gisela. Klügste Beraterin Konrads II., in: E. Uitz u. a. (Hgg.), Herrscherinnen und Nonnen (1990) 108–133; H. FROMMER, Spindel, Kreuz und Krone (1993) 111–146; G. THOMA, Kaiserin Gisela, in: K. Schnith (Hg.), Frauen des Mittelalters in Lebensbildern (1997) 91–120. Als Geburtsdatum gibt die ihr ins Grab gelegte Bleitafel (ed. KUBACH/HAAS 939 f.) den 11. November 999 an, doch muß sich der Graveur oder der Verfasser des Textes hier geirrt haben. Wahrscheinlich muß die Angabe 999 in 990 korrigiert werden; vgl. N. BISCHOFF, Über die Chronologie der Kaiserin Gisela und über die Verweigerung ihrer Krönung durch Aribo von Mainz, in: Mitt. d. Inst. f. österreichische Geschichtsforsch. 58 (1950) 285–309; H. J. RIECKENBERG, Das Geburtsdatum der Kaiserin Gisela, in: Dt. Archiv für Erforschung des Mittelalters 9 (1952) 535–538; E. HLAWITSCHKA, Beiträge und Berichte zur Bleitafelinschrift aus dem Grab der Kaiserin Gisela, in: Hist. Jb. 97/98 (1978) 439–445 (wo weitere Literatur verzeichnet ist). – Zu Giselas Erscheinungsbild vgl. Gesta Chuonradi II c. 4 und KUBACH/HAAS 938. Zur Heirat mit Konrad und zu den beiden vorangegangenen Ehen vgl. R K II e.

34 Thietmari Chron. VII 16 = MGH SS rer. Germ. Nova series 9 (1935) 416.
35 Wipo (Gesta Chuonradi II c. 4) nennt Gisela *dives in praediis*.
36 Hirsch / H. Bresslau, Jbb. (wie Anm. 21) III (1875) 351 Nr. I = MGH Constitutiones I (1893) 638 Nr. 11.
37 Zur Komputation im besonderen und zum Eherecht allg. vgl. U. Stutz, Das Verwandtschaftsbild des Sachsenspiegels und seine Bedeutung für die sächsische Erbfolgeordnung (1890) 12 f. und 25 ff.; J. Freisen, Geschichte des kanonischen Eherechts bis zum Verfall der Glossenliteratur (^{2}1893) 32–37; D. von Keßler, Der Eheprozess Ottos und Irmingards von Hammerstein. Studie zur Geschichte des katholischen Eherechts im Mittelalter (1923) 19–44 (dazu: W. Hörmann, in: Zs. f. Rechtsgesch. Kan. Abt. 13 [1924] 560–565); U. Lewald, Das Eherecht in Bonizos von Sutri Liber de Vita Christiana, in: Zs. f. Rechtsgesch. Kan. Abt. 27 (1938) 560–598, bes. 577–583; W. M. Plöchl, Geschichte des Kirchenrechts I (^{2}1960) 399–406, bes. 403; P. Mikat, Ehe, in: Handwörterbuch zur deutschen Rechtsgesch. 1 (1971) 809–833, bes. 809–820; H.-W. Goetz, Leben im Mittelalter vom 7. bis zum 13. Jahrhundert (^{6}1996) 39–46; D. C. Jackman, Das Eherecht und der frühdeutsche Adel, in: Zs. f. Rechtsgesch., Germ. Abt. 112 (1995) 158–201.
38 Zu Burchard und seiner Kanonessammlung vgl. M. Kerner, Studien zum Dekret des Bischofs Burchard von Worms (1971); Ders. / R. Kaiser, in: Lexikon d. Mittelalters 2 (1983) 946–951 (wo weitere Literatur verzeichnet ist).
39 Chron. VII 62 = MGH SS rer. Germ. Nova series 9 (1935) 476. Zu Thietmar vgl. H. Lippelt, Thietmar von Merseburg. Reichsbischof und Chronist (1973).
40 Zu dieser vgl. F.-R. Erkens, *Fecit nuptias regio, ut decuit, apparatu*. Hochzeitsfeste als Akte monarchischer Repräsentation, in: D. Altenburg u. a. (Hgg.), Feste und Feiern im Mittelalter (1991) 401–421 (wo weitere Literatur verzeichnet ist), bes. 405.
41 Vgl. Anm. 33.
42 Burchardi decretum IX 34 und 39; vgl. dazu Lewald (wie Anm. 37) 570 f.
43 R K II f; vgl. Hlawitschka (wie Anm. 13) 87 ff.; Mohr (wie Anm. 13) 64 f. und 72 f.
44 MGH SS rer. Germ. (31915) 104 (6a).
45 R K II g; vgl. Klaar (wie Anm. 24) 86 und 27 Nr. 30; Jaksch (wie Anm. 6) 164.
46 R K II h. Zum Huldverlust vgl. Hirsch / Breßlau, Jbb. III (wie Anm. 36) 116 mit Anm. 3.
47 MGH Die Urkunden Heinrichs II. (wie Anm. 18) Nr. 427.
48 R K II l.
49 Vgl. Mohr (wie Anm. 13) 74 f. Zum folgenden und zur Rivalität unter den rheinischen Erzbischöfen vgl. E. Boshof, Köln, Mainz, Trier – Die Auseinandersetzung um die Spitzenstellung im deutschen Episkopat in ottonisch-salischer Zeit, in: Jb. d. kölnischen Geschichtsvereins 49 (1978) 19–48, bes. 36 f.
50 Vgl. D. Mertens, Vom Rhein zur Rems. Aspekte salisch-schwäbischer Geschichte, in: Weinfurter (Hg.), Die Salier und das Reich I 221–252, der beachtenswerte Argumente für seine Kombinationen beizubringen vermag (während die ältere Forschung annahm, Konrad d. J. sei kinder- oder zumindest söhnelos gestorben) und der darlegt, daß Konrad d. J. der Stammvater der Grafen von Württemberg gewesen sein könnte.
51 Gesta Chuonradi II c. 2: *Quocirca mihi videtur, si in uno de nobis hic honor coadunatus remanserit, ut alter eiusdem honoris participatione ulterius quodammodo non careat.*
52 Ebd.: *Iunior Chuno ... illum ad dominum et regem elegit, quem rex manu apprehendens fecit illum consedere sibi.*

Mainz: Die Herrscherweihe, S. 42–55

Zum mittelalterlichen Königtum vgl. die von Th. MAYER 1956 herausgegebene Aufsatzsammlung ‚Das Königtum. Seine geistigen und rechtlichen Grundlagen'; E. KAUFMANN, in: Handwörterbuch zur deutschen Rechtsgeschichte 2 (1978) 999–1023; H. H. ANTON, in: Lexikon d. Mittelalters 5 (1991) 1298–1306, und E. BOSHOF, Königtum und Königsherrschaft im 10. und 11. Jahrhundert (²1997), sowie die in diesen Werken verzeichnete Literatur. Zur Königskrönung und ihrem Verlauf vgl. die ‚Quellen zur deutschen Verfassungs-, Wirtschafts- und Sozialgeschichte bis 1250. Ausgewählt und übersetzt von L. WEINRICH, Freiherr vom Stein-Gedächtnisausgabe 32 (1977) 35 Nr. 11a; Gesta Chuonradi II c. 3 und 5; P. E. SCHRAMM, Kaiser, Könige und Päpste III (1969) 59–107 und 126. Zur christozentrischen Königsvorstellung, zum Sakralcharakter des Königtums und zur Theologie und Entstehung der Reichskrone vgl. H. BEUMANN, Die sakrale Legitimierung des Herrschers im Denken der ottonischen Zeit, in: Zs. f. Rechtsgesch. Germ. Abt. 66 (1948) 1–45; E. H. KANTOROWICZ, Die zwei Körper des Königs. „The King's Two Bodies". Eine Studie zur politischen Theologie des Mittelalters (1990; engl. 1957); St. WEINFURTER, Idee und Funktion des „Sakralkönigtums" bei den ottonischen und salischen Herrschern (10. und 11. Jahrhundert), in: R. Gundlach / H. Weber (Hgg.), Legitimation und Funktion des Herrschers (1992) 99–127; F.-R. ERKENS, Der Herrscher als *gotes drút*. Zur Sakralität des ungesalbten ostfränkischen Königs, in: Hist. Jb. 118 (1998) 1–39 (wo die ältere Literatur verzeichnet ist); H. DECKER-HAUFF, Die „Reichskrone", angefertigt für Kaiser Otto I., in: P. E. Schramm, Herrschaftszeichen und Staatssymbolik II (1955) 560–637; J. DEÉR, Kaiser Otto der Große und die Reichskrone, in: ders., Byzanz und das abendländische Herrschertum (1977) 125–177; G. J. KUGLER, Die Reichskrone (1968); R. STAATS, Theologie als Reichskrone (1976); DERS., Die Reichskrone (1991); M. SCHULZE-DÖRRLAMM, Die Kaiserkrone Konrads II. (1024–1039). Eine archäologische Untersuchung zu Alter und Herkunft der Reichskrone (1992); G. WOLF, Die Wiener Reichskrone (1995); H. M. SCHALLER, Die Wiener Reichskrone – entstanden unter König Konrad III., in: Die Reichskleinodien (1997) 58–105, der beachtliche ‚hilfswissenschaftliche' Beobachtungen für eine Spätdatierung der Krone mitteilt. Zur Weigerung Aribos von Mainz, Gisela zu krönen, vgl. WUNDER (wie Anm. 33) 159; BISCHOFF (wie Anm. 33) 302–309; E. BRANDENBURG, Probleme um die Kaiserin Gisela, in: Berichte über die Verhandlungen d. Sächs. Akad. d. Wiss. zu Leipzig, Phil.-hist. Kl. 80, 4 (1928) 3–38, sowie Gesta Chuonradi II c. 4 und 2. K.-U. JÄSCHKE, *Tamen virilis probitas in femina vicit*. Ein hochmittelalterlicher Hofkapellan und die Herrscherinnen – Wipos Äußerungen über Kaiserinnen und Königinnen seiner Zeit, in: K. Herbers u. a. (Hgg.), Ex Ipsis Rerum Documentis. Beiträge zur Mediävistik. Festschrift f. H. Zimmermann zum 65. Geb. (1991) 429–448, bes. 434–437, zieht aufgrund der schmalen und wenig aussagekräftigen Quellenbasis zwar die ansonsten allgemein vermutete Weigerung Aribos, Gisela zu krönen, in Zweifel, kann aber die Verzögerung der Weihe und Wipos dunkle Andeutungen über Vorwürfe, die gegen die Königin erhoben worden seien, nicht schlüssig erklären. Wenn es jedoch Anschuldigungen gegen Gisela gab, woran Wipos Bericht, der mehr verschleiern als erklären will, keinen Zweifel läßt, dann ist die Verschiebung der Krönung am ehesten dadurch zu erklären, daß Aribo auf die gegen Gisela vorgebrachten Argumente reagierte, die Salbung der Königin also letztlich an seiner Haltung scheiterte – und diese Überlegung gilt um so mehr, als es keinen zwingenden Grund dafür gibt, warum die Krönung von König und Königin – auch wenn es im Reich dafür noch kein Beispiel gab – nicht gemeinsam vorgenommen werden sollte.

53 Vgl. K. J. LEYSER, Herrschaft und Konflikt. König und Adel im ottonischen Sachsen (1984) Kap. III.
54 Chronica Sigeberti Gemblacensis a. 1106 = MGH SS 6 (1849) 371 f. Anm. d.
55 Gesta Chuonradi II c. 2.
56 Ebd. c. 5; vgl. H. K. SCHULZE, Königsherrschaft und Königsmythos. Herrscher und Volk

im politischen Denken des Hochmittelalters, in: Festschrift f. B. Schwineköper (1982) 177–186, bes. 179 f.
57 Gesta Chuonradi II c. 3.
58 Ebd. c. 4.
59 Dazu vgl. HLAWITSCHKA (wie Anm. 13) 45–70; VON KEßLER (wie Anm. 37); S. REICKE, Der Hammersteiner Ehehandel im Lichte der mittelalterlichen Herrschaftsordnung, in: Rhein. Vierteljbll. 38 (1974) 203–224; H. MÜLLER, Heribert, Kanzler Ottos III. und Erzbischof von Köln (1977) 187 ff.
60 Rodulfi Glabri Historiarum liber IV 1, publ. par M. PROU (1886) 90 ff.; a cura di G. CAVALLO e G. ORLANDI (1989) 184 ff.
61 Vgl. Anm. 39.
62 Vgl. Anm. 39.
63 Vgl. Anm. 58.
64 Zu den verschiedenen Thesen vgl. BISCHOFF (wie Anm. 33) 305 ff.; A. WOLF, Wer war Kuno ‚von Öhningen'?, in: Dt. Archiv für Erforschung des Mittelalters 36 (1980) 25–83, bes. 82; BRANDENBURG 25 ff. THOMA (wie Anm. 33) 99 und 106 erwägt in Anschluß an HLAWITSCHKA, Untersuchungen 140 f. (in Anm. 114), sogar eine direkte oder indirekte Involvierung Giselas in die Hintergründe, die zur – allerdings nur erschlossenen – Ermordung ihres ersten Gemahls Brun führten; doch rundet sich das Bild letztlich nicht.
65 R K II 4a.
66 Vgl. ebd. und R K II s.
67 Vgl. Anm. 49.
68 R K II o.
69 Vgl. STUTZ sowie F.-R. ERKENS, Der Erzbischof von Köln und die deutsche Königswahl (1987).

Aachen – Minden – Augsburg – Regensburg – Konstanz – Aachen: Der Umritt, S. 56–73.

Zum Umritt vgl. Gesta Chuonradi c. 6 und R. SCHMIDT, Königsumritt und Huldigung in ottonisch-salischer Zeit, in: Vorträge und Forschungen 6 (1961) 97–233; zur Bedeutung des Karlsthrones in Aachen vgl. E. BOSHOF, Aachen und die Thronerhebung des deutschen Königs in salisch-staufischer Zeit, in: Zs. d. Aachener Geschichtsvereins 97 (1991) 5–32; zum Verhalten der Sachsen vgl. W. GIESE, Der Stamm der Sachsen und das Reich in ottonischer und salischer Zeit (1979) bes. 26–32, und W. SCHLESINGER, Die sogenannte Nachwahl Heinrichs II. in Merseburg, in: F. Prinz / F.-J. Schmale / F. Seibt (Hgg.), Geschichte in der Gesellschaft. Festschrift für K. Bosl zum 65. Geb. (1974) 350–369; zum Gandersheimer Streit vgl. H. WOLTER, Die Synoden im Reichsgebiet und in Reichsitalien von 916 bis 1056 (1988) bes. 313–344, und K. GÖRICH, Der Gandersheimer Streit zur Zeit Ottos III., in: Zs. f. Rechtsgesch. Kan. Abt. 79 (1993) 56–94 (wo die ältere Literatur verzeichnet ist); zu den italischen Verhältnissen vgl. Gesta Chuonradi c. 7 sowie W. GOEZ, Grundzüge der Geschichte Italiens in Mittelalter und Renaissance (1975) bes. 61–86; C. BRÜHL, Das „Palatium" von Pavia und die „Honorantiae Civitatis Papiae", in: ders., Aus Mittelalter und Diplomatik I (1989) 138–169 [erstmals 1969]; DERS., Königs-, Bischofs- und Stadtpfalz in den Städten des „Regnum Italiae" vom 9. bis zum 13. Jahrhundert, in: ders. (wie zuvor) 32–51 [erstmals 1974]; H. H. ANTON, Bonifaz von Canossa, Markgraf von Tuszien, und die Italienpolitik der frühen Salier, in: Hist. Zs. 214 (1972) 529–556, und G. GRAF, Die weltlichen Widerstände in Reichsitalien gegen die Herrschaft der Ottonen und der beiden ersten Salier (951–1056) (1936) bes. 82–94. Zum Königreich Burgund und seinem Verhältnis zum Reich vgl. Gesta Chuonradi II c. 8 und die weiter unten verzeichnete Literatur zum Kapitel: „Der Erwerb Burgunds". Zur Opposition gegen den König vgl. Gesta Chuonradi II c. 10 und ERKENS (wie Anm. 4) 354–360 (sowie die hier verzeichnete Literatur).

70 Vgl. Anm. 59.
71 Vgl. Anm. 45.
72 D K II 34.
74 Gesta Chuonradi II c. 1.
75 R K II k, ed. F.-J. SCHMALE, Die Briefe des Abtes Bern von Reichenau (1961) 36 Nr. 10.
76 Vgl. H. BEUMANN, Das Imperium und die Regna bei Wipo, in: ders., Wissenschaft vom Mittelalter (1972) 175–200 [erstmals 1960].
77 DERS., Zur Entwicklung transpersonaler Staatsauffassungen, ebd. 135–174 [erstmals 1956], sowie Th. MAYER, Staatsauffassung in der Karolingerzeit, in: Vorträge und Forschungen 3 (1956) 169–183.
78 Vgl. H. MAURER, Der Herzog von Schwaben (1978) 202 mit Anm. 512 und 514.

Rom: Die Kaiserkrönung, S. 74–116.

Zu den Verhältnissen in Italien, Konrads Romzug und Kaiserkrönung sowie zum Papsttum vgl. neben der im vorhergehenden Kapitel angeführten Literatur auch die Gesta Chuonradi II c. 11–18 und Arnulf von Mailand, Liber gestorum recentium. Hg. von C. ZEY, MGH SS rer. Germ. 67 (1994) 146–150 und 237–252, sowie: Die Ordines für die Weihe und Krönung des Kaisers und der Kaiserin, hg. von R. ELZE, MGH Fontes iuris Germanici Antiqui IX (1960), und: H.-D. KAHL, Der Chronist Arnulf von Mailand und das Problem der italienischen Königsweihen des 11. Jahrhunderts, in: H. Beumann (Hg.), Historische Forschungen für W. Schlesinger (1974) 420–437; H. E. J. COWDREY, Archbishop Aribert II of Milan, in: History 51 (1966) 1–15; J. HALLER, Das Papsttum 2 (²1962); H. FUHRMANN, Von Petrus zu Johannes Paul II. Das Papsttum: Gestalt und Gestalten (²1984); K.-J. HERRMANN, Das Tuskulanerpapsttum (1012–1046). Benedikt VIII., Johannes XIX., Benedikt IX. (1973); T. STRUVE, Kaisertum und Romgedanke in salischer Zeit, in: Dt. Archiv für Erforschung des Mittelalters 44 (1988) 424–454, bes. 425 ff.; E. EICHMANN, Die Kaiserkrönung im Abendland, 2 Bde. (1942); R. FOLZ, Le sacre impérial et son évolution (X^e–XIIIe siècle), in: Le sacre des rois (1985) 89–100; F. KEMPF, Das mittelalterliche Kaisertum, in: Vorträge und Forschungen 3 (1956) 225–242; E. E. STENGEL, Regnum und Imperium. Engeres und weiteres Staatsgebiet im alten Reich, in: ders., Abhandlungen und Untersuchungen zur Geschichte des Kaisergedankens im Mittelalter (1965) 171–205 [erstmals 1930]; P. KEHR, Rom und Venedig bis ins 12. Jahrhundert, in: Quellen u. Forschungen aus it. Archiven u. Bibliotheken 19 (1927) 1–180; M. HELLMANN, Geschichte Venedigs in Grundzügen (³1989); H. SCHMIDINGER, Patriarch und Landesherr (1954); V. v. FALKENHAUSEN, Untersuchungen über die byzantinische Herrschaft in Süditalien vom 9. bis ins 11. Jahrhundert (1967); L. BUISSON, Formen normannischer Staatsbildung (9.–11. Jahrhundert), in: Vorträge und Forschungen 5 (1960) 95–184, bes. 151–159; J. J. NORWICH, Die Wikinger im Mittelmeer (1968); H. HOFFMANN, Die Anfänge der Normannen in Süditalien, in: Quellen u. Forschungen aus it. Archiven u. Bibliotheken 49 (1969) 95–144. Zu Heinrichs III. Königswahl und -krönung vgl. Gesta Chuonradi II c. 23 und die Wipo zugeschriebene Dichtung über diese Feierlichkeit (= SS rer. Germ. [61] [³1915] LVIII und 105 f.) sowie W. GIESE, Zu den Designationen und Mitkönigserhebungen der deutschen Könige des Hochmittelalters (936–1237), in: Zs. f. Rechtsgesch. Germ. Abt. 92 (1975) 174–183, bes. 177; zu seiner Darstellung als *spes imperii* vgl. P. E. SCHRAMM, Kaiser, Könige und Päpste III 305 ff., und zur Brautwerbung in Konstantinopel vgl. Gesta Chuonradi II c. 22 und H. WOLFRAM, Die Gesandtschaft Konrads II. nach Konstantinopel (1027/29), in: Mitt. d. Inst. f. Österr. Gesch. 100 (1992) 161–174; G. WOLFF, Die byzantinisch-abendländischen Heirats- und Verlobungspläne zwischen 750 und 1250, in: Archiv f. Diplomatik 37 (1991) 15–32, sowie W. OHNSORGE, Die Byzanzreise des Erzbischofs Gebhard von Salzburg und das päpstliche Schisma im Jahre 1056, in: ders., Abendland und Byzanz (1979) 342–363, bes. 357 ff. [erstmals 1956]. Zu den Verhältnissen in Byzanz vgl. G. OSTROGORSKY, Geschichte des byzantinischen Staates (³1963) 265-280, und E. GAMILLSCHEG, Zoe und Theodora als Träger dynastischer Vorstellungen in den Geschichtsquellen ihrer Epoche, in: A. v. Euw/P. Schreiner (Hgg.), Kaiserin Theophanu, Bd. II (1991) 397-401. – Zum ‚deutschen' Reichsbegriff (regnum Teutonicum oder Teutonicorum) vgl. E. MÜLLER-MERTENS, Regnum Teutonicum. Aufkommen und Verbreitung der deutschen Reichs- und Königsauffassung im früheren Mittelalter (1970).

79 Vgl. zum folgenden Gesta Chuonradi II c. 19, 20, 25, 27, 28.
80 Vgl. B. KÜRBIS, Die Epistola Mathildis Suevae an Miesko II. in neuer Sicht, in: Frühmittelalterliche Studien 23 (1989) 318-343, sowie das Kapitel „Das Verhältnis zu den östlichen Randstaaten des Reiches" (S. 150-157).
81 R K II 106 = D K II 103.
82 Vgl. die Zeugenliste von D K II 124 = R K II 127.
83 R K II 145 = D K II 140.
84 Gesta Chuonradi II c. 28.
85 Vgl. H. SZKLENAR / H. J. BEHR, Herzog Ernst, in: Verfasserlexikon III (1981) 1170-1191.
86 R K II 158c.
87 Über diesen Vorfall berichten nur Quellen, die eine mailändische Tendenz verfolgen und nicht in allen Einzelheiten vertrauenswürdig sind, das Ereignis selbst aber wohl korrekt schildern: Arnulf von Mailand II 3-5 = MGH SS rer. Germ. 67 (1994) 148 f. und ebd. 249-252; vgl. dazu KAHL, Arnulf von Mailand, 429-434.
88 Vgl. A. R. RUMBLE (Hg.), The Reign of Cnut: King of England, Denmark and Norway (1991).
89 R K II 48b; vgl. dazu insgesamt E. HOFFMANN, Beiträge zur Geschichte der Beziehungen zwischen dem deutschen und dem dänischen Reich für die Zeit von 934 bis 1035, in: Chr. Radtke/W. Körber (Hgg.), 850 Jahre St.-Petri-Dom zu Schleswig. 1134-1984 (1984) 105-132, bes. 123-127.
90 EICHMANN, Kaiserkrönung I 218.
91 R K II 73d.
92 R K II 225c.
93 Vgl. W. HARTMANN, Die Synoden der Karolingerzeit im Frankenreich und in Italien (1989) 177f.
94 D K II 205.
95 R K II 134 und 135 = D K II 131 (1028 Sept. 11) und 132 (1028 Okt. 9).
96 R K II 95 = D K II 92.
97 Vgl. Anm. 73.
98 R K II 106a.
99 R K II 106b.
100 Gesta Chuonradi II c. 21; R K II 112a.
101 Vgl. dazu B. MERTA, Die Titel Heinrichs II. und der Salier, in: H. Wolfram/A. Scharer (Hgg.), Intitulatio III (1988) 163-200, bes. 172-181; H. BEUMANN, Der deutsche König als „Romanorum rex" (1981), und W. CHR. SCHNEIDER, Heinrich II. als „Romanorum Rex", in: Quellen u. Forschungen aus it. Archiven u. Bibliotheken 67 (1987) 421-446.
102 B. KLUGE, Deutsche Münzgeschichte von der späten Karolingerzeit bis zum Ende der Salier (1991) 47 und 161 Nr. 113.
103 Ebd. 51, 81 und 171 Nr. 143.
104 R K II 150 = D K II 144.

II. Teil: Herrschaft und Reich

Wesen und Praxis königlicher Herrschaft, S. 119–149

Das von der älteren Forschung entworfene, stark an modernen Staatsvorstellungen orientierte Bild vom mittelalterlichen Reich und Königtum, an dem etwa – um nur zwei Namen zu nennen – G. WAITZ, Deutsche Verfassungsgeschichte, Bd. 1–8 (⁴1953–1956), und H. MITTEIS, Der Staat des hohen Mittelalters (⁴1953 sowie zahlreiche Nachdrucke), entscheidend mitmodelliert haben, ist in den letzten Jahrzehnten grundlegend verändert worden. Dabei ist bei der Deutung des mittelalterlichen Staatswesens durch die Historiker anstelle eines starren anstaltsstaatlich orientierten Ordnungssystems ein elastisches, von Regeln, Normen und Gewohnheiten geprägtes Bezugssystem unterschiedlicher Gewalten gesetzt worden, das dem Verständnis der ‚unstaatlichen' Verhältnisse des Mittelalters wohl besser gerecht wird: Vgl. dazu neben der schon angeführten Arbeit von J. FRIED die Aufsatzsammlung von G. ALTHOFF, Spielregeln der Politik im Mittelalter (1997). Zum Königtum selbst vgl. auch die zum Kapitel „Mainz: Die Herrscherweihe" verzeichnete Literatur (S. 227) sowie ST. WEINFURTER, Zur „Funktion" des ottonischen und salischen Königtums, in: M. Borgolte (Hg.), Mittelalterforschung nach der Wende (1995) 349–361. Zum Königshof und den Hofämtern sowie zur Hofkapelle und -kanzlei vgl. W. RÖSENER, Hofämter an mittelalterlichen Fürstenhöfen, in: Dt. Archiv für Erforschung des Mittelalters 45 (1989) 485–550, bes. 496–507; J. FLECKENSTEIN, Die Hofkapelle der deutschen Könige II: Die Hofkapelle im Rahmen der ottonisch-salischen Reichskirche (1966); H. BREßLAU, Handbuch der Urkundenlehre I (²1912); W. ERBEN, Die Kaiser- und Königsurkunden des Mittelalters (1907), sowie W. HUSCHNER, Über die politische Bedeutung der Kanzler für Italien in spätottonisch-frühsalischer Zeit (1009–1057), in: Archiv f. Diplomatik 41 (1995) 31–47, und D. LÜCK, Die Kölner Erzbischöfe Hermann II. und Anno II. als Erzkanzler der Römischen Kirche, in: ebd. 16 (1970) 1–50. Zum Itinerar des Königs vgl. neben dem unter der allgemeinen Literatur genannten Werk von MÜLLER-MERTENS und HUSCHNER auch noch H. J. RIECKENBERG, Königsstraße und Königsgut in liudolfingischer und frühsalischer Zeit (919–1056), in: Archiv für Urkundenforschung 17 (1941/42) 32–154, bes. 95–117; TH. MAYER, Das deutsche Königtum und sein Wirkungsbereich, in: ders., Mittelalterliche Studien (1959) 28–44 [erstmals 1941]; C. BRÜHL, Fodrum, Gistum, Servitium regis, 2 Bde. (1968), und M. REINKE, Die Reisegeschwindigkeit des deutschen Königshofes im 11. und 12. Jahrhundert nördlich der Alpen, in: Blätter f. dt. Landesgesch. 123 (1987) 225–251; zum *servitium regis* vgl. B. HEUSINGER, Servitium regis in der deutschen Kaiserzeit, in: Archiv für Urkundenforschung 8 (1923) 26–159, und W. METZ, Das Servitium Regis (1978).

105 MGH SS rer. Germ. [60] (51935) 152 f. (III 75).
106 MGH SS 11 (1854) 190 (vita prior c. 31).
107 Gesta Chuonradi II c. 4. Vgl. dazu und zum folgenden K.-U. JÄSCHKE, Notwendige Gefährtinnen. Königinnen der Salierzeit als Herrscherinnen und Ehefrauen im römisch-deutschen Reich des 11. und beginnenden 12. Jahrhunderts (1991), sowie F.-R. ERKENS, Die Frau als Herrscherin in ottonisch-frühsalischer Zeit, in: A. v. Euw / P. Schreiner (Hgg.), Kaiserin Theophanu, Bd. II (1991) 245–259.
108 De ordine palatii. Hg. und übersetzt von TH. GROSS und R. SCHIEFFER, MGH Fontes iuris Germanici antiqui 3 (1980) 72/74 (Z. 360–372).
109 Vgl. dazu R K II 225d, ed. W. BULST, Die ältere Wormser Briefsammlung Nr. 27 = MGH Die Briefe der deutschen Kaiserzeit 3 (1949) 49, sowie JAKSCH (wie Anm. 6) 177–180; KLAAR (wie Anm. 24) 90–96; I. HEIDRICH, Die Absetzung Herzog Adalberos von Kärnten durch Kaiser Konrad II. 1035, in: Hist. Jb. 91 (1971) 70–94; A. KRAH, Absetzungsverfahren als Spiegelbild von Königsmacht (1987) 355–359, und zur rechtshistorischen Interpretation H. MITTEIS, Politische Prozesse des früheren Mittelalters in

Deutschland und Frankreich (²1974) bes. 27–31 [erstmals 1927]. Zur königlichen Eidleistung vgl. auch W. GOEZ, „... iuravit in anima regis": Hochmittelalterliche Beschränkungen königlicher Eidesleistung, in: Dt. Archiv f. Erforschung des Mittelalters 42 (1986) 517–554.
110 R K II 227 = D K II 219.
111 R K II 112b.
112 La chronique d'Enguerran de Monstrelet en deux livres avec pièces justificatives 1400–1444, Tome I, publ. par L. DOUET-D'ARCQ (1857) 156 (c. 36). Vgl. dazu F. AUTRAND, Charles VI. La folie du roi (1986) 349 und 351, sowie allg. B. GUENÉE, Un meurtre, une société. L'assassinat du duc d'Orléans, 23 novembre 1407 (1992), und J. EHLERS, Ludwig von Orléans und Johann von Burgund (1407/1419). Vom Tyrannenmord zur Rache als Staatsraison, in: A. Demandt (Hg.), Das Attentat in der Geschichte (1996) 107–121.
113 R K II 109b.
114 Vgl. Anm. 81.
115 Vgl. dazu die entsprechende, zu den Kapiteln „Rom: Die Kaiserkrönung" und „Konflikte in Italien" genannte Literatur (S. 229 f. und 233 f.) sowie R K II 244d-i, 252a, 254b–g.
116 Vgl. S. HIRSCH / H. PABST, Jbb. (wie Anm. 21) II (1864), 370 und 439 f. (vgl. D K II 54).
117 Vgl. ST. WEINFURTER, Die Geschichte der Eichstätter Bischöfe des Anonymus Haserensis (1987) 54 f. (c. 25).
118 Chronicon Herimanni Augiensis a. 1036 = SS 5 (1844) 122.
119 Vgl. Anm. 56.
120 M. KIEM, Das Kloster Muri im Kanton Argau (1883): Acta Murensia oder Acta Fundationis 68 Nr. 22 = G. FRANZ, Quellen zur Geschichte des deutschen Bauernstandes im Mittelalter (1967) 134 Nr. 54. Vgl. dazu und zum folgenden SCHULZE (wie Anm. 56) 178 f. und 182–186.
121 Vgl. Anm. 54.
122 Annalista Saxo a. 968 = MGH SS 6 (1844) 622.

Das Verhältnis zu den östlichen Randstaaten des Reiches, S. 150–157

Zu den ostmitteleuropäischen Staatswesen vgl. G. RHODE, Geschichte Polens (³1980); J. K. HOENSCH, Geschichte Polens (²1990); B. HOMAN, Geschichte des ungarischen Mittelalters I (1940); TH. V. BOGYAY, Grundzüge der Geschichte Ungarns (⁴1990); P. MORAW, Das Mittelalter, in: F. Prinz (Hg.), Deutsche Geschichte im Osten Europas. Böhmen und Mähren (1993) 24–178, bes. 43 ff.; zu den elbslawischen Stämmen vgl. W. BRÜSKE, Untersuchungen zur Geschichte des Lutizenbundes (²1983); zum Kiewer Reich vgl. G. STÖKL, Russische Geschichte (⁵1990) 84–93; zu den Beziehungen des Reiches zu diesen Ländern vgl. I. SCHEIDING-WULKOPF, Lehnsherrliche Beziehungen der fränkisch-deutschen Könige zu anderen Staaten vom 9. bis zum Ende des 12. Jahrhunderts (1948); H. JÄGER, Rechtliche Abhängigkeitsverhältnisse der östlichen Staaten vom Fränkisch-Deutschen Reich (1960); H. J. LANG, The fall of the monarchy of Mieszko II, Lambert, in: Speculum 49 (1974) 623–639; E. BOSHOF, Das Reich und die Ungarn in der Zeit der Salier, in: Ostbair. Grenzmarken 28 (1986) 178–194; DERS., Das Salierreich und der europäische Osten, in: F. Staab (Hg.), Auslandsbeziehungen unter den salischen Kaisern (1994) 167–192; M. NIKOLAY-PANTER, Königin Richeza, in: Rhein. Lebensbilder 12 (1991) 25–46. Zu der Einrichtung des ungarischen und polnischen Königtums und den damit verknüpften Plänen Ottos III. vgl. J. FRIED, Otto III. und Boleslaw Chrobry (1989), sowie G. ALTHOFF, Otto III. (1996); zur Forschungsgeschichte der ‚Ostpolitik' vgl. DERS., Die Beurteilung der mittelalterlichen Ostpolitik als Paradigma für zeitgebundene Geschichtsbewertung, in: ders. (Hg.), Die Deutschen und ihr Mittelalter (1992) 147–164. Zu den einzelnen Ereignissen vgl. R K II 117b, 147b, 150a,

179a, 186a, 196a und 237b (bezüglich Polens); 142b, 158a/b und 172a (bezüglich Ungarns); 195a, 210b, 212a und 225e (bezüglich Böhmens) sowie 20a, 134b, 135b, 210a, 225b, 229a, 240b und 293a (hinsichtlich der Elbslawen) sowie die Gesta Chuonradi II c. 9, 29 (bezüglich Polens), 26 (bezüglich Ungarns), 33 (bezüglich Böhmens und der Elbslawen).

123 Gesta Chuonradi II c. 9.
124 Ebd. c. 33.
125 Ebd.

Der Erwerb Burgunds, S. 158–171

Zu Burgund vgl. R. POUPARDIN, Le royaume de Bourgogne (1907); A. HOFMEISTER, Deutschland und Burgund im früheren Mittelalter (1914); F. BAETHGEN, Das Königreich Burgund in der deutschen Kaiserzeit des Mittelalters, in: ders., Mediaevalia I (1960) 25–50 [erstmals 1942]; L. BOEHM, Geschichte Burgunds (²1979); C. BRÜHL, Deutschland – Frankreich (²1995); B. RESMINI, Das Arelat (1980); A. BECKER, Beobachtungen zur Geschichte der Provence in der Salierzeit (1032–1125), in: K. Herbers u. a. (Hgg.), Ex Ipsis Rerum Documentis. Beiträge zur Mediävistik. Festschrift f. H. Zimmermann (1991) 449–457; MGH Die Urkunden der burgundischen Rudolfinger. Bearb. von TH. SCHIEFFER (1977; dazu vgl. E. HLAWITSCHKA, Die Königsherrschaft der burgundischen Rudolfinger, in: ders., Stirps regia [1988] 299–311 [erstmals 1980]); speziell zur Angliederung an das Reich vgl. H.-D. KAHL, Die Angliederung Burgunds an das mittelalterliche Imperium. Zum geschichtlichen Hintergrund des Schatzfundes von Corcelles-près-Payerne, in: Schweizerische Numismatische Rundschau 48 (1969) 13–105, und R. SCHMIDT, Königsumritt 188–220, sowie R K II 112a, 186a, 189b/c, 192a–c, 194b, 195a, 206a, 209a, 222a–d, 254e, 264a, 291b und die Gesta Chuonradi II c. 21, 29–32 und 38.

126 Vgl. Anm. 100.
127 Die entgegenstehende Behauptung des Mönches Rodulf Glaber (III 38 [wie Anm. 60] ed. PROU 86; a cura di CAVALLO/ORLANDI 184; vgl. dazu BRÜHL, Deutschland – Frankreich 685 mit Anm.455) verdient wenig Vertrauen.
128 Gesta Chuonradi II c. 30.
129 Ann. Sangall. a. 1034. = MGH SS 1 (1826) 83: ... *in festivitate sancti Petri ad Vincula coronatus producitur, et in regnum Burgundionum rex eligitur.*
130 MGH SS rer. Germ. Nova Series 9 (1935) 234 (VII 30).
131 R K II 279 = D K II 265.
132 R K II 222c.
133 Gesta Chuonradi II c. 38.
134 D K II 278 (1038 Dez. 11) und 279 (1039 Mai 1).
135 Vgl. E. STEINDORFF, Jahrbücher des deutschen Reichs unter Heinrich III., Bd. I (1874) 44.
136 Vgl. KAHL 70–77 und 97–102.
137 Vgl. Anm. 130.
138 Vgl. dazu etwa C. ERDMANN, Forschungen zur politischen Ideenwelt des Frühmittelalters (1951) 1–51.

Konflikte in Italien, S. 172–189

Vgl. außer der zum Kapitel „Rom: Die Kaiserkrönung" verzeichneten Literatur (S. 229 f.) auch H. KELLER, Adelsherrschaft und städtische Gesellschaft in Oberitalien (9.–12. Jahrhundert) (1979), sowie Gesta Chuonradi II c. 34–37; Arnulf von Mailand, Liber gestorum recentium II 10–17 = MGH SS rer. Germ. 67, 154–162, und R K II 244b–291.

139 Gesta Chuonradi II c. 34.
140 Vgl. dazu und zum folgenden ERKENS (wie Anm. 40) 418–421 mit Anm. 131.
141 In den Gesta Chuonradi II c. 35 heißt es, König Heinrich habe Gunhild 1036 zur Königin weihen lassen und zur Ehe genommen: ... *Chunelindem pro regina consecratam regalibus nuptiis in coniugium duxit.*
142 Gesta Chuonradi II c. 35.
143 Vgl. BRESSLAU, Jbb. II 232 f. (mit Anm. 1 auf S. 233).
144 Vgl. die entsprechenden Ausführungen im Kapitel „Wesen und Praxis königlicher Herrschaft".
145 R K II 254 = D K II 244.
146 Vgl. die Gesta Chuonradi II c. 6.
147 Storica de'Normanni di Amato di Montecassino volgarizzata in antico francese a cura di V. DE BARTHOLOMAEIS, Fonti per la storia d'Italia 76 (1935) 63 (II 6: ... *et lo fist fill adoptive*...). Obschon diese Nachricht in der neueren Literatur gelegentlich für glaubwürdig gehalten wird (vgl. etwa H. TAVIANI-CAROZZI, La principauté lombarde de Salerne [IXe-XIe siècle]. Pouvoir et société en Italie lombarde méridionale II [1991] 921), ist wohl eher an BREßLAUS Urteil (Jbb. II 310 Anm. 6) festzuhalten, der die nur in einer spätmittelalterlichen Übersetzung überlieferte Nachricht eines Geschichtswerks aus der zweiten Hälfte des 11. Jahrhunderts am ehesten für eine reine „Phrase" hält.
148 Vgl. W. WÜHR, Die Wiedergeburt Montecassinos unter seinem ersten Reformabt Richer aus Niederaltaich († 1055), in: Studi Gregoriani 3 (1948) 369–448.
149 Vgl. G. ALTHOFF, Gebetsgedenken für Teilnehmer an Italienzügen. Ein bisher unbeachtetes Trienter Diptychon, in: Frühmittelalterliche Studien 15 (1981) 36–67, bes. 41.

III. Teil: Pompe funèbre, S. 193–217

Vgl. R K II 296 b/c; Gesta Chuonradi II c. 39 sowie allg. PH. ARIES, Geschichte des Todes (dt. 1980 u. ö.); N. OHLER, Sterben und Tod im Mittelalter (1990 u. ö.); A. BORST u. a. (Hgg.), Tod im Mittelalter (^{2}1995) [darin besonders 9–24 (A. PATSCHOVSKY, Tod im Mittelalter) und 59–75 (H. M. SCHALLER, Der Kaiser stirbt)]; H.-H. KORTÜM, Menschen und Mentalitäten (1996) Kap. X; A. LANZER, Herrschertod in Brauchtum und Recht, in: Forschungen zur Rechtsarchäologie und rechtlichen Volkskunde 5 (1983) 99–133; H. SCHIPPERGES, Die Kranken im Mittelalter (^{3}1993); A. ANGENENDT, Geschichte der Religiosität im Mittelalter (1997); L. BORNSCHEUER, Miseriae regum. Untersuchungen zum Krisen- und Todesgedanken in den herrschaftstheologischen Vorstellungen der ottonisch-salischen Zeit (1968), und W. GOEZ, Die Einstellung zum Tode im Mittelalter, in: Der Grenzbereich zwischen Leben und Tod (1976) 111–153; D. SCHÄFER, Mittelalterlicher Brauch bei der Überführung von Leichen, in: Sitzungsberichte d. Preuß. Akad. d. Wiss., phil.-hist. Kl. (1920) 478–498. Zu Konrads Verhältnis zur Kirche vgl. neben den grundlegenden Arbeiten von TH. SCHIEFFER und H. HOFFMANN auch H. J. VOGT, Konrad II. im Vergleich zu Heinrich II. und Heinrich III. (Diss. Frankfurt a. M. 1957), und K. J. BENZ, Kaiser Konrad II. und die Kirche, in: Zs. f. Kirchengesch. 88 (1977) 190–217. Zur Klosterpolitik vgl. H. SEIBERT, Libertas und Reichsabtei. Zur Klosterpolitik der salischen Herrscher, in: Weinfurter (Hg.), Die Salier und das Reich II 503–569, bes. 516–524, sowie zur Ministerialität vgl. K. BOSL, Die Reichsministerialität der Salier und Staufer, 2 Bde. (1950/51), und TH. ZOTZ, Die Formierung der Ministerialität, in: Weinfurter (Hg.), Die Salier und das Reich III 3–50. Zum Erwerb von Reichsgut und dem haushälterischen Umgang mit dem Reichsbesitz vgl. H. KRABUSCH, Untersuchungen zur Geschichte des Königsgutes unter den Saliern (Diss. phil. masch. Heidelberg 1949).

150 Ann. Hildesheimenses a. 1039 = MGH SS rer. Germ. [8] (1878) 43.
151 Liber gestorum recentium II 14 = MGH SS rer. Germ. 67, 160.
152 Ann. Hildesheimenses a. 1039 = MGH SS rer. Germ. [8], 44.
153 R K II 222i.
154 So Bresslau, Jbb. II 422.
155 K. Hampe, Deutsche Kaisergeschichte in der Zeit der Salier und Staufer (^{12}1969) 7.
156 A. Fliche, La Réforme grégorienne 1 (1924) 101, unter Bezug auf Rodulfus Glaber (IV 1 [wie Anm. 60]: *fide non multum firmus*), der Konrad allerdings nicht als gott- und glaubenslos, sondern als wenig zuverlässig darstellt.
157 R K II 4 = D K II 4.
158 Vgl. M. Groten, Von der Gebetsverbrüderung zum Königskanonikat, in: Hist. Jb. 103 (1983) 1–34, bes. 15 ff.; H. Boockmann, Eine Urkunde Konrads II. für das Damenstift Obermünster in Regensburg, in: L. Fenske u. a. (Hgg.), Institutionen, Kultur und Gesellschaft im Mittelalter. Festschrift für J. Fleckenstein (1984) 207–219; J. Wollasch, Kaiser und Könige als Brüder der Mönche, in: Dt. Archiv für Erforschung des Mittelalters 40 (1984) 1–20, bes. 4.
159 Gesta Chuonradi II c. 8.
160 Vgl. dazu vor allem das unter der allgemeinen Literatur verzeichnete Buch von Hoffmann über den ‚Mönchskönig und *rex idiota'*.
161 Vgl. Anm. 30.
162 MGH SS 7 (1846) 128 (app. c. 17) = MGH SS rer. Germ. [21] (1846) 100 (App. c.) = Chronicon Novalicense App. c. 17, ed. C. Cipolla, Monumenta Novalicensia vetustiora 2 (= Fonti per la storia d'Italia 32, 1901) 304; dazu vgl. H. Grundmann, Litteratus – illitteratus. Der Wandel einer Bildungsnorm vom Alterum zum Mittelalter, in: ders., Ausgewählte Aufsätze 3 (1978) 1–66, bes. 12 f. [erstmals 1958].
163 R K II 1 = D K II 1.
164 Zu diesem vgl. D. Schäfer, Studien zu Poppo von Stablo und den Klosterreformen im 11. Jahrhundert (Diss. phil. München 1991), und immer noch P. Ladewig, Poppo von Stablo und die Klosterreformen unter den ersten Saliern (1883).
165 Vgl. dazu und zum folgenden Wolter 353–424.
166 Vgl. Hoffmann 124.
167 Ebd. 145.
168 R K II 296c; vgl. dazu K. Schmid, Die Sorge der Salier um ihre Memoria, in: ders./ J. Wollasch (Hgg.), Memoria. Der geschichtliche Zeugniswert des liturgischen Gedenkens im Mittelalter (1984) 666–726, bes. 689 f.
169 Hoffmann 144.
170 Die ältere Wormser Briefsammlung (wie Anm. 109) 29 Nr. 13.
171 Vgl. dazu K. J. Benz, Kaiser Konrad II. (1024–1039) als kirchlicher Herrscher. Der Straßburger Adventsstreit und die Synode von 1038 im Kloster Limburg an der Haardt, in: Archiv f. Liturgiewiss. 20/21 (1978/79) 56–80.
172 Vgl. A. Amiet, Die liturgische Gesetzgebung der deutschen Reichskirche in der Zeit der sächsischen Kaiser 922–1023, in: Zs. f. schweizerische Kirchengesch. 70 (1976) 1–106 und 209–307, bes. 223–227.
173 Vgl. Erkens (wie Anm. 4) 346–353.
174 Ein späterer Konflikt mit Gottfried dem Bärtigen gehört in einen anderen Kontext; vgl. dazu E. Boshof, Lothringen, Frankreich und das Reich in der Regierungszeit Heinrichs III., in: Rhein. Vierteljbll. 42 (1978) 63–127.
175 Vgl. Anm. 146.
176 Die von Konrad darüber ausgestellte Urkunde ist verlorengegangen, ihr (freilich nicht völlig unumstrittener) Inhalt jedoch wird in dem Diplom Friedrich Barbarossas vom 1. Januar 1158 referiert: MGH Die Urkunden Friedrichs I. Hg. von H. Appelt, Teil 1 (1975) Nr. 200.
177 Vgl. Hoffmann 142 f.

178 Vgl. Anm. 146.
179 R K II 224 = D K II 216; vgl. dazu P. Spieß, Das Limburger Hofrecht, in: G. Köbler (Hg.), Wege europäischer Rechtsgeschichte. K. Kroeschell zum 60. Geb. (1987) 468–485.
180 R K II 145 = D K II 140.
181 Vita Bardonis auctore Vulculdo c. 5 = MGH SS 11 (1854) 320.
182 R K II 222 = D K II 214. Zum Besitz von unfreien Dienstleuten vgl. auch R K II 29 = D K II 29 (1025 Mai 6) und MGH Die Urkunden Heinrichs III. Hg. von H. Bresslau und P. Kehr (1926–1931) Nr. 223 (1048 Okt. 2).
183 Vgl. Anm. 146.
184 Zu Karl dem Großen vgl. die entsprechenden Kapitel in den Darstellungen von J. Fried, Der Weg in die Geschichte (1994), und R. Schieffer, Die Karolinger (^{2}1997).
185 MGH Poetae latini I (1881) 360–363 (Angilberti carm. II): *David* [= Karl der Große] *amat versus*.
186 MGH Die Urkunden Heinrichs III. (wie Anm. 182) Nr. 43–45.
187 Ebd. Nr. 1 und 2 (beide: 1039 Juni 22).
188 Vita Annonis III 16 = MGH SS 11 (1854) 505 f.; vgl. dazu Monumenta Annonis (1975) 25 und 41 f.
189 Vgl. neben Kubach/Haas vor allem C. Ehlers, Metropolis Germaniae. Studien zur Bedeutung Speyers für das Königtum (1996), sowie W. Noack, Stadtbaukunst und geistlich-weltliche Repräsentation im XI. Jahrhundert, in: Festschrift K. Bauch (1957) 29–49, bes. 37–41, und I. Heidrich, Die Bischöfe von Speyer in der Salierzeit und der Dombau, in: Rhein. Vierteljbll. 55 (1991) 1–20, aber auch St. Weinfurter, Herrschaftslegitimation und Königsautorität im Wandel: Die Salier und ihr Dom zu Speyer, in: ders. (Hg.), Die Salier und das Reich I 55–96.
190 Historia ecclesiastica XII 43, ed. M. Chibnall, The Ecclesiastical History of Ordericus Vitalis 6 (1980) 360. Zur Bezeichnung der Stadt als *vaccina* durch Walther von Speyer, der möglicherweise später Bischof der Stadt wurde, vgl. MGH Poetae latini 5 (1937–1939) 12.
191 Die endgültige Beisetzung in der Krypta des Domes fand allerdings vielleicht erst im Dezember 1041 statt; vgl. dazu P. Rück, Bildberichte vom König (1996) 32–35.
192 Herimanni Augiensis Chronicon a. 1043 = MGH SS 5 (1844) 123.

Statt eines Vorworts, S. 219–221

Zur Problematik, den Charakter eines (früh)mittelalterlichen Menschen zu erfassen und seine Persönlichkeit biographisch darzustellen, vgl. etwa G. Tellenbach, Der Charakter Kaiser Heinrichs IV. Zugleich ein Versuch über Erkennbarkeit menschlicher Individualität im hohen Mittelalter, in: G. Althoff u. a. (Hgg.), Person und Gemeinschaft im Mittelalter. K. Schmid z. 65. Geb. (1988) 345–367.

193 H. Müller, Heribert, Kanzler Ottos III. und Erzbischof von Köln, in: Rhein. Vierteljbll. 60 (1996) 16–64, bes. 64.
194 Zu dieser Problematik vgl. etwa die Ausführungen von J. Fried, Wissenschaft und Phantasie. Das Beispiel der Geschichte, in: Hist. Zs. 263 (1996) 291–316.

Ergänzende Bildbeschreibungen

S. 100 Bleitafel aus dem Sarg Konrads II. mit der Inschrift:
Anno Dominice incarnationis MXXXVIIII, indictione VII, II nonas iunii secundus Chuonradus Romanorum imperator augustus regni XV imperii vero XIII feliciter obiit et filius eius Heinricus tertius rex in regnum successit sepultus vero est V nonas iulii presente filio suo.
(Im Jahr der Menschwerdung des Herrn 1039, in der 7. Indiktion, verstarb selig am 4. Juni der zweite Konrad der erhabene Kaiser der Römer im 15. Jahre seines Königtums, im 13. Jahre seines Kaisertums, und sein Sohn König Heinrich der Dritte folgte ihm in der Regierung. Er ist begraben worden am 3. Juli in Gegenwart seines Sohnes.)

S. 101 Bleitafel aus dem Sarg der Kaiserin Gisela mit der Inschrift:
Anno dominicae incarnationis D CCCC XCVIIII III Idus Novembris feliciter nata Gisila imperatrix Cuonradi imperatoris coniux mater piissimi regis Henrici tercii in imperio cum viro suo XIIII annis mensibus VIIII diebus XVII vixit in viduitate aut III annis mensibus VIII diebus X domino serviens ex huius vite laboribus anno dominicae incarnat. MXLIII indictione XI kal. XV. mart. felicius ad dominum migravit V. enim idus martias sepulta ab episcopo Sigebodone Spirensi in eadem civitate prensente filio suo Henrico asstantibus (sic) et cooperantibus archiepiscopo Bartone Maguntino et suis suffraganeis Hazechone Wormaciensi. Wilhelmo Strazburgensi. Eppone Constanciensi. Burchardo Halberstadensi. Ruodolfo Baderbrunnensi. Dietmaro Cu(riensi).
(Im Jahre der Fleischwerdung des Herrn 999, am 11. November, ist die Kaiserin Gisela glücklich geboren worden, die Gattin Kaiser Konrads (II.), die Mutter des sehr frommen König Heinrich des Dritten. Sie hat mit ihrem Mann in der Herrschaft 14 Jahre, 9 Monate, 17 Tage gelebt, im Witwenstande aber 3 Jahre, 8 Monate, 10 Tage, dem Herrn dienend. Aus der Mühsal dieses Lebens ist sie im Jahre der Fleischwerdung des Herrn 1043, in der 11. Indiktion, am 15. Februar selig zum Herrn eingegangen und am 11. März begraben worden vom Bischof Sigebodo von Speyer in dieser Stadt, in Gegenwart ihres Sohnes Heinrich (III.), in Anwesenheit und unter Mitwirkung des Erzbischofs Bardo von Mainz und seiner Suffraganbischöfe Hazecho von Worms, Wilhelm von Straßburg, Eppo von Konstanz, Burkhard von Halberstadt, Rudolf von Paderborn, Dietmar von Chur.)
Das Geburtsjahr (DCCCCXCVIIII = 999) ist offenkundig falsch angegeben und muß wohl zu 990 korrigiert werden.

Zeittafel

um 990	Geburt Konrads II.
990 Nov. 11/13	Geburt Giselas
1002 Jan. 24	Tod Ottos III.
Juni 7	Wahl Heinrichs II.
1004 Nov. 4	Tod Ottos von Worms
1015	Ernst (II.), Sohn der Gisela aus ihrer Ehe mit Ernst I. von Schwaben, wird Herzog von Schwaben
wahrsch. 1016	Vermählung mit Gisela
1017 Aug. 27	Kampf gegen Herzog Gottfried I. von Niederlothringen
Okt. 28	Geburt Heinrichs III.
1019	Ulm: Kampf gegen Herzog Adalbero von Kärnten
1024 April 9	Tod Papst Benedikts VIII.
Juli 13	Grone: Tod Kaiser Heinrichs II.
Sept. 4	Kamba: Königswahl Konrads II.
Sept. 8	Mainz: Krönung Konrads II. durch Erzbischof Aribo
Sept. 21	Köln: Krönung Giselas durch Erzbischof Pilgrim
Dez. 25	Minden: Weihnachtshoftag und Huldigung durch die sächsischen Großen
1025 Juni 6	Konstanz: Zusammentreffen mit der Gesandtschaft aus Pavia
Juni 17	Tod Bolesławs I. Chrobry von Polen
Ende Juni	Basel: Investitur des Bischofs Udalrich
Sommer	Aufstand Herzog Ernsts II. von Schwaben, Konrads d. Jüngeren, Welfs II. und Herzog Friedrichs II. von Oberlothringen
Dez. 25	Aachen: Weihnachtshoftag und Huldigung durch die lothringischen Großen
1026 Feb.	Designation Heinrichs (III.) zum Nachfolger, Beginn des 1. Italienzuges;
Herbst	2. Aufstand Ernsts II. (zusammen mit Welf II.)
1027 März 26	Rom: Kaiserkrönung durch Papst Johannes XIX. in Anwesenheit der Könige Knut d. Gr. von England und Dänemark und Rudolf III. von Burgund
Juni	Regensburg: Hoftag, Erhebung Heinrichs (III.) zum Herzog von Bayern
Juli	Ulm: Hoftag, Unterwerfung und Absetzung Ernsts II.
Sept. 23–24	Frankfurt: Synode, auf der die Hammersteiner Ehefrage beigelegt wurde
Sept.	Unterwerfung Konrads d. J.
1028 April 14	Aachen: Wahl und Krönung Heinrichs III.
vor Juli 1	Begnadigung Ernsts II. und Wiedereinsetzung als Herzog von Schwaben
1029 Sommer/Herbst	Feldzug gegen Mieszko II. von Polen

1030	März 29	Ingelheim: Ächtung (und 3. Aufstand) Herzog Ernsts II.
	Mai 17	Merseburg: Pfingsthoftag und Beilegung des Gandersheimer Streites
	Sommer	Feldzug gegen Ungarn
	Aug. 17	Tod Ernsts II.
1031		Heinrich III. schließt Frieden mit Ungarn
		Feldzug gegen Polen
1032	Sept. 6	Tod König Rudolfs III. von Burgund
	Okt. 20/21	Tod Papst Johannes XIX., Erhebung seines Neffen Benedikt IX.
1033	Feb. 2	Peterlingen: Wahl und Krönung Konrads II. zum burgundischen König
	Ende Mai	Deville/Maas: Zusammentreffen Konrads II. mit König Heinrich I. von Frankreich
	Juli 7	Merseburg: Friedensschluß mit Mieszko II. von Polen, der auf die Königswürde verzichtet
	Herbst	Feldzug gegen Odo II. von Blois-Champagne
1034	Sommer	Feldzug in Burgund
	Aug. 1	Genf: Huldigung durch burgundische Große
1035	Mai	Bamberg: Verlobung Heinrichs III. mit Gunhild/Kunigunde, der Tochter Knuts d. Gr. von England und Dänemark, Sturz Herzog Adalberos von Kärnten
		Feldzug gegen die Liutizen
1035/36		Valvassorenaufstand in Oberitalien
1036	Juni 29	Nimwegen: Vermählung Heinrichs III. mit der dänischen Prinzessin Gunhild/Kunigunde
1036	Ende	Beginn des 2. Italienzuges
1037	Anfang März	Pavia: Festnahme Erzbischof Ariberts von Mailand
	vor Ende März	Flucht Ariberts
	nach Mai	Erhebung des Ambrosius zum Erzbischof von Mailand
	Mai 28	vor Mailand: Constitutio de feudis
	nach Mai 28	Aufhebung der Belagerung Mailands
	Nov. 15	Tod Odos II. von Blois-Champagne
1038	Mai 14	Capua: Hoftag
	nach Mai 14	Belehnung des Normannen Rainulf mit der Grafschaft Aversa
	Juli 18	Tod Königin Gunhilds/Kunigundes
	Juli 28	Tod Hermanns IV. von Schwaben
	Sommer/Herbst	Rückkehr nach Deutschland, Heinrich III. wird Herzog von Schwaben
		Solothurn: Hoftag und wahrscheinlich Krönung Heinrichs III.
	Nov. 26	Adventsstreit
1039	Juni 4	Utrecht: Tod Konrads II.
	Juli 3	Speyer: Beisetzung
	Juli 20	Tod Konrad d. J., Herzogs von Kärnten
1043	Feb. 15	Tod Giselas

Orts- und Personenregister

Das Register verzeichnet die im Text erwähnten Orte und Personen mit Ausnahme von Konrad II., seiner Gemahlin Gisela und seinem Sohn Heinrich III. Die Geistlichen sind dabei unter der Institution aufgeführt, die sie repräsentieren, die Herzöge und Markgrafen unter dem Namen ihres Zuständigkeitsbereiches. Die Kaiser und Könige, aber auch die polnischen Herzöge und Könige sind unter dem Lemma „Herrscher" zusammengefaßt, um das Register nicht durch eine zu feingliedrige Spezifizierung unübersichtlich werden zu lassen. Bei den Kaiserinnen und Königinnen wurde analog verfahren, während die Bischöfe von Rom unter dem Stichwort „Päpste" aufgeführt sind. Alle übrigen werden nach ihrem Namen erfaßt.

Aachen 54f., 57, 72, 95, 135
Adalbert, Gf. vom Saargau 23
Adalbert v. Prag 153
Adelheid, Mutter Konrads II. 29f.
Adelheid, Tochter d. Gfen. Richard v. Metz 23f.
Aflenz 63
Albizo, Mönch s. San Salvatore in Tolla
Alkuin 44
Allstedt 193
Andernach 215
Angilbert, Laienabt v. Saint-Riquier 213
Anselm, schwäb. Gf. 79
Aquileja 9, 89, 91f., 180
– Patriarch Poppo 89ff., 178, 180, 183
Aquitanien s. Wilhelm
– Hz. Wilhelm V. 65, 71f.
Arles 161
Arnold v. Lambach, Gf. 136
Arnulf v. Mailand 164, 193
Asti
– Bf. Peter 143
Augsburg 19, 63, 69, 73, 77, 148
– Bfe.
  – Bruno 70, 73, 78, 85
  – Heinrich 20
Aversa s. Rainulf

Bamberg 64, 134f., 137, 155, 206
– Bf. Eberhard 38, 54
Bar-le-Duc 164, 183
Basel 68f., 71, 94, 148, 158, 161, 163
– Bfe.
  – Theoderich 130f.
  – Udalrich 68, 200
Bautzen 152
Bayern
– Hze.
  – Heinrich I. 18ff.
  – Heinrich II. (d. Zänker) 21, 24, 154
  – Heinrich IV. 24f. s. Herrscher, ostfränk.-dt.: Heinrich II.
  – Heinrich V. 13, 94

Beatrix, Gemahlin Adalberos v. Eppenstein 28, 36, 63, 160
Beatrix, Tochter Konrads II. 71, 95, 163, 195
Beatrix, Tochter Heinrichs III. und der Gunhild 189
Benevent 92, 187f.
– Landulf V. 93
Berengar, schwäb. Grafensohn 209
Bertha, Mutter d. Gfen. Odo II. v. Blois-Champagne 160
Besançon
– Ebf. Hugo 167
Bodfeld 71
Böhmen
– Hze.
  – Bretislaw 155
  – Jaromir 155
  – Udalrich 153ff.
Brandenburg 156
Breme 201
Bremen 206
Brescia 174, 176
Brixen 91, 94, 189
Bruchsal 27
Brun v. Braunschweig, Gf. 31
Brun v. Querfurt 152
Bürgel a. M. 51

Campo Malo 174f.
Canossa 170
Canossa (-Tuszien)
– Mgf. Bonifaz 66, 82, 163, 175ff.
Capodistria 137
Capua 92, 187f.
– Pandulf IV. 93, 187f.
Cluny
– Abt Odilo 82, 85, 203
Como 95
– Bf. Alberich 64, 202
Corbetta 181
Corcelles-près-Payerne 163
Cremona 174, 176, 185
Cuno, Gf. 26

Deville 162
Diedenhofen
- Synode (1003) 28
Dortmund 58

Echternach 203
Eichstätt
- Bf. Gundekar-Gunzo 143
Emmerich (Heinrich), ungarischer Prinz 14, 154
Essen 58
Eudokia, Tochter des oström. Ks. Konstantin VIII. 115
Ezzo, lothr. Pfzgf. 15, 72, 152

Falkenstein (im Höllental?, an d. Schiltach?) 80
Foligno 185
Frankfurt 91, 148
- Synode (1027) 62f., 114, 121, 203
Freising 206
- Bf. Egilbert 136, 154
Friedrich, schwäb. Gf. 79
Fruttuaria 203
Fulda 63, 206

Gaeta 187
Gandersheim 59 ff.
- Äbtissin Sophie 58, 60
Gebhard, Stiefbruder Konrads II. 29
Genf 163, 165
Gerau 26
Gerberga, Mutter Kaiserin Giselas 32
Gerhard v. Metz, Gf. 23, 35 f.
Gerold v. Genf, Gf. 164
Giebichenstein 78
Gisela, Mutter Heinrichs II. 68, 154
Gnesen 151, 153
Gorze
- Abt Siegfried 203
Goslar 148, 193, 216
Grado 89 f., 92
- Patriarch Orso 90, 92
Gran (Esztergom) 151
Grone 13, 63
- Synode (1025) 61
Guntram, Herr v. Wohlen 146

Halberstadt
- Bf. Burchard 130
Hammerstein 51 s. Irmingard; Otto
Havelberg 156
Heinrich, Sohn Hz. Ottos v. Kärnten 23, 29
Hermann v. d. Reichenau 186
Herrscher
- burg.
  - Konrad 31 f., 68, 160
  - Rudolf III. 68 f., 78, 82, 85, 94, 157 f., 160 ff., 165 f., 168

- dän.(-engl.)
  - Harald Blauzahn 85
  - Knut d. Gr. 85 f., 153 f., 175
  - Sven Gabelbart 85
- fränk.
  - Pippin I. 43, 127
  - Karl d. Große 33, 43, 57, 64, 72, 114, 170, 171, 212 ff.
- ital.
  - Lambert v. Spoleto 16
  - Wido v. Spoleto 16
- ostfränk.-dt.
  - Arnulf v. Kärnten 16
  - Friedrich I. Barbarossa 9, 168, 176, 195
  - Heinrich I. 13, 25, 33, 195, 208
  - Heinrich II. 13 f., 24, 26 ff., 32, 34-38, 46, 50 ff., 58-61, 64 ff., 73, 82, 88, 91 f., 94, 128, 141, 143, 148, 152, 154 f., 158, 170, 200-207
  - Heinrich IV. 10, 43, 146, 169, 216
  - Heinrich V. 10, 96, 129, 194, 208
  - Heinrich VI. 195
  - Karl IV. 151, 168
  - Konrad I. 18
  - Konrad III. 47
  - Otto I. 13 ff., 18 ff., 22, 25, 47, 54, 57, 64, 71 f., 74, 81 f., 95, 120 f., 128, 141, 147, 161, 166, 173, 195, 202, 207, 214
  - Otto II. 14 f., 20, 58, 72, 95, 152, 195, 208 f.
  - Otto III. 21, 24 f., 64, 95, 128, 151 f., 186, 195, 202
  - Philipp v. Schwaben 9
- oström.-byzant.
  - Anastasios I. 87
  - Basileios II. 113
  - Konstantin VIII. 114 f.
  - Romanos III. Argyros 115
- poln.
  - Bezprym 152 f.
  - Bolesław Chrobry 151 f., 155
  - Kasimir I. 14, 153
  - Mieszko II. 78, 152 f., 155, 157 f.
- röm.
  - Theodosius I. 177
- ung.
  - Stephan I. 151 f., 154
- westfränk.-frz.
  - Heinrich I. 161 f.
  - Ludwig IV. 32
  - Robert II. 14, 65, 71 f., 160 f.
Herrscherinnen
- burg.
  - Ermengard 162
- ostfränk.-dt.
  - Adelheid 18 f.
  - Agnes 176
  - Beatrix 176

241

- Edgitha 19
- Gunhild-Kunigunde 86, 135, 175 f., 189, 195, 197
- Kunigunde 13, 41, 94
- poln.
  - Richeza 152 f.
- ung.
  - Gisela 14, 152
Hersfeld 203
Hildesheim
- Bfe.
  - Altfrid 60
  - Godehard 60 f.
Höchst
- Synode (1024) 51
Hornbach 16, 18
Hugo, Gf. (Otbertiner?) 178
Hugo v. Egisheim, Gf. 77
Hugo, Sohn des kapet. Kgs. Robert II. 65
Humbert Weißhand, savoyard. Gf. 162 f.

Ingelheim 80
Irmingard v. Hammerstein 50 f.
Isidor v. Sevilla 195
Ivrea 82
- Mgfen.
  - Berengar 18
  - Arduin 64, 143

Jöhlingen 199
Judith, Schwester Konrads II. 29

Kaiserslautern 18, 21
Kamba 14 ff., 37 f., 49, 54, 56, 58 ff., 63 f., 69, 94
Kärnten
- Hze.
  - Adalbero v. Eppenstein 28, 36, 63, 91, 122, 133 ff., 136 ff., 144, 160
  - Heinrich 20 f.
  - Konrad 26, 28, 30
  - Konrad d. J. 28 f., 36 f., 39 f., 63, 69, 72, 78, 94, 133, 135, 138 f., 160, 178, 195, 197
  - Otto v. Worms 14, 20 ff., 24 ff., 29–31
Kiew 152
- Großfürst Jaroslaw 153
Kirchheim-Bolanden 18
Köln 54, 57, 215
- Ebfe.
  - Anno II. 215
  - Brun 19
  - Hermann II. 130, 181
  - Pilgrim 38, 40, 54 f., 57, 95, 121, 128 f., 176
Konrad d. J. s. Kärnten
Konrad, Truchseß 126
Konrad, Sohn Ottos v. Kärnten 26 f.
Konstantinopel 114 f.
Konstanz 64, 66 f., 189

- Bf. Warmann 186, 206
Kunrat, Gf. 36

Lausanne 165
Lautern s. Kaiserslautern
Limburg an d. Haardt 189, 202 f., 205, 209
Liudgard, Tochter Ottos I., Gemahlin Konrads d. Roten 14, 18, 20
Liudger, Gf. 155
Liudolf, Sohn Pfgf. Ezzos 14 f.
Liudolf, Sohn d. Kaiserin Gisela aus 1. Ehe 31, 195
Liudolf, Stifter v. Gandersheim 59
Liutulf, Kämmerer 126
Lodi 174
Lothringen
- Hze.
  - Gozelo I. s. Niederlothringen
  - Konrad d. Rote 14, 18 ff., 22, 24
Lucca 82
Lüttich 43, 58, 94
- Wazo 202
Lyon
- Ebf. Burchard III. 144, 164, 182

Magdeburg 19
Mailand 73 ff., 88, 91, 143, 174, 176, 179, 181, 183 ff., 189
- Ebfe.
  - Ambrosius, ksl. Bischofskandidat 143, 182
  - Ambrosius (Hl.) 177, 182
  - Aribert 64, 66, 74, 76 f., 82, 84, 141, 143, 163, 174, 177 ff., 182 f., 186, 206
  - Arnulf 74
Mainz 41, 44, 57, 145, 206, 215
- Ebfe.
  - Aribo 37 f., 40, 46, 50-55, 60 ff., 95, 121, 128, 201, 206
  - Bardo 201, 211
  - Erkanbald 50 f.
  - Willigis 55
- Synode (1023) 51
Malmédy 203
Mangold, Gf. 116
Mantua
- Synode (827) 89 f.
Marseille 161
Mathilde, Gemahlin d. lothr. Pfzg. Ezzo 15
Mathilde, Tochter Hz. Hermanns II. v. Schwaben, Mutter Konrads d. J. 26, 36, 78, 160
Mathilde, Tochter Konrads II. 163, 195
Meißen
- Mgf. Ekkehard I. 25, 153
Merseburg 59, 61, 152
- Bf. Thietmar 25, 34, 53, 165, 169
Mettlach 16, 18

Metz
- Bf. Dietrich II. 13, 163, 203
Minden 58 f., 72
- Bf. Bruno 181
Montecassino 187 f., 206
- Äbte
  - Basilius 187
  - Richer 187
Moyenmoutier
- Abt Norbert 203
Münsterdreisen 18
Muri 146
Murten 161 f., 164

Naumburg 153
- Bf. Kadelhoh 130
Neapel 187
Neuenburg 161 f.
Niederaltaich 60
Niederlothringen
- Hze.
  - Gottfried I. 36, 38
  - Gozelo I. 38, 54, 57, 72, 132, 134, 163 f.
Nimwegen 58, 148, 175 f., 193
- Synode (1018) 50
Notker Labeo 213

Oberlothringen
- Hze.
  - Dietrich 14, 37, 72, 78
  - Friedrich II. 14, 37, 69, 71 f., 78, 133
Oda, Stifterin v. Gandersheim 59
Odo II. v. Blois-Champagne, Gf. 80, 143, 160–164, 166, 183, 186
Öhringen 29
Oppenheim 14
Ordericus Vitalis 216
Ossiach 89
Otto, Sohn Pfgf. Ezzos 15
Otto v. Hammerstein 28, 50 f., 62
Ovid 31

Paderborn 148, 206
- Bf. Meinwerk 90
Päpste
  - Benedikt VIII. 51, 87, 185
  - Benedikt IX. 87, 92, 185 f.
  - Eugen III. 200
  - Gelasius I. 87
  - Gregor V. 24, 186
  - Innozenz III. 34
  - Johannes XV. 24
  - Johannes XIX. 82, 84, 87 f., 90, 92, 185 f.
  - Leo IX. 24, 77, 86, 202 f.
Parma 183 f., 209
- Bf. Hugo 130, 183
Paterno 25
Pavia 66 f., 74, 76, 82, 141, 177 ff., 182

Peterlingen (Payerne) 161, 164 f., 203
Piacenza 179 f.
Pöhlde
- Synode (1028) 62
Prag 151, 153
Prüm 206

Quedlinburg
- Äbtissin Adelheid 58, 71

Rainulf v. Aversa 187 f.
Ravenna 76, 91, 93 f., 180, 189, 209
- Ebfe.
  - Gebhard 202
  - Heribert 83 f., 88
Regensburg 63 f., 94, 113, 148
- Bf. Gebhard 29
Reichenau 78
- Abt Bern 64 f., 186, 206
Reims
- Ebf. Hinkmar 126
Richard v. Metz, Gf. 23
Rimini 148
Ritten b. Bozen 94
Rodulf Glaber 52
Rom 66, 74, 78, 82, 85, 88, 92 f., 95, 161, 186
- Lateransynode (1027) 88
- Krönungssynode Heinrichs II. (1014) 206

Sachsen
- Hz. Bernhard II. 59, 134
Saint-Bénigne in Dijon
- Abt Wilhelm v. Volpiano 203
Saint-Evre 203
Saint-Evroul 216
Saint-Maurice d'Agaune 165
Saint-Mihiel 163
Saint-Vanne
- Abt Richard 203
Salerno 92, 188
- Waimar IV. 93, 187
Salzburg 206
San Leno b. Brescia 187
- Abt Richer s. Montecassino
San Salvatore in Tolla
- Abt Albizo 179 f.
San Zeno s. Verona
Schleswig 175
Schwaben
- Hze.
  - Ernst I. 32, 70
  - Ernst II., Sohn d. Kaiserin Gisela aus 2. Ehe 32, 35, 69-73, 77 ff., 94, 132 f., 138 f., 145, 158, 160, 207, 209
  - Hermann II. 25, 27, 31
  - Hermann III. 32, 36

243

- Hermann IV., Sohn d. Kaiserin Gisela aus 2. Ehe 32, 133, 183, 189, 195, 197
- Liudolf 19 f., 81, 132

Seligenstadt
- Synode (1023) 33, 51

Seliger, burg. Adliger 160
Siegfried, Sohn des Gfen. Gerhard v. Metz 36
Sigebert v. Gembloux 146
Sitten 165
Solothurn 146, 161, 167 f.
Spello 167, 185 ff.
Speyer 9, 18, 71, 113, 215 f.
St. Gallen 78, 203, 213
St. Maximin bei Trier 203
Stablo
- Abt Poppo 203 f.

Straßburg 71, 148, 160
- Bfe.
  - Werner 114 ff.
  - Wilhelm 28

Thasselgard, Gf. 93, 139
Theodora, Tochter des oström. Ks. Konstantin VIII. 115
Toul 164
- Bfe.
  - Berthold 203
  - Bruno s. Päpste (Leo IX.)

Tribur 64, 71 f., 148
Trient 91, 189
Trier 73
- Ebf. Poppo 32

Troja 187
Turin
- Mgfn. Bertha 183

Tuszien
- Mgf. Rainer 66, 82

Udalrich, Kanzler 130
Udo v. Katlenburg, Gf. 208
Ulm 36, 64, 79
Utrecht 194, 214

Venedig 89, 92, 183
- Dogen
  - Otto 90
  - Petrus II. Orseolo 90

Vercelli 76
- Bfe.
  - Arderich 84
  - Leo 76

Verona 24, 94
- San Zeno 91

Vicenza
- Bf. Hieronymus 143

Vienne 161, 167
- Ebf. Leodegar 161

Vreden 58, 60

Weißenburg (im Elsaß) 21, 203
Weißenburg (im bayerischen Nordgau) 79, 209
Welf II., Gf. 69, 77 f., 138, 140
Werben a. d. Elbe 156
Werla 37
Werner, Gf. 18
Werner v. Kiburg, Gf. 79 f.
Widukind v. Corvey 120
Wilhelm, Sohn des Hz. Wilhelm V. v. Aquitanien 65, 71 f.
Wipo 10, 13, 15 ff., 30 ff., 36-40, 44, 50, 52, 54, 57, 59, 64 f., 67, 69-73, 77, 80 ff., 86, 96, 114, 125 f., 139, 152, 156, 161 f., 167, 171, 175 f., 178, 196-202, 212 ff.
Wohlen im Aargau 146
Wolfhere, Biograph d. Hildesheimer Bfs. Godehard 121
Worms 18, 21, 26 f., 71, 148, 215 f.
- Bfe.
  - Azecho 135
  - Burchard 26 f., 30, 34
  - Hildebald 21

Würzburg 64
- Bf. Bruno 28 f., 130

Zeitz 153
Zoe, Tochter des oström. Ks. Konstantin VIII. 115
Zürich 68, 78

Bildnachweis

Bayerisches Hauptstaatsarchiv, München: S. 110 (2), 111
Bildarchiv Foto Marburg: S. 103 (Escorial, Cod. vitrianas 17, fol. 2^v), 107 (2), 108, 109, 112 (unten)
Prof. Dr. Ernst-Dieter Hehl, Mainz: S. 102
Historisches Museum der Pfalz, Speyer: S. 98 (2), 99 (2), 100 (2), 101 (2), 105 (unten), 112 (oben)
Dr. Ludwig Reichert Verlag, Wiesbanden: S. 106 (Univ. Bibl. Bremen, b. 21, fol. 3^r)
Staatliche Museen zu Berlin, Preußischer Kulturbesitz, Münzkabinett: S. 104 (4), 105 (oben)
Staatsbibliothek zu Berlin, Preußischer Kulturbesitz, Handschriftenabteilung: S. 97 (Cod. lat. 295, fol. 81^v)

Karten
Vorsatzkarte aus: Neue Deutsche Geschichte, Bd. 1: Friedrich Prinz, Grundlagen und Anfänge. C. H. Beck'sche Verlagsbuchhandlung, München 1985.
S. 75 aus: Ekkehard Eickhoff, Theophanu und der König. Otto III. und seine Welt. Klett-Cotta, Stuttgart 1996.
S. 142 aus: Stefan Weinfurter (Hrsg.), Die Sailer und das Reich, Teil 2 (Die Reichskirche in der Salierzeit). Thorbecke, Sigmaringen ²1992.
S. 149 aus: Theodor Mayer, Mittelalterliche Studien. Thorbecke, Sigmaringen 1959, ND 1972.

Historische Biographien

Erich Donnert
Katharina II. die Große
Kaiserin des Russischen Reiches
367 S., 35 Abb., Zeit- und Stammtafel, Ln. DM 58,-
ISBN 3-7917-1576-3

Marcus Junkelmann
Gustav Adolf
Schwedens Aufstieg zur Großmacht
495 S., 74 Abb., Zeit- und Stammtafel, Karten, Ln. DM 68,-
ISBN 3-7917-1397-3

Hans Leicht
Isabella von Kastilien
Königin am Vorabend
der spanischen Weltmacht
272 S., 20 Abb., Zeit- und Stammtafel, Karte, Ln. DM 58,-
ISBN 3-7917-1436-8

Heinz Thomas
Ludwig der Bayer
Kaiser und Ketzer
413 S., 23 Abb., Stammtafeln, Karten,
Koprod. m. Styria, Ln. DM 58,-
ISBN 3-7917-1366-3

Gerd Treffer
Franz I. von Frankreich
Herrscher und Mäzen
342 S., 26 Abb., Zeit- und Stammtafel, Ln. DM 58,-
ISBN 3-7917-1368-X

Preisänderungen vorbehalten

Verlag Friedrich Pustet

Historische Biographien

Karin Feuerstein-Praßer
**Die deutschen Kaiserinnen
(1871-1918)**
262 S., 50 s/w-Abb., 4 Farbseiten, Stammtafeln, Ln. DM 58,-
ISBN 3-7917-1545-3

Gerd Treffer
Die französischen Königinnen
Von Bertrada bis Marie Antoinette
322 S., 25 s/w-Abb., mit eingelegter Stammtafel, Ln. DM 58,-
ISBN 3-7917-1530-5

Martha Schad
Bayerns Königinnen
3. Aufl., 374 S., 62 z.T. farb. Abb., Textilustr., Ln. DM 59,-
ISBN 3-7917-1341-8

Sylvia Krauss-Meyl
**Das „Enfant terrible"
des Königshauses**
Maria Leopoldine, Bayerns letzte Kurfürstin
439 S., 40 z.T.farb. Abb. Ln. DM 58,-
ISBN 3-7917-1558-5

Marita A. Panzer
Barbara Blomberg
Bürgerstochter und Kaisergeliebte
252 S., 70 Abb., Ln. DM 49,80
ISBN 3-7917-1477-5

Preisänderungen vorbehalten

Verlag Friedrich Pustet